U0671752

NAES
中国经济科学前沿丛书

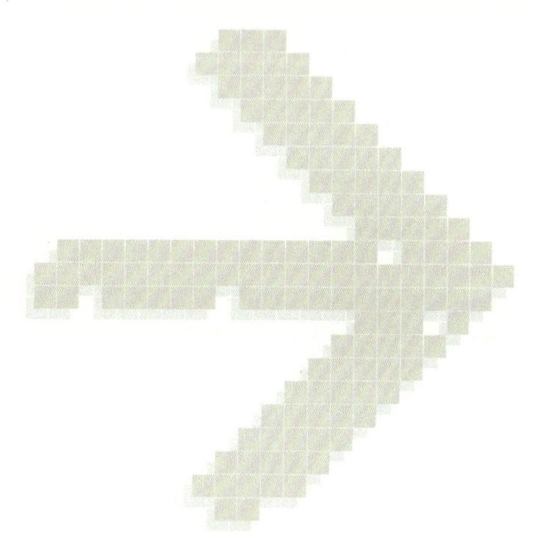

中国流通理论前沿（8）

Frontiers of the Theoretical Development of China: Distribution Industry

依绍华/主编

社会科学文献出版社
SSAP
SOCIAL SCIENCES ACADEMIC PRESS (CHINA)

总　序

中国社科院财贸所自组建以来，一直重视学术前沿和基础理论研究。2011 年 12 月，按照社科院党组的统筹安排，在原“财贸所”基础上组建了“财经战略研究院”。这不是一个简单的更名，而是被赋予了更多的内涵和更高的要求。自此，财经战略研究院便担负起坚强的马克思主义财经科学阵地、财经理论研究重镇和高端财经智库等多重功能。这些年，在一般人看来，财经战略研究院在智库建设方面用的力气较多。财经战略研究院的战略定位，是学术型财经智库。更准确地讲，是以马克思主义理论和方法为指导、根植于中国国情、立足于全球视野、拥有坚实学术基础的财经智库。换句话说，在我们的工作思路中，学术研究和智库建设是同等重要的。夯实学术研究、把握理论前沿，是搞好财经智库建设的重要基础，是智库是否有学术积淀和思想深度的“压舱石”。为此，我们即便用相当一部分精力从事财经智库建设，也从未放松过学术研究和理论探讨，我们始终鼓励财经院的学者，特别是青年学者致力于财经理论前沿问题研究。

从 1999 年我们推出第一辑“中国经济科学前沿丛书”至今，已经跨越了 18 个年度。按照当时每隔 2～3 年编撰一辑丛书并形成一个连续性系列的计划，2016 年春天开始，我们就启动了“中国经济科学前沿丛书”。2017 年该是推出第八辑前沿丛书的时候了。

第八辑前沿丛书的编撰正值中国站在新的历史起点、全面深化供给侧结构性改革和推动新一轮对外开放的关键时期。改革开放是实践层面的制度变迁，是经济社会发展的重要动力。改革开放也是一个复杂的系统工程，迫切需要科学的理论指导。作为理论工作者，特别是作为国家级学术型智库机构的理论工作者，理所当然要以天下为己任，始终奋进在时代前列，应不辱使命，在中国经济社会发展进程的每一个环节，竭力留下深深的理论和实践印记。经过近40年的发展，今天的财经院，已经成为拥有财政经济、贸易经济和服务经济等主干学科板块、覆盖多个经济学科领域的中国财经科学的学术重镇。在全面深化改革开放的大潮中，对近些年财经理论前沿进行梳理、总结和进一步研究，既挖掘学术研究前沿的重大理论问题，又以财经学术前沿知识支撑我们伟大改革事业的理论基础，既是一件极为重要的学科建设工作，也是智库建设的基础支撑。我们以此为当仁不让的责任和使命，做出一个理论工作者应有的贡献。

我们这次编撰出版的“中国经济科学前沿丛书”由四本理论文集构成。这就是《中国流通理论前沿》、《中国国际经济理论前沿》、《中国服务经济理论前沿》和《中国金融服务理论前沿》。

做一件事情也许不难，但近二十年都坚持下来做好做精一件事，着实不易。近二十年，前沿丛书能连续出版，这其中的艰辛和付出实在难以言语表达。在这里，我要特别感谢作者把最优秀的理论研究成果贡献出来。同时，这部丛书能够连续出版，与广大读者的关注、鼓励和支持是分不开的。我也表达对他们的感谢之意。随着时代的发展和研究的深化，我们这套经济科学前沿丛书的某些内容也许会逐渐变得不再“前沿”。这种动态的变化，只会激励我们攀登新的理论高峰。我们期待广大读者能够继续关注前沿丛书的发展与进步，对我们可能存在的不足和缺憾提出宝贵的意见。让我们共同努力，把“中国经济科学前沿丛书”持续地做下去，做得更加完美、更具影响！

中国社会科学院财经战略研究院

何德旭

2017 年 12 月 10 日

目录

CONTENTS

理论篇

创新篇

案例篇

CONTENTS

Theory Part

Innovation Part

Case Part

理论篇

传承创新马克思市场学说　寻求市场化改革新突破*

宋　则**

摘　要　根据中共十八届三中全会决议中关于“令市场在资源配置中发挥决定性作用，更好发挥政府作用”的大政方针，当前迫切需要解决的是如何营造市场发挥决定性作用所需要的环境条件问题。勇于承认不足和缺憾，实事求是面对世界级难题，纠正简单化态度，找准正确方向，是传承创新马克思市场学说、寻求全面深化改革新突破的重要前提。毫不动摇地加强国有经济要有先决条件，即创建国有企业、央企廉洁高效的净化机制。只有在公平正义、共建共享的原则下，正确处理好、拿捏好政府与市场的关系、国有企业与民营企业的关系，才有可能在促进经济和谐稳定与繁荣总进程中，展示中国的影响力和软实力，为人类命运共同体提交特色鲜明、风格独到、气派不凡的中国方案。

关键词　马克思；市场学说；市场化改革

---

* 资助单位：本文系中国社会科学院财经战略研究院 2017 年度创新工程“以供给侧结构性改革推进消费升级战略研究”（2017CJY01005）的阶段成果。这项阶段成果受到湖北经济学院和湖北物流发展研究中心资助。

** 宋则，中国社会科学院财经战略研究院研究员，博士生导师，主要研究方向：宏观经济理论、流通理论与政策。

建立和完善统一开放、竞争有序、高效畅通的市场体系是发展社会主义市场经济的重要目标。随着我国全面深化改革的不断推进，认真研究社会主义市场理论，传承发展马克思市场学说，充分发挥市场在资源配置中的决定性作用，更好地发挥政府作用，巧妙地处理好政府与市场的关系，显得越发重要和紧迫。

一 《马克思市场学说研究》简要回顾

（一）笔者在《马克思市场学说研究》中的主要结论

第一，市场学说是马克思经济思想体系中不可缺少的组成部分。第二，马克思曾准备专门研究市场问题，只是这一计划没有来得及实现，但是这并不妨碍市场学说是马克思经济思想体系的组成部分。第三，市场范畴的复杂性决定了马克思的研究特点。只要把马克思的劳动价值论和剩余价值论作为轴心，从总的逻辑联系中把它在不同场合、从不同角度对市场范畴的科学论述加以适当归纳和综合，就可以较为系统地还原再现这一学说的基本思想和基本内容。第四，这无疑是一项艰苦、细致、困难的基础性工作。但是，我们不能因为卡尔·马克思没有来得及留下市场学说的专著，就否认他的市场学说，否认从马克思主义政治经济学方面研究市场理论的必要性。相反，从几十年改革开放的实践看，专门研究马克思本人的市场理论，不仅是必要的，而且更加迫切了。因此，完成这个繁重任务是今天马克思主义政治经济学研究者义不容辞的责任。

（二）马克思市场学说的核心观点

市场学说是马克思经济思想体系中不可缺少的组成部分。马克思市场学说按照逻辑顺序可以归结为四个方面。一是市场的本质，认为市场只是一个伴随私有制，包括资本主义私有制而产生、发展、消亡的社会历史范畴，不会从来就有，也不会永远存在。二是市场的特征，认为市场可以从多方面折射出私有制商品经济、资本主义市场经济的复杂形态。三是市场的结构，认为市场具有与私有制商品经济、资本主义市场经济相适应的规模、构成和空间布局。四是市场的职能，认为市场是私有制商品经济、资本主义市场经济得以运行的机制载体，是其经济循环系统、比例调节系统、利益分配系统。

市场学说是马克思研究自由资本主义经济关系的科学成果，具有科学性、系统性、批判性三个鲜明特点，包含着丰富的内容、深刻的思想，是一份永远会激发新思考的宝贵理论遗产。发掘这一理论遗产具有重大的理论意义和现实意义。

二　从"不可以"到"也可以"是传承创新的逻辑起点

对待马克思市场学说要有科学的方法论，即态度要真诚、方法要科学、逻辑要缜密。马克思市场学说是以私有制经济条件下的市场特别是资本主义市场为研究对象建立起来的，学说中关于市场的本质及其他各种规定均以私有制为限。但是，当代的社会主义实践超出了马克思的设想。这就是在社会主义公有制条件下，市场经济及其诸多范畴并未消亡，仍将长期存在，因此，必须结合新的实践，进行理论创新，继承和发展马克思的市场学说。

在完整理解、尊重原意、防止照搬照抄的前提下，马克思市场学说的方法论和某些论述可以有条件、有限制、创造性地加以运用。除了一般讨论市场机制等市场经济的具体问题之外，全部注意力应该首先放在"公有制与市场经济是否兼容"以及"如何兼容"这一前人未曾预料和思考过的重大命题上。这是因为，当前，特别要遵从大局意识和问题导向，解决好中国社会主义初级阶段全面深化改革面临的一系列重大理论和实践问题。其中，所有问题的核心要害都合乎逻辑地指向了公有制与市场经济是否内在兼容。这是全面深化改革诸多现实重大问题“纲举目张”的总统领。

（一）从“不可以”到“也可以”是政治上的重大突破，繁重的理论研究亟待跟上

从思想渊源来看，马克思、恩格斯历来把“市场”和“商品”、“货币”视为私有制的产物，限定于资本主义制度的经济范畴，他们对未来社会的基本构想，例如公有制、按劳分配、按需分配以及在全社会有计划地分配社会劳动等，都是在对私有制、商品货币关系、资本与雇佣劳动、市场无政府状态的批判性否定中确立起来的。其中，“市场”被明确赋予了鲜明的资本主义制度的印迹。这一点，对后来的社会主义实践产生了深远的影响。列宁针对俄国十月革命后的实际，实行了新经济政策，在一定程度上肯定了市场自由贸易的作用，强调商业是党和国家“必须全力抓住的环节”。[①] 但同时，他也同样出于国家基本社会制度的考虑，对市场交换持有明显的保留态度，认为这种市场交换仅仅是暂时的、过渡的形式，不久便可以被消灭，代之以“正常的社会主义产品交换”。[②] 斯大林肯定了价值规律和市场作用的长期性，但同样有保留地认为，这种调节作用只限于消费品和农产品的流通之中。在中国，在一段时间里，加紧限制和尽快消灭市场的观点，始终占有正统的、主导的地位，并以此为指导，建立起了高度集中的计划经济体制。由于受到这一观念的束缚，中国的经济改革始终有意或无意地笼罩在“市场恐惧症”的阴影之中，这就难免使改革进程受到不必要的干扰。经济学界自20世纪80年代中期就已提出的“市场化”改革，遇到了“主义”捍卫者们的严峻挑战。

① 《列宁选集》（第4卷），人民出版社，1975，第578页。

② 《列宁选集》（第4卷），人民出版社，1975，第516页。

邓小平对市场与计划的“社会制度”论，一直持有极不赞成的鲜明态度，一以贯之地思考和论述了市场与计划的“基本方法”论。

早在1979年11月，他就已经明确回答了“左”的疑惑。他在会见美国《不列颠百科全书》副主编吉布尼等人时指出：“说市场经济只存在于资本主义社会，只有资本主义的市场经济，这肯定是不正确的。社会主义为什么不可以搞市场经济，这个不能说是资本主义。”“市场经济不能说只是资本主义的。市场经济，在封建社会时期就有了萌芽。社会主义也可以搞市场经济。同样地，学习资本主义国家的某些好东西，包括经营管理方法，也不等于实行资本主义。这是社会主义利用这种方法来发展社会生产力。把这当作方法，不会影响整个社会主义，不会重新回到资本主义。”①

1985年10月会见美国时代公司组织的美国高级企业家代表团时，他系统指出：“社会主义和市场经济之间不存在根本矛盾。问题是用什么方法才能更有力地发展社会生产力。我们过去一直搞计划经济，但多年的实践证明，从某种意义上说，只搞计划经济会束缚生产力的发展。把计划经济和市场经济结合起来，就更能解放生产力，加速经济发展。”“现在看得很清楚，实行对外开放政策，搞计划经济和市场经济相结合，进行一系列的体制改革，这个路子是对的。这样做是否违反社会主义的原则呢？没有。因为我们在改革中坚持了两条，一条是公有制经济始终占主导地位，一条是发展经济要走共同富裕的道路，始终避免两极分化。”②

1987年中共“十三大”召开之前，邓小平进一步强调说：“计划和市场都是方法嘛。只要对发展生产力有好处，就可以利用。它为社会主义服务，就是社会主义的，为资本主义服务，就是资本主义的。”③

---

① 《社会主义也可以搞市场经济》，载《邓小平文选》（第2卷），人民出版社，1994，第236页。

② 《社会主义和市场经济不存在根本矛盾》，载《邓小平文选》（第3卷），人民出版社，1993，第148～149页。

③ 《计划和市场都是发展生产力的方法》，载《邓小平文选》（第3卷），人民出版社，1993，第203页。

1990年底和1991年初，他又先后两次指出：不要一说计划经济就是社会主义，一说市场经济就是资本主义，不是那么回事。①

1992年春，邓小平在视察南方时又发表了一系列重要谈话，“精辟地分析了当前国际国内形势，科学地总结了十一届三中全会以来党的基本实践和基本经验，明确回答了这些年来经常困扰和束缚我们思想的许多重大认识问题”（援引自党的十四大报告）。其中，最重要的谈话内容之一，仍然是有关社会主义市场经济和计划与市场的问题。他继续强调指出：“计划经济不等于社会主义，资本主义也有计划，市场经济不等于资本主义，社会主义也有市场。计划和市场都是经济手段。计划多一点还是市场多一点，不是社会主义与资本主义的本质区别。”②

应当说，从“不可以”到“也可以”是社会主义国家政治认识上的重大转变和重大突破，来之不易，值得认真对待。从1978年中共十一届三中全会实行改革开放以来，我国对经济体制的总体表述一直十分谨慎、多有保留且“提法多变”。从“社会主义计划经济”、“社会主义公有制基础上的有计划的商品经济”、“计划经济为主、市场调节为辅”、“国家调节市场、市场引导企业”，直到1992年邓小平著名的南方谈话以及中共十四大以后才正式明确表述为“社会主义市场经济”，并修改补充写入宪法，且突出强调“以公有制为主体”。这一认识上的转变和突破绝不意味着思想理论认识上的结束，刚好相反，是伟大转折中真正的逻辑起点，需要理论界建立严谨完整的理论体系。同时，对市场经济与公有制特别是国有经济、国有企业、央企“是否内在兼容”这一实质要害问题的研究，也是理论界的责任和任务。

---

① 《善于利用时机解决发展问题》，载《邓小平文选》（第3卷），人民出版社，1993，第364页；《视察上海时的谈话》，载《邓小平文选》（第3卷），人民出版社，1993，第367页。

② 《在武昌、深圳、珠海、上海等地的谈话要点》，载《邓小平文选》（第3卷），人民出版社，1993，第373页。

（二）走出“超越战略”是理论研究的起点

“能否兼容”是比政府与市场关系更深一层的尖端命题。坦率而言，长期以来延续至今的重大命题：政府与市场的关系，国有企业与民营企业的关系等，理论和实践是存在背离脱节的，远未解决好。而这背后就是更深层次、几乎被忽略遗忘的公有制主体与市场经济是否兼容、能否兼容的重大问题。尤其有必要厘清基本理论问题。

“不可以”有着深刻背景和缘由。新中国最初选择“超越战略”① 是源自《共产党宣言》“两个决裂”，源自消灭私有制（而私有制与商品经济、市场经济天然是一家）。《共产党宣言》中，“共产主义革命就是同传统的所有制关系实行最彻底的决裂；毫不奇怪，它在自己的发展进程中要同传统的观念实行最彻底的决裂”②，史称“两个决裂”。

1. 自由王国的召唤

在国际共产主义运动中，一脉相承的正统核心观点就是，公有制与私有制之间，公有制与市场经济、市场机制之间是水火不容的对抗关系，绝对找不到相容、兼容、融合的任何妥协。③ 同时，坚决认定，私有制与商品经济、资本主义私有制与商品经济及市场经济有着天然的、内在融合的亲密关系。不仅共产主义、社会主义、无产阶级、马克思主义理论这样认定，资本主义、资产阶级理论也这样坚持认定。在这一点上，两大意识形态和理论体系形成了最大共识。只不过前者旗帜鲜明地要消灭私有制、消灭商品经济、消灭市场经济，后者针锋相对，以维护私有制、商品经济、市场经济为宗旨。任何相容论、兼容论在这里都是不能原谅的背叛。

---

① 宋则：《对传统经济体制转向市场经济体制的历史剖析》，《经济与管理研究》1994 年第 1 期，2001 年修改完善后被收入中国社会科学院课题组《通向公平竞争之路》一书。

② 《马克思恩格斯选集》（第 1 卷），人民出版社，1995，第 293 页。

③ 列宁新经济政策也是权宜之计，为的也还是要尽快消灭私有制，消灭商品经济、市场经济。

与旧制度实行彻底决裂是科学社会主义创始人马克思和恩格斯思想体系的核心内容。后来人们看到的高度集中的传统计划经济体制（即原生体制），之所以从一开始就带有超越资本主义市场经济体制的战略意图，并试图以“体制超越”带来“经济超越”，都是从与旧制度、旧秩序一刀两断、实行“决裂”开始的。

从《共产党宣言》到《资本论》、《反杜林论》、《哥达纲领批判》等巨著名篇，无一不贯穿着马克思和恩格斯对旧制度、旧秩序的批判精神，对人类未来社会的憧憬关注。他们认为，资本主义既不是理想社会，也不是永恒的制度；资本奴役制虽然创造了巨额财富，但本质上并不比奴隶占有制和封建占有制给人类带来更多的自由和解放，自由竞争秩序的背后是人们的互相倾轧和欺诈，是物对人的奴役，因而是人类社会为自己造就的最精巧、最不自由的制度，真正的自由来自对私有制和市场制度的彻底否定。

恩格斯一段为人熟知的名言，集中代表了科学社会主义的各种逻辑结论。他说道：“一旦社会占有了生产资料，商品生产就将被消除，而产品对生产者的统治也将随之消除。社会生产内部的无政府状态将为有计划的自觉的组织所代替。生存斗争停止了。于是，人才在一定意义上最终脱离了动物界，从动物的生存条件进入真正人的生存条件……人们第一次成为自然界的自觉的和真正的主人……人们自己的社会行动的规律……将被人们熟练地运用起来，因而将服从他们的统治。人们自己的社会结合……现在则变成他们自己的自由行动了。一直统治着历史的客观的异己的力量，现在处于人们自己的控制之下了。只是从这时起，人们才完全自觉地自己创造自己的历史，只是从这时起，由人们使之起作用的社会原因在主要的方面和日益增长的程度上达到他们所预期的结果。这是人类从必然王国进入自由王国的飞跃。完成这一解放世界的事业，是现代无产阶级的历史使命。”①

① 参见恩格斯《反杜林论》，载《马克思恩格斯全集》（第20卷），人民出版社，1971。

这个气势恢宏的经典论断，无异于来自自由王国的宣言，它以哲人的语言表达了一代代先行者们的向往，呼唤着一代代后来者为之奋起、为之奋斗。因此，当千百万人历经磨难、流血牺牲终于换来了新制度、新政权的时刻，人们是何等珍惜、何等喜悦。毫不迟疑地告别旧制度、旧秩序，满怀信心地创造新生活，建立新秩序，立即按照那个“召唤”大刀阔斧地开辟通向自由王国的道路，便成为自然而然的选择。与私有制决裂，也与市场经济和旧秩序决裂，就是社会主义在实践中打出的第一面旗帜。各个社会主义国家建立原生体制的具体进程虽然不尽相同，但一切都首先从“决裂”开始，却是它们的共同点。人们在以下两个关键点上深信不疑。

第一，一切私有经济、市场因素和市场秩序与社会主义的本质规定都不相容，也不再需要。因为社会主义经济秩序中劳动产品的实现已不再成为问题，劳动从一开始就是直接的社会劳动，社会生产和社会需要之间从一开始就具有直接的联系，市场和价值范畴都是多余的。

第二，建立在公有制基础上的统一计划和经济秩序，是全社会共同利益和共同意志的唯一体现，计划具有至高无上的权威性和无所不能的有效性；自由是对必然的认识，计划代表着人们自觉行动的能力，计划越严密、越无所不包，人们就越能从中得到私有制市场经济所无法比拟的最大自由，并最终实现向自由王国的“飞跃”。

可以说，马克思主义经典作家关于对旧制度、旧秩序的批判，对未来社会的预见，是社会主义实践最初的也是最具威力的精神支柱。一旦人们按这些预见直接付诸行动，原生体制的强化就是顺理成章的事情了。人们认为，凭借市场经济绝不足以实现超越型的战略目标，只有依靠超越市场经济的计划经济体制，集中动员起所有的经济资源和所有的政治热情，统一意志、统一思想、统一步调、统一指挥、统一行动，才有希望在尽可能短的时间内超越资本主义。而原生体制所确有的初期效应，更支持了这种心态。

2. 不屈不挠的抗争

社会主义国家大多是在国际环境紧张的条件下诞生的。从1917年俄国十月革命到第二次世界大战后陆续建立的社会主义新政权，都曾处在强大对手的包围之中。特别是第二次世界大战以后，东西方两大阵营政治、军事的对抗，经济利益的冲突，提升了双方内外政策的警惕性，加剧了意识形态上的敏感性。在这种场合，任何重大选择都首先被打上了“主义”的烙印，泾渭分明。

在此期间，中国等社会主义国家为捍卫自己新生的政治主权，恢复和发展国民经济，进行了针锋相对的抗争。从直接的武装冲突到冷战时期，经济体制和经济秩序的选择与塑造都是按照“主义”来划分的。划分标准首先来自西方世界，它们极力通过体制和秩序划分，将社会主义阵营孤立封闭在世界经济体系之外。与之相对立，东方阵营也不甘示弱，极力冲破封锁，力求以一种截然不同的体制模式和经济秩序显示自己的存在。坚守自由市场经济秩序和创立中央计划经济秩序，便是双方激烈冲突的自然结果。这种状况对后来的影响无疑是深远的。

以上简略的分析归纳是想确认，社会主义国家所建立的原生体制及其经济秩序，不是偶然的现象，其促成原因是多方面的。指望社会主义从一开始就采取“市场经济”的体制形态是不现实的、非历史的。对原生体制的历史地位理应给出客观公正的评价。

改革开放自1978年底算起至2017年的此时此刻，虽已有近40年的光景，尽管成就巨大，但因为并未对公有制兼容市场经济体制的来龙去脉做深入系统的剖析和解释，以致给改革开放进程平添了不少干扰和阻力。

（三）找准所要解决的核心问题：如何内在兼容

以上讨论中已经暗含的重大现实问题和具有深远历史意义的问题是，公有制与市场经济如何建立不是板块拼接的外在关系，也不是民营经济与市场经济内在兼容，而是作为主体和基础的国有经济、国有企业、中央直属企业与市场经济内在兼容的关系，并且把内在兼容这个问题提升到人类命运共同体中国方案的高度。

草率对待兼容论，在理论逻辑和具体实践上会招致很大被动。迄今为止，中国主要是从生产力低下、落后来谈中国搞社会主义市场经济的必要性、合法性，而一直没有从生产关系性质方面说清楚，公有制主体与市场经济能否兼容，以及如何内在兼容这一基本前提、重大判断问题。再者，从初级阶段出发，提出了毫不动摇地发展和保护民营经济、民营企业，并把这看作社会主义“也可以搞市场经济”的基本原因，但还是没有正面说清楚社会主义经济的基础和主体全民所有制及其表现形式（即国有经济、国有企业、中央企业）与市场经济是否兼容、如何内在兼容这一关键问题。从社会主义实践看，失败案例也确实对“内在兼容”提出了挑战。

要实行公有制为基础、为主体的社会主义市场经济，就必须探寻、锁定绕不过去的两个基本问题。

一是“内在兼容如何实现”，即全民所有、全民共享、全民可得如何找到市场经济、市场机制的实现形式。全民所有、全民共享、全民可得既要通过一个个具体的国有企业、大型央企来运作，又要防止这些企业为片面追求自身利益而侵害到全民利益。为此，要实现这一目标既要有国有企业、央企内部的严格监督管理，使之产权清晰、自主决策、自负盈亏、保值增值、预算硬约束、权责利对等，又要令国有企业、央企适应竞争激烈、变化多端的外部市场环境。

二是“内在兼容的实现程度如何评价”，即国有企业机制与市场机制是外在冲突型还是内在融合型？两者内在一致性的程度是提高了还是降低了？具体评价标准是什么？国有企业与民营企业如何实现双赢？国有企业保值增值、发展壮大如何有利于而不是妨碍民营企业的成长？反之亦然。

应当说，勇于承认不足和缺憾，能够实事求是面对世界级难题，纠正简单化态度，找准正确方向，是传承创新马克思市场学说、寻求全面深化改革新突破的重要前提。在社会主义公有制与市场经济能否兼容、如何更好地兼容这一重大问题上，需要增强基本功、必修课意识，聚精会神彻底搞清楚兼容论的全部内涵，紧紧锁定“摸清症状原因，营造环境条件，排除障碍困扰，培育兼容机制”这一时代主题。同时，要将主题提升到对历史负责的高度，最终落脚于习近平总书记在庆祝中国共产党成立95周年大会上指出的“中国共产党人和中国人民完全有信心为人类对更好社会制度的探索提供中国方案”上。

三　传承创新马克思市场学说，寻求“全面深化市场化改革”理论和实践的新突破

为了使内在兼容的探索落脚在“摸清症状原因，营造环境条件，排除障碍困扰，培育兼容机制”上，就要以此为统领，勇敢面对、着力解决好以下几个最有价值的重大现实问题。

（一）认真研究市场发挥作用的环境条件

认真研究社会主义市场理论，探讨充分发挥市场在资源配置中的决定性作用需要具备哪些环境条件，用第一手调研资料说清在哪些领域发挥了决定性作用，在哪些领域起到了补充、辅助作用，在哪些领域没有发挥作用，各自的原因是什么。

真正意义上的市场机制是在制度建设完备的基础上，各种构成要素之间自发形成的自我调节、寻求动态平衡的自组织能力。具体表现为商品或要素的供求状况与价格的互动关系，及其背后各方当事人按照共同约定的规矩（法治），利益角逐、公平竞争、互相博弈制衡。成熟的市场不仅包含自身利益的“驱动”，而且受到相反方向利益的“约束”，受到必须遵从游戏规则的公信力牵制。

与原生型西方市场经济截然不同，由于市场经济来自计划经济的转型，来自市场作用和市场体系的从无到有，因此在中国，首要的不是西方教科书中的“市场失灵、政府补位”问题，而是如何营造市场发挥决定性作用所需要的环境条件问题。市场能否在资源配置中发挥决定性作用，不是理论宣布、政府颁布就能自动生效的，必须实事求是地研究市场发挥作用的充分必要条件：在什么条件下可以发挥决定性作用，在什么条件下只可以发挥辅助性作用，在什么情况下根本无法发挥作用。把这项理论研究的结论代入中国的现实，进行评估和检测，才能找出解决问题的有效办法。

目前，在理论上，对市场起决定作用的环境条件问题的研究始终是空白，这使“更好地发挥政府作用”的条件、标准问题也是空白。结果事与愿违，“宏观调控”被滥用。[①] 当前的结构性改革与市场作用条件问题同样需要专门研究，直至对市场作用状况真相进行实事求是的调查。要认真总结经验，汲取教训，最大限度发挥市场作用，减少政府决策失误，降低经济增长的资源、环境代价，用更小的投入换取更大的产出。

广义而言，中国改革前和改革后，近七十年来始终被体制病导致的问题所困扰。即使是实施市场化改革以后，由于种种顽固的深层障碍，依然没能阻止长时期一轮又一轮的重复建设、产能过剩、库存积压、结构失调，制造业、采掘业表现尤其突出。这些情况说明，第一，改革开放低估了体制弊端及其既得利益的巨大能量和体制弊端潜移默化的自我修复能力。第二，在中国，时至今日，市场在很多情况下很难真正起作用，更谈不上“起决定性作用”。

因此，政府要改变“保姆心态”和包办式思维惯性，切实放松管制，进一步大幅度减少审批，从行政命令调节转变为市场信号调节，即

① 必须对“宏观调控”的内涵和实施条件有明确的界定，并加以限制和规范。否则，就有可能造成误导，即在这个笼统的提法之下，不分青红皂白，甚至偷梁换柱，将上上下下各级政府的直接行政干预都一并纳入“宏观调控”的范畴而得到加强，做出与改革南辕北辙的事。

存量结构调整要从自上而下为主转变为自下而上为主，从行政会议为主转变为商务会议为主，从“会议调节”、“文件调节”、“审批调节”转变为“市场秩序调节”、“法制环境调节”、“服务业机制调节”，切实改进税率机制、利率机制、汇率机制、价格机制、订单机制、淘汰退出机制。其中，凡是能由市场决定的价格应该一律交给市场，随行就市；涉及水、石油、天然气、电力、交通、电信等资源产品和公共产品的也要由政府制定定价规则，由市场形成价格，引入竞争机制，放开准入门槛，防止不正当竞争和垄断。

（二）切实促进经济增长和结构调整的动力转换

1. 当前国内外经济社会环境剧变，但经济驱动力的体制机制没有根本转变。政府驱动的投资热情很高，经济发展方式转而不变。市场驱动的民营企业内生机制、内生动力明显不足。

2. 市场驱动替代政府驱动唱主角的要点。体制处于全面深化改革阶段，要解决的是体制性的动力转换乏力问题，经济处于全面转型升级阶段，要解决的是新旧产业的动能转换问题。其中，市场驱动替代政府驱动，即体制性动能转换才是根本转换，产业转型升级、创新创业等都很重要，但不可代替、淡化体制性动能转换。从深圳、重庆以及大量成功案例来看，中国经济存在打破因循守旧、实行创新创业超常规和跨越式发展的巨大潜能，但是这迫切需要相应的体制机制保障。近几年，中央密集出台以简政放权为主线的改革举措就是体制性动力转换，要用改革红利与困难赛跑，向难题挑战。

3. “市场惹祸论”必须予以澄清。当前，经济和社会发展中暴露出的问题不容乐观，对此，学界的解释也是见仁见智、众说纷纭，其中一些人对“市场化”改革产生了动摇和怀疑，认为这一切都是改革出了方向性问题，“都是市场惹的祸”，因而强烈呼吁政府进行干预，而不能再“由着市场乱来”。

“市场惹祸论”是对反思上述现象和问题的一种误解，由此牵涉一系列基本判断和后续政策走向，事关重大，必须予以澄清。总的来看，中国改革发展进程中遇到的新情况、新问题，并非像一些市场保守人士宣称的“市场惹祸”、调控弱化那么简单。事实的真相是由来已久、颇具传统的拒绝市场、排斥市场的力量压抑扭曲了市场体系的正常发育，先天不足、后天失调、拖延迟滞，造成了“市场变异”。

4. 市场变异同市场天然缺陷有本质区别。事实上，人们通常谈论的市场天然存在的固有缺陷与中国经济转型期间市场特有的缺陷，二者有着本质的区别。前者是市场经济成熟、市场体系“底盘健全”，政府与市场边界厘清条件下的“缺陷”，后者是市场经济幼稚、市场体系“底盘缺失”，政府与市场边界混沌条件下的“缺陷”。一系列实质性问题还没有得到解决，诸如，政府科学程度、干预方式、干预效果，财产权归属、受益的明晰程度，数据信息和市场信号的真实程度，市场参数的相关性和传递程度，要素市场的发育和要素价格的实质性作用程度，企业和居民对市场信号的依赖和反应程度，市场的自组织、市场的规范化、民间独立社团组织的发育程度，以及全社会凡事都遵从于法治精神、按共同约定的游戏规则诚信办事程度等，由此形成的社会环境对大众心理的暗示往往是负面的，长此以往，社会经济便陷入将错就错的逆淘汰。

本文所讨论的“市场变异”有别于西方所有关于市场缺陷的理论与实践。通常意义的市场缺陷主要指的是“即使是健全的、有效率的市场，也不可能避免与之俱来的周期性波动和两极分化，也存在发挥作用的边界”。而本文讨论的市场变异是指：市场体系在尚未健全、处于发育成长过程中就不断衍生的蜕变和异化，即由于深层次的体制性、机制性背景和原因，市场主体、市场机体、市场交易中不断植入、滋长、异化出许多非市场的因素和排斥市场的力量。其基本特征是：从形式上、表象上看似乎相关当事人都是在进行市场交易，但骨子里不是或不打算按照产权归属、市场程序、效率法则、法治精神，公开、公正、公平地进行。

在解释中国式的市场变异或“变异之谜”方面，原有的经济理论和智慧，如市场均衡论、反均衡论、垄断竞争理论、灰色市场理论、短缺经济理论、交易成本理论、公共选择理论等，虽然可以从某一个视角单独进行论证，但都难以给出更具针对性的圆满解释。[①] 最主要的原因来自中国行政化体制转变的深层障碍，来自市场发育过程中“边成长、边渗透、边蜕变、边异化”的情况，来自新老既得利益边改革、边凝固、边膨胀的特殊背景，因而始终没有形成相互制衡、动态优化、自我协调的市场主体和竞争力量。

受到传统的法理和产权思想熏陶的西方经济学家，想象不出脱胎于计划体制、市场体系“底盘缺失”的市场经济会是什么样子。照搬他们设计的改革思路，曾使俄罗斯经济陷入混乱。在培育中国统一、开放、竞争、有序的市场体系的过程中，必须高度警惕从自己的肌体和土壤中滋生出来的市场变异，必须防止这种市场变异条件下的“伪市场调节”。

5. 在我国，还有一种十分流行的说法值得警惕，这就是“政府人为模拟市场”，“运用”经济手段、法律手段等调整结构，并且相信这样做就已经是在遵循市场规律、发挥市场调节的作用了，从而为政府取代市场、主导结构调整提供理论依据。这种说法与成熟市场经济中的法律手段、经济手段也有着明显的区别，后者表达的是制定和完善结构调整的游戏规则和必要环境，而结构调整本身的具体内容和时间过程还是交由市场机制来实现。前者则很少考虑制定和完善人们共同遵循的游戏规则，而带有很大的主观随意性和朝令夕改的政策多变性，仍然是行政手段居

① 关于“警惕市场变异”的观察与思考，笔者早在20多年前就已开始，但还远未引起普遍关注。最初的成果参见宋则《着力解决市场秩序混乱两个要害问题的建议》，中国社会科学院内参要报编辑部的《信息专报》1995年5月22日第51期。随后边补充、边完善、边征求意见，主要观点和政策主张先后在《经济与管理研究》1995年第3期、《光明日报》1996年5月30日第5版、《财贸经济》1999年第9期公开发表；香港《大公报》1999年7月9日摘要发表；最后被收入郭冬乐、宋则主编《通向公平竞争之路》第4~6章，社会科学文献出版社，2001。

主导地位，而法律手段、经济手段时常流于形式。

其实，这种说法是由来已久的“市场作用过程与作用结果可以分割移栽”观点的变种，即20世纪30年代波兰经济学家兰格提出的著名的“兰格模式”。兰格认为用“计划科学化”的办法来人为模拟市场过程，就可以得到与市场作用过程相同的结果，从而主张用高度集中的计划体制取代市场。兰格把市场过程看作“计算机器”和“机械运动”，而漠视当事人自主意识、自主权益和自主行为这种市场内涵和本质，实质上还是“能利用则利用，不能利用则取而代之”的市场机制取消论观点。这种观点在互联网、大数据、云计算时代，在中国又有所抬头，认为运用这些技术成果做回归分析，就足以事先精准模拟市场作用的结果，做出种种合理的安排，而不必再放任市场的盲目性。

如果说市场机制从总体上看是制度与运行的统一，那么仅从运行看，则是其作用过程与作用结果的统一。市场机制的作用过程是各种当事人按照比较利益、民主权益自主选择、实现自主决策目标的过程；市场机制的作用结果则是无数微观当事人行为做市场化接触和碰撞所实现的各自物质利益。而动态地观察，作用结果又将成为作用过程反馈的新起点，如此循环不已。因此，如果取代了市场作用过程，得到的就绝不会是市场的作用结果。即使存在预见市场作用结果的极大可能性，例如互联网、大数据技术，也并不构成取代市场或模拟市场作用过程的理由，就像不能为了克服市场的固有缺陷而取代市场过程一样。何况，多元化、高度复杂、利益博弈的市场参与过程是根本无法模拟的。

割裂市场过程与结果的统一关系，危害极大。表现在经济上，就抽去了市场机制的精髓而空留市场的名义或外壳，市场自主调节经济结构是政府无法替代的，“政府可以‘运用’经济手段、法律手段调整结构”这种说法和做法并不可以直接等同于市场调节，仍然是政府主导结构调整，而与市场机制主导调节经济结构有着本质的区别。澄清这一点，才可以在理论和政策设计上为全面深化改革扫清道路。

（三）打破属地管辖体制，切实建立高效市场体系①

改革开放虽经30多年，但仍然没有触及传统计划经济体制属地管理这个根本。行政化条条块块的属地管辖、层层审批体制造就了全国大大小小、错综复杂的行政边界，已经成为新时期特别是实现“十三五”规划各项经济社会目标的最大障碍。人财物资源配置本应像活水、空气一样自由流动，而属地管辖的经济体制窒息了生机活力，使得统一开放、竞争有序、高效畅通的市场体系一直有名无实，市场发挥决定性作用也成为空话，商品价格即使全部放开也难以充分发挥调节作用。

长期实行的经济活动属地管理体制，造就了市场体系分割封锁，不正当竞争泛滥，弱化了市场应有的资源配置效能，增加了额外交易成本即体制性成本。所以说，应防止片面强化属地管辖体制，完善现代市场体系，全面深化改革，建设法治化营商环境，这对提高市场配置效率、提高流通效能、剔除体制性成本意义重大。

（四）抓紧推进大部制改革

除了要解决好属地管辖的“块块”问题外，还要围绕战略重点，解决好垂直部门辖制互不相属的“条条”问题。互联网—移动互联网和实体经济融合发展，是扁平化、打破局限、横向流动的过程，但耸立在互联网—移动互联网和商品流通之上、从计划经济延续至今的众多管理机构却是纵向设置、相互隔绝的。可以说，在有意无意之间，这种体制也是专门同互联网融合实体流通“过不去”的体制。尽管经过一轮又一轮的管理体制改革、机构改革，但仍然很不彻底。

因此，必须按照“大部制”的思路大刀阔斧地深化改革、精简机构，在转变职能基础上对现行管理机构实施再重组。推进大部制思路改

① 宋则：《创新发展必须打破属地管辖体制》，《经济参考报》2015年12月3日，“思想·观察版”。

革，可以部分借鉴美国商务部体制，对现有相关部委按照精简机构、合并同类项原则进行归并重组。美国是“大商务部体制”，该体制是在市场经济中长期磨合的产物，目前与我国相似的分散平行设置的许多部委级别的行政机构，在美国都隶属于大商务部。其主要机构包括国际贸易管理局、国家统计局、出口管理局、经济发展署、技术发展局、国家标准与技术研究所、国家电信与信息管理局、专利与商标局、国家海洋与大气发展局等。在职能性质上，商务部不从事具体事务的行业管理和企业管理。美国的行业管理主要由行业协会进行，如美国进出口商会、汽车工业协会、电子协会、半导体工业协会等。企业管理则主要由商会进行，如各地区商会、各州商会、全国性商会。无论协会和商会，都不管行业或企业计划、业务，而是协调行业利益、代表行业利益向政府和国外交涉。其突出特点是“为企业服务”，而不是审批管理；其优点是减少了许多部门利益和行政掣肘，降低了行政成本，提高行政效能。

我国大部制改革理应从提高效能、降低成本的战略高度，彻底打破现行部门利益局限，尽快建立符合互联网、实体经济融合要求的“大部制”管理体制，完成“服务型政府”的职能转变。

中央多次强调，要加快形成统一开放、竞争有序的市场体系，建立公平竞争保障机制，打破地域分割和行业垄断。深化市场配置要素改革，促进人才、资金、科研成果等在城乡、企业、高校、科研机构间有序流动。这就要求必须为打破属地管理和部门分割体制，不断打出重拳、组合拳。各级政府必须按照党的十八大以来历次会议精神，切实以市场驱动取代政府驱动，经济治理要“松手”，彻底解决好政府越位问题，而社会治理要“上手”，彻底解决好政府缺位问题。要综合治理经济运行行政化，持续清除有形和无形的属地管理体制障碍，防止设置新障碍，以促进稳增长、调结构、保就业、促消费等宏观战略意图更好地实现。这些应是“十三五”时期方方面面寻求新突破的主攻方向。

（五）促进兼容，正确处理好两个“毫不动摇”的相互关系

两个“毫不动摇”是指毫不动摇地坚持公有制基础、主体地位，发展壮大国有制经济；毫不动摇地促进民营经济的发展。① 协调两个“毫不动摇”说起来容易，做起来难。

促进两个“毫不动摇”的内在融合，必须警惕垄断现象。政府与国有企业政企不分的行政性垄断导致规模经济难以长大，② 于是，越是重要领域和关系国家命脉的关键行业，如要素市场、重化工业、支柱产业、基础设施等，越缺少有效监督，排斥市场的不和谐状况越突出。这是不符合社会主义市场经济共建共享基本原则的。民营经济应当是经济内生性成长的企业主体和就业主体，是最大的民生经济，一批实力强劲的民营企业应该挑大梁，成为经济骨干。因此，当前的供给侧结构性改革，必须突出强调企业结构优化调整，公平竞争。其中，必须解放思想、实事求是，明确提出“非公企业同样可以成为国家骨干企业”的主张，出台大型民营企业成长为国民经济骨干企业的促进政策，同时实行中小型民营企业小而精、小而强的扶持政策。这些应当是正确处理好两个“毫不动摇”关系的重中之重。

总之，要传承创新马克思市场学说，寻求全面深化市场化改革理论

---

① 党的十八大报告指出，要毫不动摇地巩固和发展公有制经济，推行公有制多种实现形式，深化国有企业改革，完善各类国有资产管理体制，推动国有资本更多投向关系国家安全和国民经济命脉的重要行业和关键领域，不断增强国有经济活力、控制力、影响力。毫不动摇地鼓励、支持、引导非公有制经济发展，保证各种所有制经济依法平等使用生产要素、公平参与市场竞争、同等受到法律保护。

② 关于行政性垄断及其缘由和危害的研究同样启动较早，远没有像今天这样被反复热炒。最初的成果参见宋则的长篇研究报告：《中国垄断现象的特殊性及特殊对策》（15000 字），《经济工作者学习资料》1998 年 11 月 4 日第 68 期，中国社会科学院《要报》编辑部《领导参阅》1999 年 1 月 25 日第 3 期摘要刊发。随后边修改完善、边征求意见，先后在《财贸经济》1999 年第 2 期、《经济学家》2001 年第 1 期公开发表（10000 字），《新华文摘》同年第 5 期予以全文转载，最后被《中国商业理论前沿》（第 2 辑）全文收入，社会科学文献出版社，2001。

和实践的新突破，就要在公有制与市场经济内在兼容的时代主题上，做出新探索，找到新答案。其中，尤其要在公平正义、共建共享的社会主义市场经济原则下，正确处理好、拿捏好政府与市场的关系、国有企业与民营企业的关系，在促进经济和谐稳定与繁荣发展的总进程中，展示中国的影响力和软实力，为人类命运共同体提交特色鲜明、风格独到、气派不凡的中国方案。

参考文献

［1］宋则：《对传统经济体制转向市场经济体制的历史剖析》，《经济与管理研究》1994 年第 1 期。

［2］《列宁选集》（第 4 卷），人民出版社，1975。

［3］《邓小平文选》（第 2 卷），人民出版社，1994。

［4］《邓小平文选》（第 3 卷），人民出版社，1993。

［5］《马克思恩格斯选集》（第 1 卷），人民出版社，1995。

［6］恩格斯：《反杜林论》，载《马克思恩格斯全集》（第 20 卷），人民出版社，1971。

［7］宋则：《着力解决市场秩序混乱两个要害问题的建议》，《经济与管理研究》1995 年第 3 期；《光明日报》1996 年 5 月 30 日第 5 版；《财贸经济》1999 年第 9 期；香港《大公报》1999 年 7 月 9 日摘要；郭冬乐、宋则主编《通向公平竞争之路》第 4 ~6 章，社会科学文献出版社，2001。

［8］宋则：《创新发展必须打破属地管辖体制》，《经济参考报》2015 年 12 月 3 日。

［9］宋则：《中国垄断现象的特殊性及特殊对策》，《经济工作者学习资料》1998 年 11 月 4 日第 68 期，中国社会科学院《要报》编辑部《领导参阅》1999 年 1 月 25 日第 3 期摘要；《财贸经济》1999 年第 2 期；《经济学家》2001 年第 1 期公开发表；《新华文摘》同年第 5 期予以全文转载；《中国商业理论前沿》（第 2 辑），社会科学文献出版社，2001。

流通促进消费发展研究回顾和进展*

依绍华　梁　威**

摘　要　国内外学者在研究中基本一致认同，流通对消费的发展具有促进作用。从研究方法来看，实证研究与规范研究并重，既有计量模型的实证分析，也有流通对消费促进作用的演绎推理；从研究结论来看，流通对消费的促进作用可以分为直接作用和间接作用，包括流通组织、流通环境、流通业收入等几个作用维度。此外，农村消费问题受到我国学者的广泛关注，专门针对农村流通业发展对农村消费的促进作用的研究是我国学者在流通促进消费理论领域研究的一个重点。

关键词　流通；消费；农村

流通作为连接生产与消费的桥梁，一方面承担着产品进入市场实现价值的职能，另一方面与消费者直接接触，满足消费需求的同时并

* 基金项目：中国社会科学院财经战略研究院 2017 年度创新工程“以供给侧结构性改革推进消费升级战略研究”（2017CJY01005）的阶段成果。

** 依绍华，中国社会科学院财经战略研究院流通产业研究室主任、研究员、博士生导师，主要研究方向：流通理论与政策、消费经济。梁威，商务部国际贸易经济合作研究院流通与消费研究所助理研究员。

引导消费趋势，因此在扩大内需、释放产能、消化库存以及促进产业结构调整和产业升级等方面具有重要作用。随着我国经济进入新常态，消费成为拉动经济增长的基础性要素，有关消费的研究也受到更多关注。在扩大消费、实现消费结构升级的背景下，基于马克思生产关系四环节理论，探索衔接生产与消费的关系、商品交换实现过程中流通环节与消费的关系也成为研究热点。但是到目前为止，与此相关的文献较少，尤其是流通如何促进消费的相关文献回顾不多，本文将在经济学理论的基础上，对国内外在流通促进消费领域的研究进行梳理，并加以评述。

一　国外研究进展

（一）流通促进消费的宏观研究

1. 历史回顾

流通一词在古典经济学中即有论述，托马斯·孟在《英国得自对外贸易的财富》[①] 一书中指出，流通是财富的源泉，对外贸易是增加国家财富的主要途径。亚当·斯密[②]从分工的角度论述了流通与消费增长之间的关系，提出著名的动态生产率理论，即流通是市场范围扩展的显著标志，市场范围制约着分工的程度，而分工的发展又是生产率长期增长的主要影响因素，因而流通的扩大可以促进分工的深化和生产率的提高，加速消费需求的增长。

马克思经济学将社会再生产划分为四大相互关联的环节：生产、交换、消费、分配，其中，流通理论是交换理论的重要组成部分。马克思认为流通是“交换的一定要素，或者说是从交换总体上看的交换”，马

① 托马斯·孟：《英国得自对外贸易的财富》，李琼译，华夏出版社，2006。

② 亚当·斯密：《国富论》，杨敬年译，陕西人民出版社，2006。

克思[①]多次对消费进行专门论述，他认为商品交换的本质目的在于满足不同需求，可以理解为流通的目的在于满足居民消费。马克思认为分工专业化引起的生产单一化和消费需求多样化之间的矛盾推动了流通的发展。他在《经济学手稿》中指出，商品交换的最终目的是满足在质上有不同需要的需求。马克思认为贸易的发展是创造条件去促使卖和买从不协调走向协调。在这个过程中，卖要特别适应买，因为买归根到底是反映消费的需求。

2. 当代研究内容

当代经济学中，国外也有为数不多的关于流通促进消费的宏观研究。田村正纪[②]从经济体系的角度论述了流通促进消费的作用，他认为流通作为生产和消费的中间环节，以桥梁的作用沟通生产和消费，目的在于促进经济发展，促进消费扩大。Krishnamoorty[③] 和 Prahalad 等[④]则基于对农村消费市场的研究，提出农村流通体系是开拓农村消费市场最需要克服的障碍，认同流通体系对促进农村消费市场的作用。

（二）流通促进消费的微观研究

除日本外，欧美等国学者的经济学研究中基本没有体系化的“流通学”概念，但是对影响消费的因素研究是一大热点。西方学者基本认同决定消费的主要因素在于可支配收入[⑤]，得出了消费支出和可支配收入始终保持稳定的比例关系[⑥]、消费者的支出水平由消费者的长期可支配

---

① 《马克思恩格斯全集》（第 31 卷），人民出版社，1998，第 324～327 页。

② 田村正纪：《流通原理》，吴小丁、王丽译，机械工业出版社，2007。

③ Krishnamoorty, R., Indian Rural Market: Problems and Prospects [J]. Indian Management, 2000 (10): 52－55.

④ Prahalad, C. K. and Hammond, A., Serving the World's Poor, Profitably. Harvard Business Review, 2002, 80 (9): 48－57.

⑤ Keynes M. J., The General Theory of Employment, Interest and Money [M]. London: Macmillan, 1936.

⑥ Duesenberry J. S., Income, Saving and the Theory of Consumer Behavior [M]. Cambridge: Harvard University Press, 1949.

收入决定[①]、缩小收入差距能够推动提升社会消费水平[②]等丰富的结论。有关流通对消费的影响研究，零散地分布在商业、零售、营销、消费等领域，着眼于单个企业的微观视角，得出的结论集中在流通环境、流通成本、流通组织等方面对消费的作用。

1. 流通环境促进消费

流通环境或者说购物环境对消费的促进作用主要体现在零售研究领域。多名学者的研究发现，作为流通载体的终端零售企业提供的消费环境能够影响消费行为。Donovan 等通过建立"环境刺激—情绪状态—行为反应"的模型，分析发现舒适的购物环境能够对消费者的购物情绪产生正面影响，促进消费时间和消费动机的提升[③]。在此基础上，相关研究不断深入和细化，学者通过一系列模型分析发现，店铺氛围带来的愉悦感[④]、令人愉快的产品展示和香气尤其是橘香[⑤]、慢节奏的音乐背景[⑥]等均能提升消费者的消费支出。更进一步，学者认为音乐和香草气息等无形氛围能够对消费者尤其是年轻购物者的冲动消费支出产生正面影响[⑦]。

2. 流通成本节约促进消费

流通业所实现的流通成本节约对消费的促进作用也是国外学者研究的一个重要方面，主要基于企业营销和消费者行为的研究视角，包括搜

---

① Friedman Mc Clains, Palmer, K., Sources of Structural Change in the US 1963 - 1987: All input-output Perspective [J]. Review of Economics and Statistics, Vol. 69, 1987, pp. 503 - 510.

② Blinder, A. S., Model of Inherited Wealth [J]. Quarterly Journal of Economy, Vol. 87, No. 4, 1975, pp. 608 - 629.

③ Donovan R. J., Rossiter J. R., Store Atmosphere: An Environmental Psychology Approach [J]. Journal of Retailing, 1982, 58 (1): 34 - 57.

④ Sherman E., Mathur A., Smith R. B., Store Environment and Consumer Purchase Behavior: Mediating Role of Consumer Emotions [J]. Psychology and Marketing, 1997, 14 (4): 361 - 378.

⑤ Fiore A. M., Yah X., Yoh E., Effects of a Product Display and Environmental Fragrancing on Approach Responses and Pleasurable Experiences [J]. Psychology and Marketing, 2000, 17 (1): 27 - 54.

⑥ Morrin M., Chebat J. C., Person-place Congruency: The Interactive Effects of Shopper Style and Atmospherics on Consumer Expenditures [J]. Journal of Service Research, 2005, 8 (2): 181 - 191.

⑦ Morrison M., Gan S., Dubelaar C., et al., In-store Music and Aroma Influences on Shopper Behavior and Satisfaction [J]. Journal of Business Research, 2011, 64 (6): 558 - 564.

寻成本、退换货成本、运输和物流成本、产品购买成本和时间成本等。

一是搜寻成本。基于博弈论分析，Stahl① 发现流通过程中产生的搜寻成本是影响消费者需求的重要因素，搜寻成本的降低能够刺激消费需求的增加，Shevchenko② 和 Watanabe③ 也在研究流通中介的产生和演化过程中发现，流通中介维持产品存货有利于节约消费者搜寻成本。Cachon 等④和 Mago⑤ 等学者进一步研究发现，基于搜寻成本节约而实现的较低市场价格能够促进消费需求，并实现社会福利的增加。

二是退换货成本。Anderson 等⑥发现，流通过程中产生的退换货成本的降低也能够增加产品数量、刺激消费的增长。

三是运输和物流成本。Thomas⑦ 将美国和阿根廷农产品运输、物流和销售系统进行对比，发现交通和物流成本能够对农产品销量产生影响，由此美国在较阿根廷更低的物流成本优势下，其农产品出口更具优势。

四是产品购买成本。C. Hawkes⑧ 基于促销对消费者行为的研究得出结论，认为商家灵活的促销战略有利于激发消费者的购买点，实现消费量的扩大。Mhurchu 等⑨也发现在超市提供的产品价格折扣使得消费者购买产

---

① Stahl D. O., Oligopolistic Pricing with Sequential Cosumer Search [J]. Journal of Cosumer Research, 1987, 14 (1), 83 - 95.

② Shevchenko A., Middlemen [J]. International Economic Review, Vol. 45, No. 1, 2004, pp. 1 - 24.

③ Watanabe M., A Model of Merchants [J]. Journal of Economic Theory, 2010, Vol. 145, No. 5, pp. 1865 - 1889.

④ Cachon G. P., Terwiesch C., Xu Y., On the Effects of Consumer Search and Firm Entry in a Multiproduct Competitive Market [J]. Marketing Science, 2008, 27 (3): 461 - 473.

⑤ Casontn, Mago S. D., Costly Buyer Search in Laboratory Markets with Seller Advertising [J]. The Journal of Industrial Economics, 2010, 58 (2): 424 - 449.

⑥ Anderson E. T., Hsnsen K., Simester D., The Option Value of Returns: Theory and Empirical Evidence [J] Marketing Science, 2009, 28 (3): 405 - 423.

⑦ Thomas R., The Rapid Rise of Supermarkets in Latin America: Challenges and Opportunities for Development [J]. Development Policy Review, Vol. 20, No. 4, 2002, pp. 371 - 388.

⑧ C. Hawkes, Nutrition Reviews [J]. Nutrition Reviews, Vol. 67, No. 6, 2009, pp. 333 - 342.

⑨ Mhurchu, C. N., etc., Effects of Price Discounts and Tailored Nutrition Education on Supermarket Purchases: a Randomized Controlled Trial [J]. American Journal of Clinical Nutrition, Vol. 91, No. 3, 2010, pp. 736 - 747.

品成本下降的情况下，居民将扩大在超市的消费量，实现消费增长。

五是时间成本。Rodriguez 等[①]在研究阿根廷消费者购买食品的行为中发现，随着消费者购物时间的缩短，消费者去超市消费、购买食品的概率提升。

3. 流通组织促进消费

西方学者在做营销和零售的相关研究时还发现，流通组织与消费者的长期稳固关系能够刺激消费者的购买动机、促进消费增长。

一是零售和批发企业等流通组织塑造的良好品牌能够推动消费增长。Kenning 等[②]在批发商品牌对消费者购买行为的影响研究中发现，良好的批发商品牌能够将优质产品的信号传递给消费者，高品牌忠诚度有利于促进消费者提高消费频率，从而扩大消费需求。Cacho 等[③]采用问卷调查和访谈的方法研究法国零售企业品牌形象与消费者之间的关系，发现当消费者认同零售企业的理念和品牌时，双方的情感纽带能够激发消费者的购买动机。

二是流通组织的良好服务能够促进居民消费。Home[④] 基于对农村消费的研究，发现零售店的特点和店主的服务态度能够影响农村消费者购买行为，良好的服务态度有利于零售商成功实现市场扩张。

三是流通组织的良好策略也能够影响居民消费。Thomas 等[⑤]、Hausman[⑥] 等多名学者在针对沃尔玛的个案研究中发现，沃尔玛基于自身良好

① Rodriguez，E.，Consumer Behavior and Supermarkets in Argentina [J]. Development Policy Review，Vol. 20，No. 4，2002，pp. 429 – 439.

② Kenning，P.，Grzeskowiak，S.，The Role of Wholesale Brands for Buyer Loyalty：A Transaction Cost Perspective [J]. Journal of Business & Industrial Marketing，Vol. 26，No. 3，2011，pp. 162 – 170.

③ Cacho E. S.，Loussaïef，L.，The Influence of Sustainable Development on Retail Store Image [J]. International Business Research，Vol. 3，No. 3，2010，pp. 100 – 110.

④ Niilo Home，Rural Consumers' Patronage Behaviour in Finland [J]，Int. Rev. of Retail，Distribution and Consumer Research 12：2 April 2002：149 – 164.

⑤ Thomas O. Graff，Dub Ashton，Spatial Diffusion of Wal-Mart：Contagious and Reverse Hierarchical Elements [M]. Blackwell Publishers，2002.

⑥ Jerry Hausman，Consumer Benefits from Increased Competition in Shopping Outlets：Measuring the Effect of Wal-Mart [J]. MIT and USDA，2004.

的供应链管理为消费者提供低价优质的产品这一策略，有利于刺激居民消费，实现企业自身与消费者的双赢。Krishnamacharyulu[①]基于四类企业在农村市场产品策略的案例分析发现，流通组织所选择的在农村市场提供产品与服务的不同策略能够对打开农村消费市场产生影响。

二　国内研究进展

流通这一概念在我国的出现来自马克思再生产理论，他将流通定义为生产和消费的中间过程，因此，流通在国内经济学领域属于经济学范畴，在学科分类中被纳入产业经济学领域，《商业产业论》（1995）、《中国流通产业及其运行》（1998）、《中国流通产业政策研究》（1999）、《商业产业组织理论》（2001）等著作展现出19世纪末20世纪初相关学者在流通产业深入的研究成果。相较于国外学者而言，国内学者关于流通促进消费的研究更为丰富和深入，从宏观和微观、直接和间接等多个维度进行了充分分析。其中在我国城乡二元体制问题严重、城乡消费市场割裂、扩大9亿农民的广大农村市场需求迫切的背景下，针对农村领域流通对消费的促进作用的研究也十分丰富。从研究方法来看，最初国内学者主要运用演绎法分析流通促进消费的机理，而后建立计量模型进行实证分析成为主流。

（一）宏观角度：流通体系与居民消费

流通与消费的关系，一直是学者关注的重点。早在20世纪90年代，林文益就指出，商品流通的目的是通过商品交换，联系生产和消费，以实现社会再生产。[②] 李金轩[③]指出，商品流通业在市场运行中将处于前沿

① C. S. G. Krishnamacharyulu, Rural Marketing [M]. Pearson Education India, 2010.

② 林文益：《论我国现阶段商品流通的特点和有序化问题》，《财经理论与实践》1995年第5期，第11~15页。

③ 李金轩：《充分认识商业的地位与作用》，《光明日报》2001年第3期，第7~9页。

地位，随着社会经济的发展、交易的频繁、市场关系的密切，这种前沿地位也将愈益明显，搞活流通对拉动消费、解决就业有重要作用。黄国雄[①]指出，流通业的发展关系人们的消费形式、生活方式和质量。只有通过流通，才能实现产品价值，满足人们的物质和文化生活需要。万典武[②]提出流通业的主导产业与基础产业特性并存，流通创新能够促进消费增长和农村市场的扩展，现代流通业的发展有利于扩大内需、提高人民生活质量，振兴流通业和商业是扩大内需的有力途径[③]。

现代化流通体系是由农产品流通、生产资料流通、日用工业品流通等七大横向体系和商品流通组织体系、商品市场体系、流通管理体系等六大纵向体系构成的整体化的系统工程[④⑤]。众多学者基于宏观视角论述了流通体系促进居民消费的重要作用，既包括多层次的现代流通体系，也包括针对农村市场的农村流通体系的分析，以及结合城镇和农村两个市场的城乡双向流通体系对扩大居民消费的影响。

一是从流通业整体发展来说，提出多层次的现代流通体系能够促进消费。早在1999年，学者马龙龙[⑥]就提出促进消费需要强有力的流通支持，在零售业的制度创新、关系居民消费的生活服务业的开发和批发业的结构调整下，构建一个高效顺畅、竞争有序的多层次“流通平台”有利于发挥流通扩大内需的作用。程建平[⑦]在经济全球化进程加快的背景下进行思考，认为流通现代化是当前扩大消费的紧迫任务。宋则等[⑧]也

---

① 黄国雄：《中国流通业：入世后的挑战与对策》，《财贸经济》2002年第2期，第58~60页。

② 万典武：《改革开放二十多年商业理论观点综述之一》，《商业时代》2003年第2期。

③ 万典武：《做大做强民族商业》，《价格理论与实践》2004年第4期，第27~28页。

④ 丁俊发：《构建现代流通体系面临的形势和任务》，《中国流通经济》2007年第2期，第8~11页。

⑤ 洪涛：《“十二五”中国特色流通体系及其战略研究》，《商场现代化》2011年第24期，第13~17页。

⑥ 马龙龙：《促进消费需要强有力的流通支持》，《市场与电脑》1999年第6期，第1页。

⑦ 程建平：《消费拉动与流通带动》，《技术经济与管理研究》2006年第1期，第12页。

⑧ 宋则、王雪峰：《商贸流通业增进消费的政策研究》，《财贸经济》2010年第11期，第77~81页。

提出，高效的流通体系有助于化解结构性供给矛盾，推动物价稳定。

二是针对农村市场的细分角度，认为完善的农村流通体系有利于扩大农村居民的消费。宋则①认为现代流通服务业的强大影响力在于最大限度地减少各种形式的“财富的沉淀和静止、资源的闲置和浪费”，提高所有时点中实际发挥作用的社会产品所占的比重，最大限度地消灭闲置、损失和浪费，有利于优化经济结构和流程，增进农民收入和消费。文启湘②、贺珍瑞③和蒿建华④等学者认为，农村流通体系的现代化和农村流通秩序的完善，是农村消费市场扩张、挖掘消费潜力的必备条件和重要保障。冉静斐⑤运用自回归分布滞后模型和相关统计资料，对流通与消费的关系进行了实证研究。研究发现，当期的社会消费品零售总额与消费呈正相关关系，滞后一期的社会消费品零售总额与消费呈负相关关系，当期的社会消费品零售总额对农村居民消费的带动作用最强。即流通业的发展对消费具有促进作用，对农村居民消费的促进作用最大。文晓巍⑥基于对农村现代流通体系与农村市场的内在联系分析发现，完善的农村流通体系能够增加农民的收入并优化消费环境，从而扩大农村市场。林秀清⑦则进行了反面论证，她通过分析福建农村的消费市场情况，发现落后的农村流通体系是农村居民消费升级的制约条件之一。

三是从城乡区位来说，打破城乡分割的城乡互动双向流通体系有利

① 宋则：《从市场、流通入手突破存量困扰的思路前景和政策要点》，《财贸经济》2006 年第 6 期，第 26 ~ 31 页。

② 文启湘：《加快构建农村现代流通体系：推进农村和谐发展的重要条件》，《湘潭大学学报》（哲学社会科学版）2007 年第 1 期，第 66 ~ 68 页。

③ 贺珍瑞：《农村流通体系对农村消费需求的影响分析》，《山东农业大学学报》2007 年第 3 期，第 23 ~ 26 页。

④ 蒿建华：《改善农村流通：挖掘消费潜力》，《唐都学刊》2009 年第 11 期。

⑤ 冉静斐：《流通发展与消费增长的关系：理论与实证》，《商业时代》2008 年第 1 期，第 11 ~ 12 页。

⑥ 文晓巍：《扩大农村消费需求与农村流通体系的完善》，《学术研究》2011 年第 8 期。

⑦ 林秀清：《基于流通视角的农村居民消费升级的思考》，《福建广播电视大学学报》2011 年第 3 期。

于扩大消费。这一研究源于我国城乡二元结构的问题突出、阻碍农村消费市场扩大的背景。反面的研究中，刘根荣等[①]通过对城乡流通协调发展的研究，对城乡流通二元结构现状制约消费扩大的机理进行分析。正向研究中，孟雷[②]则指出建设和完善城乡双向商贸流通体系有利于提高农产品流通效率和农村居民收入，从而促进农村消费市场的增长。汪月[③]提出城乡双向流通体系能够借推动农村地区业态创新等方式实现扩大农村消费，通过实证分析得出城乡双向流通体系的组织结构和流通效率直接影响农村消费的结论。

（二）微观角度：流通促进消费的作用机制与实证分析

国内学者关于流通促进消费的微观机理分析与国外学者的区别在于，国外学者着眼于消费者行为、企业营销的单个零碎视角，而国内学者主要从流通产业出发，基于流通产业项下细分的流通组织、流通设施和流通环境等综合因素来衡量流通业促进消费的作用，而单一流通因素对消费的影响研究较少。

1. 流通促进消费的直接作用研究

流通对消费的直接作用的内涵在于流通业自身的发展对居民消费的影响，可以细分为通过流通组织、流通设施、流通环境等因素的改善而实现消费市场的扩大。

一种思路是挑选单个流通因素研究其消费的促进作用。早在2002年，宋则[④]基于对制约城乡居民消费增长的因素进行分析发现，除收入

---

① 刘根荣、种璟：《促进消费视角下城乡流通协调发展研究》，《经济学家》2012年第9期，第29~36页。

② 孟雷：《我国城乡双向商贸流通体系的构建与机制探讨》，《中国流通经济》2013年第6期，第18~21页。

③ 汪月：《城乡双向流通体系扩大农村消费的理论与实证研究》，《安徽财经大学》2015年第10期，第33~34页。

④ 宋则：《城乡居民消费增长的制约因素分析和消费政策评价》，《首都经济贸易大学学报》2002年第3期，第5~9页。

这一制约因素之外，消费环境也是制约居民购买力存量无法充分释放的重要因素。柳思维等①应用博弈分析模型，得出了发挥农村商贸市场的作用能够促进农村消费的结论。祁京梅②提出作为消费的实现形式，流通对消费的促进作用毋庸置疑，而较差的流通环境是阻碍部分消费实现的因素之一。冯晓燕等③通过对农村电网改造的案例分析得出结论，认为农村消费环境对农村居民消费存在制约作用，改善农村消费环境有利于扩大农村消费市场。李正明等④通过抽样调查农村居民消费状况，发现农村地区消费市场有较大的提升空间，其中电冰箱、空调、微波炉等耐用消费品和建材产品的市场具有较大潜力，导致农村地区消费不足的因素除了农民守旧的消费观念之外，低密度的流通设施导致农村居民购物不够便利也是重要的影响因素。王亚龙等⑤则着眼于流通创新对消费的促进作用，选择流通产业技术效率等指标作为自变量建立 DEA 模型，得出流通创新能够明显促进消费扩大的结论。

选择多个流通业细分因素，分析其对消费作用的研究更为丰富。郝爱民⑥基于对河南省 521 户家庭的问卷调查数据，建立 Probit 模型分析发现，流通方式、流通业态、流通基础设施和流通服务均能显著影响农村居民的消费情况。赵娴⑦提出流通具有引导生产、实现分配和满足消费三大作用，论述了流通是实现消费的必要前提和能够扩大消费规模两方

---

① 柳思维、唐红涛：《关于加强农村商贸市场创新与拉动农村消费的思考》，《消费经济》2005 年第 6 期，第 27 ~ 30 页。

② 祁京梅：《我国消费趋势研究及实证分析探索》，中国经济出版社，2008，第 39 ~ 40 页。

③ 冯晓燕、刘兆征：《消费环境对农村居民消费的影响——以农村电网改造为例》，《农业经济问题》2008 年第 6 期。

④ 李正明、岳琳：《促进农村居民消费增长途径和方式研究——基于农户消费情况的抽样调查》，《消费经济》2011 年第 1 期，第 34 ~ 37 页。

⑤ 王亚龙、史伟：《技术创新视角下流通业促进居民消费研究》，《商业时代》2015 年第 28 期，第 14 ~ 15 页。

⑥ 郝爱民：《农村流通体系建设对农民消费的影响——基于有序 probit 模型的研究》，《北京工商大学学报》（社会科学版）2010 年第 5 期，第 22 ~ 26 页。

⑦ 赵娴：《发展流通业实现消费促进和结构升级》，《中国流通经济》2010 年第 11 期，第 35 ~ 37 页。

面的作用机制。李骏阳等[①]选取农村批发和零售业乡镇企业数量与就业人数、固定资产投资额等因素分析农村地区流通业对居民消费的影响，建立PLS回归模型进行分析，得出流通业就业规模扩大、流通组织数量增加和技术设施投入的上升均能引起农村居民消费增加的结论。张先轸[②]在梳理国外文献的基础上，系统性地建立了流通能够通过节约搜寻成本、解决逆向选择问题、优化购物环境等方式促进消费的微观功能体系。王世进[③]建立SD模型以研究江苏流通业对消费的影响，认为流通产业固定投入扩大、产值增长、产业效率提高等因素均能促进居民消费增长。

整体来看，我国学者关于流通促进消费的直接作用分析，应用了案例研究、规范研究和实证研究等研究方法，基本一致认为正面的流通行业基础设施、流通组织、流通服务等因素变化均能扩大消费，这一点与国外学者的微观研究结论也具有重合性。除了基本的具有广泛适用性的研究之外，我国学者在流通直接促进消费领域的研究进一步细化和深化，具有一定的创新性。

一是按照地区差异进行区分。在按照城镇与乡村进行区分方面，冉静斐[④]在对流通发展与消费增长的实证研究中，将消费支出区分为农村和城镇消费、居民和政府消费，研究社会消费品零售总额代表的流通规模增长对其产生的影响，得出流通现代化程度的提高能够促进居民消费，尤其是农村居民消费的结论。罗永华[⑤]在这一点上得到相反的结论，他选取广东省流通业与消费支出数据，分别研究流通业对城镇居民和农村

① 李骏阳、包嫛伟、夏禹铖：《流通业对农村居民消费影响的实证研究》，《商业经济与管理》2011年第11期，第17~23页。

② 张先轸：《流通促进消费最新研究进展：微观基础综论》，《商业经济与管理》2013年第1期，第14~21页。

③ 王世进：《基于SD模型的江苏流通业促进居民消费研究》，《市场周刊》2016年第9期，第37~38页。

④ 冉静斐：《流通发展与消费增长的关系：理论与实证》，《商业经济研究》2008年第1期，第11~12页。

⑤ 罗永华：《广东省流通业发展对居民消费支出影响的实证研究》，《商业时代》2011年第18期，第22~24页。

居民的影响，得出流通业拉动的城镇居民消费大于农村居民消费的结论，并认为农村地区居民收入低、流通设施少、流通网络不健全等是得出这一实证结论的原因。张连刚等①则将全国的流通业和消费发展数据按照东、中、西部三个地区进行区分，建立计量模型分别研究东、中、西部三个地区流通促进消费的程度，发现东、中、西部流通促进消费的程度逐渐降低。

二是按照消费性质差异进行区分。吴学品②通过将居民的消费支出划分为生存类消费和享受型消费，建立计量模型分析市场化和流通设施环境对消费的影响，发现就农村地区而言，流通设施对生存类消费支出的影响较小，而对享受型消费的影响较大，进一步得出改善流通设施环境有利于推进农村消费结构升级的结论。陈乐一等③也进行了类似的研究，他们通过建立固定效应模型分析农产品流通效率对农村居民总消费、生存型消费和享受型消费的影响，也发现农产品流通效率促进农村居民享受型消费的作用大于生存型消费。

三是按照时间的差异进行区分。吴学品等④在分析农村流通业总量、集贸市场这一主体和流通环境对农村消费的影响中，纳入时间因素的考量，发现就农村地区而言，流通业各细分因素对扩大农村消费的效应具有时变性，流通总量对于农村消费的弹性系数为正且不断上升，农村集贸市场这一流通主体扩大农村消费的作用经历了从上升到减弱的过程，主要受到农村居民收入提高、新兴业态丰富等因素的影响。

四是由流通对消费的单向作用扩展到流通与消费的双向作用。文启

---

① 张连刚、李兴蓉：《中国流通业发展与居民消费增长的实证研究》，《广东财经大学学报》2010年第4期，第53~60页。

② 吴学品：《市场化、流通设施环境和农村消费结构——基于省级面板数据模型的实证分析》，《经济问题》2014年第10期，第75~80页。

③ 陈乐一、喻霞、粟壬波：《我国农产品流通效率对农村消费影响的实证分析》，《商业时代》2015年第9期，第14~18页。

④ 吴学品、李骏阳：《流通业发展对农村消费影响的动态演化》，《财贸经济》2012年第12期，第102~107页。

湘等[①]从流通发展与消费增长的相互作用角度出发，通过建立 DEA 模型分析二者相互支撑的程度，发现流通业促进消费的作用大于消费对流通的作用。丁凡凡[②]通过实证研究发现，流通产业的发展与居民消费支出相互影响、相互作用，高程度的流通业发展能够扩大居民消费，低程度的流通业发展能够抑制居民消费；同时，居民消费支出的增长能够反作用于流通业，消费结构升级推动流通组织创新，刺激流通业进一步发展。

2. 流通促进消费的间接作用研究

划分流通对消费的直接和间接作用、有区分度地进行研究是我国学者在该领域研究的另一大创新，目前来看这方面研究不多。李志刚认为，流通业对居民消费的直接影响在于流通业自身发展所带来的影响，而流通业发展实现农村居民收入水平的提高、农村地区经济发展等效应，引起中间变量的变化从而扩大消费的作用机制可以被视为流通初级消费的间接作用[③]。

流通间接促进消费的机理之一，是流通业的发展能够推动居民收入水平的提高，从而实现消费需求的增长。赵萍[④]通过研究发现，中小零售企业能够通过广泛吸纳社会就业实现居民收入水平的提高，从而推动扩大消费。夏春玉等[⑤]采用案例研究方法，对比分析蒲公英和苏果的实践案例得出结论，认为城乡互动的双效流通体系建立能够推动农产品的品牌化和规模化生产，从而推动农民增收。流通间接促进消费的机理之二，是从整个经济发展水平的角度出发，李志刚认为流通业的资源投入

---

① 文启湘、梁爽：《基于 DEA 模型的流通业与消费增长协调发展研究》，《商业经济与管理》2010 年第 10 期，第 5～11 页。

② 丁凡凡：《流通业发展与居民消费关系研究》，首都经贸大学硕士毕业论文，2012。

③ 李志刚：《农村流通业发展对农村居民消费的影响机理及实证分析——以江西省为例》，《农村经济》2013 年第 2 期，第 113～116 页。

④ 赵萍：《流通与消费的七大关系》，《中国商贸》2008 年第 1 期，第 120 页。

⑤ 夏春玉、张闯、梁守砚：《城乡互动的双向流通系统：互动机制与建立路径》，《财贸经济》2009 年第 10 期，第 106～112 页。

具有乘数效应，流通业的发展推动整个经济发展水平的提升，从而实现居民收入水平的提高和消费市场的扩大①。

三　未来研究方向

总的来看，国内外学者关于流通促进消费的宏观和微观研究已经十分丰富，对现代化的流通体系和产业发展能够促进消费市场扩大这一观点已经基本达成共识。从宏观上来说，流通体系的现代化能够推进扩大消费需求；从微观上来说，流通环境的改善、流通成本的节约、流通业态的丰富等均能对消费市场直接产生正面影响，同时流通还能够通过促进吸纳就业实现居民收入的增加、以乘数效应促进经济水平的提高从而间接扩大消费市场。就该领域的未来研究发展而言，本文认为从以下几个角度可以进一步挖掘思路。

一是进行城乡区域流通促进消费的对比和综合研究。现有的研究中，既有采用整个国家流通产业的数据作为因变量的研究，也有针对农村市场的流通业发展的研究，然而，通过对城市和农村的数据进行对比和综合考虑，分析各自流通促进消费的差异性和原因，对于借鉴城市流通业促进消费的经验、促进扩大农村市场具有一定意义。

二是考虑流通业与服务消费的关系。受限于当前的统计局限，社会消费品零售总额基本不纳入服务业数据，居民消费支出中也没有明确区分服务消费额，因此当前的研究中关于商品消费和服务消费的研究较为笼统。然而，在需求端居民消费结构升级逐渐加快、服务消费不断上升和供给端服务分工不断深化、居民服务业不断发展的背景下，提高服务消费与服务供给相关性研究的辨识度十分必要，有利于提出餐饮、家政等流通行业中生活性服务业发展策略以响应消费升级。关于数据的可获

① 李志刚：《农村流通业发展对农村居民消费的影响机理及实证分析——以江西省为例》，《农村经济》2013 年第 2 期。

得性问题，可以采取问卷调研等方式收集一手数据进行研究。

三是考虑模型的完善。当前的许多实证研究中，以社零总额作为流通业规模为自变量，以居民消费支出代表消费市场规模作为因变量，建立模型分析两者的相关性，得出流通业规模扩大能够促进居民消费支出的结论。考虑到社零总额和居民消费支出两个数据在一定程度上都是从两个统计口径反映消费市场发展情况的数据，这两个数据本来就具有高度相关性，因此这一结论有待商榷。学者冉静斐和罗永华在分别研究流通业发展对农村和城镇居民消费支出的影响中，选取社零额代表流通业规模建立模型，得出了完全相反的结论，数据自身的高度自相关可能是造成这一问题的原因之一。

四是考虑进一步细化研究方向。当前已经有学者按照生存型和享受型划分居民消费支出，研究流通业对二者的不同影响。本文认为，在此基础上可以进一步细化，按照不同产品的性质进行区分，例如居民在生鲜农产品和耐用消费品之间的消费，因受到流通效率、环境等因素的影响便会有所区分，生鲜农产品受制于产品特点，流通效率和环境可能会对其消费造成更大的影响。

市场交易定价机制理论研究进展*

董烨然

摘　要　固定定价（Posted Price）、讨价还价（Bargaining）和拍卖（Auction）是市场中基本的三种商品交易定价机制。例如，实体零售商店大多采用固定定价，价格由卖方决定，单独的买者无法对商品的价格产生直接影响；在集贸市场和小商品市场，买卖双方都会积极地参与形成商品最终价格的讨价还价过程；而在房地产市场、艺术品市场、原材料市场，以及当前的一些网络购物平台（如 eBay、Yahoo），商品或经固定定价或由讨价还价或通过拍卖方式成交。现实实践和理论研究都表明，任何一种定价机制都不可能在所有市场环境中比其他定价机制更适用；在特定环境中，不同的交易定价机制会显示出各自的优势。本文将对经济学中市场交易定价机制的研究成果进行梳理，着重对上述三种交易定价机制的市场关联、均衡特征和制度设计等方面的理论进展进行讨论。

关键词　固定定价；讨价还价；拍卖；定价机制

"市场"和"价格"一直是经济学研究的核心问题。Adam Smith（1776）围绕市场是如何运行的问题，最早提出了"看不见的手"的理论，指出了在自由竞争的市场环境中，通过价格信号，市场这只"看不见

* 董烨然，首都经济贸易大学经济学院教授，主要研究方向：产业组织、商业经济理论与政策。

的手”能够对社会资源进行最优配置。经过近 200 年的研究，Kenneth J. Arrow 和 Gérard Debreu（1954）等经济学家证明了在满足对市场和市场参与者的一系列假设下，市场中存在唯一的一组价格能使市场达到出清状态。Leonid Hurwicz（1960，1973）证明了没有什么经济机制能比竞争的市场机制在更少的信息空间维数下产生帕累托有效的资源配置。尽管经济学对市场运行机理的了解越来越深入，但是“竞争均衡理论存在一个早就为人所知却又难以解决的缺陷，即无法解释价格从何而来”（Douglas Gale，2000）。“看不见的手”是如何导引着分散的市场主体完成交换，并形成相关商品和资源的定价机制的，至今仍是经济学亟待解决的一个问题。正如 William S. Jevons（1871）指出的，“全部交换理论与主要经济问题的拱心石，是这个命题——两商品的交换律……不完全了解交换的理论，必不能有正确的经济学观念”。

20 世纪后半叶是世界上经济理论蓬勃发展的时期。博弈理论、产业组织理论、搜寻理论、匹配理论、机制设计理论的发展，为研究市场交易定价机制提供了多种视角和方法。目前，学术界对固定定价、讨价还价和拍卖三种市场交易定价机制的相关研究汇集成了三类主题。一是针对某一种交易定价机制的讨论，主要研究的是在给定交易机制框架内的价格均衡和市场绩效；二是对不同交易定价机制进行比较，给出不同交易定价机制的差别，以及某一种交易定价机制的优势；三是从机制设计视角，考察市场内生的交易定价机制均衡，以及在一定市场环境中最优交易定价机制的设计和选择问题。鉴于第一类研究的文献评述较多[①]，

① 固定定价作为商品交易定价机制出现在市场中的时间远远晚于讨价还价和拍卖。在东方，固定定价最早始于 1673 年日本东京的 Mitsukoshi 商店；在西方，固定定价最早始于 1823 年 Alexander Steward 建在纽约的干货商店，继后，固定定价一直是市场中普遍的定价机制（Tom Mahoney 和 Leonard Sloane，1974）。经济学文献中除了涉及讨价还价、拍卖定价以外的商品交易定价机制均为固定定价。有关讨价还价理论的评述可以参阅 Ken Binmore、Martin J. Osborne 和 Ariel Rubinstein（1992），Lawrence M. Ausubel、Peter Cramton 和 Raymond J. Deneckere（2002）；有关拍卖理论的评述可以参阅 Robert Wilson（1992）、Elmar Wolfstetter（1996）、Paul Milgrom（1987，1989）、R. Preston McAfee 和 McMillan John（1987）、Paul Klemperer（1999，2003）、Todd R. Kaplan 和 Shmuel Zamir（2015）。

本文将着重对后两类问题的理论研究进展进行梳理和讨论。

一 市场交易定价机制的基本问题

自诺贝尔经济学奖得主 John Nash 完成了经典论文——《讨价还价问题》（John F. Nash，Jr，1950）起，现代经济学就把分析价格的视角逐步深入对市场微观交换行为的基础性研究，即买卖双方是如何互动地选择定价机制完成商品交换的。经过半个多世纪的研究，理论界对市场交易定价机制理论需要解决的问题逐渐清晰：一是微观的、分散的交易行为与市场均衡的关系是什么，即在分散的市场买卖过程中，微观参与者的最优行为是什么、参与者的行为与市场价格的关系是什么（George J. Stigler，1961；Peter A. Diamond，1971；Jennifer F. Reinganum，1979；Asher Wolinsky，1987；Alvin E. Roth 和 Marilda Sotomayor，1990，1992）；二是交易定价机制与交易效率的关系是什么，即形成的商品的配置效率与社会福利是什么（Klaus Kultti，1999；Vijay Krishna，2010）；三是交易定价机制与卖者收益的关系是什么，即从卖者的角度，选择某种交易定价机制的动机是什么（Robert G. Hammond，2013；Sajid Anwar 和 Mingli Zheng，2015）；四是内生交易定价机制的市场均衡是什么，即分散的、竞争性的卖者和买者交互的行为会形成何种商品交易定价机制（R. Preston McAfee，1993；Michael Peters，1994）。

1. 分散的交易行为与市场价格

商品买卖过程首先表现为买者和卖者，或双方经由中间商在市场中的搜寻与匹配活动。在现实生活中，市场的一端是拥有各式各样商品的卖者，另一端是对商品有着多维评价且各不相同的买者，然而，“恰当的买者”与“恰当的卖者”相遇并非易事。例如，寻找一家买卖房屋的中介很容易，但是要找到一套在各方面都符合买主要求的房屋，并且又能以理想的价格达成交易就没那么简单了。参与者在搜寻市场时，会对未来的机会和搜寻成本做出权衡。George J. Stigler（1961）、Peter A. Diamond（1971）、Alvin E. Roth 和 Marilda Sotomayor（1990，1992）等经济学家围绕怎样描述市场参与者的搜寻与匹配活动、市场交易的定价方式与参与者的市场搜寻匹配过程是怎样相互影响的、参与者的搜寻能力与市场剩余分割的关系是什么等问题，发展了市场搜寻与匹配理论，给出了市场搜寻理论的基本分析框架、市场参与者停止市场搜寻的最优法则，以及显示真实偏好匹配的“两个不可能性定理”与产生稳定匹配的机制。其核心思想是：由于人们对信息的搜寻是有成本的，所以，搜寻者会面临着“继续搜寻”或“停止搜寻”两种选择，最优搜寻策略是依据最大化利润或效用的预期价值设置保留价值。无论市场机会是静态的还是动态的，最优停止搜寻规则是接受所有大于或等于保留价值的机会，拒绝所有小于保留价值的机会。换言之，搜寻者放弃现有机会，开始新一次搜寻的条件是至少与他前一次开始搜寻时面临的状态相同。

搜寻和匹配理论不仅为市场交易定价机制提供了基本分析方法和框架，而且重新审视了市场供求均衡时的“一价定律”。Steven Salop 和 Joseph Stiglitz（1977）、Kenneth Burdett 和 Kenneth L. Judd（1983）、Hal R. Varian（1980）、Dale O. Stahl（1996）、Jennifer F. Reinganum（1979）、John McMillan 和 Peter Morgan（1988）、Carl Ehrman 和 Michael Peters（1994）等学者分别讨论了搜寻匹配与市场的分散价格有什么样的关系，形成分散价格均衡的必要和充分条件是什么，在什么情形下，市场会形成垄断定价、边际成本定价、唯一价格或分散价格。他们发现在至少部分消费者的行为是理性的市场情形下，买卖双方的搜寻匹配会形成零售市场的分散价格均衡。

2. 交易定价机制与交易效率

商品的配置效率，指通过市场交易定价机制，对于某商品最有需求的消费者是否最终能购得商品的程度（Vijay Krishna，2010）。交易定价机制的社会福利，指考虑搜寻、匹配、转售、时间价值等市场摩擦成本后，交易定价机制产生的社会福利是什么。配置效率和社会福利是经济学评价各种交易定价机制的标准。Arthur De Vany（1987）最早讨论了固定定价和拍卖的社会福利比较，继后，Helmut Bester（1993）讨论了不完全信息市场中，存在道德风险的固定定价与讨价还价机制的效率。Carl Ehrman 和 Michael Peters（1994）在买卖双方序贯匹配的框架下分析了拍卖定价与固定定价机制的商品配置效率问题。Xiaohua Lu 和 R. Preston McAfee（1996）使用演化分析框架，研究了多个同质卖者和同质买者在拍卖定价与讨价还价定价两种机制下的市场剩余分配。Harrison Cheng（2011）考察了当市场中存在转售情形时，拍卖定价与讨价还价的市场均衡和效率。Ruqu Wang（1993）比较了固定定价与拍卖定价机制的市场均衡，认为买者的支付意愿与其边际收益的差值随商品价值分布的变化情况而变化，并决定着两种定价机制的社会福利大小。Yongmin Chen 和 Ruqu Wang（2004a，2004b）考察了买者偏好、数量与交易定价机制效率的关系，发现当卖者数量非常多的时候，不太有效率的交易定价机制常常会出现在均衡中。

3. 交易定价机制与卖者收益

市场中，卖者相对买者对市场交易的定价方式有更多的选择力量，卖者的收益高低是决定交易定价机制的重要因素。从许多机制设计者眼中看，可以抽取买者信息租金的最有效销售机制是拍卖（Vijay Krishna，2010）。Paul Milgrom（1987）通过构建买者与卖者随机匹配的卖者垄断模型，指出拍卖通常是一种有效和稳定的定价机制。R. Preston McAfee 和 John McMillan（1988）证明当卖者有着不同生产成本，买卖双方存在交流成本时，拍卖是垄断者最优的定价机制。Jeremy Bulow 和 Paul Klemperer（1996）发现，如果卖者利用其垄断地位向 N 个买者出售商品，如果他能多增加一位买者，并对 $N+1$ 个买者进行商品拍卖，那么可以得到比与 N 个买者讨价还价更多的预期收益。然而，市场中固定定价却极为普遍（Michael A. Arnold 和 Steven A. Lippman，2001），例如，零售店出售一定量的商品绝不会要求买者先投标，然后再在每天的最后时间把商品出售给出价最高的买者；买者也不会愿意参加这样的交易定价机制。Michael A. Arnold 和 Steven A. Lippman（1998，2001）通过考察参与者的机会成本和买者交流成本，发现固定定价使得卖者可以获得更高的预期剩余。

John G. Riley 和 William F. Samuelson（1981）、Roger B. Myerson（1981）最早建立了拍卖定价机制中的收益等价性原理。继后，大量的学者比较了不同定价机制的收益关系。Ruqu Wang（1993）指出当独立的私人评价的假设不成立时，不同形式拍卖的收益等价性将不成立。但是 Klaus Kultti（1999）发现在无限连续时间上买卖双方随机匹配市场中，拍卖定价和固定定价机制是等价的。Hila Etzion、Edieal Pinker 和 Abraham Seidmann（2006），Daewon Sun（2008），Robert G. Hammond（2013）等学者则发现各种交易定价机制给卖者带来的收益还取决于交易过程时间的长短、卖者之间的策略选择、市场参与者的时间偏好等因素。

4. 内生交易定价机制的市场均衡

现实世界中，“讨价还价”、“固定定价”和“拍卖”三种定价机制共存于市场，这表明没有一种价格机制能在所有市场环境中都适用，或者说，没有一种价格机制能完全取代其他的定价机制；同时也表明，在多种定价方式都可以选择的市场中，特别是卖者之间存在竞争的时候，每位卖者都会考虑什么样的交易定价机制能实现自身利润的最大化。由此，理论上需要解释市场中内生的定价机制是什么。从已有的研究进展看，对一定市场环境中的最优定价交易机制问题的研究方法有两类。一是考虑不同交易定价机制中不同的成本结构，并且依次比较两种机制，从而推导出某一定价机制优于另一定价机制的条件。例如，Yongmin Chen 和 Ruqu Wang（2004a，2004b）建立了卖者序贯地在两种销售机制中进行选择的市场均衡模型，Daewon Sun（2008）构建了卖者可以实现对消费者进行市场分割时的交易定价机制选择模型。二是使用显示原理并且比较所有激励相容和个人理性的机制，在合理的假设下，找到一个直接的最优机制。例如，R. Preston McAfee（1993）给出了对固定定价、讨价还价、拍卖等多种定价机制一般化的抽象讨论，证明了当所有卖者可以序贯地在任意的两种价格机制中进行比较，选择一种对自己最有利的机制进行交易时，那么市场唯一的均衡定价机制是拍卖。与 R. Preston McAfee（1993）的分析框架相似，Michael Peters（1994）通过把交易定价机制刻画为买卖双方相互了解的博弈，得出的结论为固定定价机制是市场均衡的选择。

二　市场交易定价机制的比较

得益于讨价还价理论和拍卖理论的不断完善与发展，从 20 世纪 80 年代起，经济学逐渐展开了对不同交易定价机制之间关系的探索和研究。Paul Milgrom（1987，1989）最早指出，当商品是非规则的，或是市场出清价格是非常不稳定的时候，固定定价机制的效率非常低，拍卖则是一种更有效的机制。此后，大量学者对“固定定价”、“讨价还价”、“拍卖”定价机制进行了比较。

1.“固定定价”机制与“讨价还价”机制的比较

市场中，存在相同或类似的商品，以及大量的卖者（商店）和买者（消费者），在固定定价与讨价还价两种交易定价机制中，买卖双方究竟会选择哪一种交易定价机制，除了与参与者自身特征有关外，还取决于买卖双方的搜寻方式、商品的性质等多种因素。

John Riley 和 Richard Zeckhauser（1983）抓住了现实世界中买者陆续进入卖者商店的特征，把固定定价抽象为卖者向买者提出“要么接受—要么离开”的价格；把讨价还价定价抽象为需要经过多个议价阶段而形成的价格，即当买者第一次进入卖者的商店时，卖者向买者提出当前购买的价格和在未来各个议价阶段可能的报价和概率。例如，如果卖者初次提出的价格被买者拒绝，那么接下来有 50% 的可能性他会报另一个价格，也有50%的可能性是放弃当前买者而等待另一位买者。John Riley和Richard Zeckhauser发现当参与者为风险中性时，如果卖者可以对定价机制做出可置信的承诺，那么他应该向买者提出“要么接受—要么离开”的固定定价。尽管讨价还价可以使卖者获得对买者差别化定价的优势，甚至还可以通过讨价还价了解买者对商品的真实评价，但是卖者从讨价还价中获得的收益增量会被拒绝购买的买者数量增加而抵消。只有当卖者无法做出固定价格承诺时（可能是由于很难建立对买者一视同仁的声誉，或者在市场中卖者与买者的相遇是非常随机的），采取讨价还价方式出售商品才是卖者的最优选择。John Riley和Richard Zeckhauser的结论解释了生活中为什么具有较高商誉的大商店比一般的小商贩更有可能采用固定定价策略，并能够做出固定定价的坚定承诺，而在旅游景点的卖者由于再次遇到某些买者的可能性很小，无须建立或维持声誉，买卖双方采用讨价还价交易商品更普遍。

在买卖双方对商品质量存在非对称信息的背景下，Helmut Bester（1993）考察了讨价还价与固定定价两种机制的差别。他们的模型中，买者在事前不了解商品的质量，只有在进入商店后，才了解卖者所售商品的质量。尽管买者可以在不同的卖者之间进行挑选，但从一家商店转换到另一家商店，或者放弃在所有的商店购买，转为购买“外部商品”，需要付出转换成本。通过权衡比较两种交易制度，Helmut Bester发现：一是讨价还价的方式使得卖者会提供高质量的商品，避免了商品质量上的道德风险问题，但买者获得的剩余较低。固定定价时，商店对消费者的锁定效应会降低卖者生产高质量商品的积极性，但是买者得到的剩余较高。二是买者搜寻卖者的转换成本和讨价还价力量影响着两种定价机制在市场中的出现状况。当买者的讨价还价力量较小，或者转换成本足够小且讨价还价能力足够大时，固定定价的均衡可能不存在，讨价还价将是一个均衡；但当非对称信息的讨价还价的成本非常高时，市场会更偏好固定定价机制。

Ruqu Wang（1995）构建了买卖双方动态搜寻交易商品的模型，讨论了商品质量不受卖者影响时，讨价还价和固定定价两种定价机制的各自优势。Ruqu Wang 考虑了卖者在出售商品时的权衡：讨价还价可以带来更多的收益，但是成本更高；固定定价的成本低，但是无法通过差别对待买者获得更高的剩余。Ruqu Wang 在模型中一方面用分布函数刻画了市场中对商品评价不相同的买者；另一方面假设讨价还价定价与固定定价相比，在出售商品时除了要支出正常的运营成本（例如，商品展示成本）外，还需支出讨价还价成本。Ruqu Wang 发现：一是如果不存在额外的讨价还价成本，且运营成本在两种定价机制下相同的时候，那么讨价还价为卖者产生的利润至少会和固定定价销售产生的利润一样多。二是如果考虑综合成本，当卖者有许多商品需要出售，并且潜在买者的人数足够多时，固定定价优于讨价还价；但当讨价还价的成本不比固定定价销售的成本更高，或者讨价还价的额外成本非常小时，对卖者而言，讨价还价的销售方式总是优于固定定价的销售方式。三是买者对商品的评价分布也是影响卖者选择定价方式的一个重要因素。当定价机制与买者对商品的评价密切相关时，讨价还价是一个更好的销售方式，其原因是讨价还价过程可以比单一固定定价揭示出买者更多的信息。当买者对商品的评价分布比较分散时，讨价还价销售方式对卖者的利润会产生两方面影响。一方面，即给定相同的分布，卖者可以从一个更分散的买者评价分布中获得更多的剩余；另一方面，对于一个更分散的分布，尽管商品售出的概率会降低，但当买者对商品的评价足够高时，讨价还价定价方式仍然更可取。例如难以估价的商品（买者的评价分布更分散）通过讨价还价来销售就更可取。

Zvika Neeman 和 Nir Vukan（2005）把讨价还价、固定定价两种机制与市场中商品的分散价格现象联系在了一起。他们发现，在一般的情形下，每一个完美的均衡下，所有的交易都会由固定定价市场完成，在固定定价市场之外不存在具有优势的多边交易机会。由于交易不是单独进行的，所以也存在所有市场参与者仅通过讨价还价来交易的（不完美）均衡，但市场参与者都通过讨价还价来交易的均衡是不稳定的。如果在有些时候，市场参与者有“颤抖”（产生错误）的小小可能，从讨价还价市场进入固定定价市场，那么其他的市场参与者也会跟随他进入固定定价市场，从而失去均衡。即在每一阶段，对于“扰动”或者不确定性，所有的市场参与者都通过固定定价市场交易是强健的。因此，所有的市场参与者通过固定定价市场交易是理性的均衡。

2. “固定定价”机制与“拍卖”机制的比较

通常认为，当商品需求具有高度不确定性时，卖者常常会使用拍卖的方式进行出售。Paul Milgrom（1989）指出，当商品和市场的特征影响着定价机制的选择，相对于固定定价方式，卖者会更偏好拍卖方式销售商品。例如，大而精美的钻石常常通过拍卖出售，小而普通的钻石一般以固定定价出售。与此相似，名贵的艺术品常常也通过拍卖出售，而一般的艺术品用固定定价出售。

直觉告诉我们，人们对商品的价值评价越分散，拍卖方式出售商品就越可取。Ruqu Wang（1993）给出了买者对商品评价的“分散”程度与卖者选择拍卖定价和固定定价的比较。卖者可以选择通过拍卖或是固定定价的方式来出售商品，如果选择固定定价，则卖者需要支付一个随商品被售出时间变化的展示成本；如果选择拍卖，卖者则在一开始就告诉购买者，商品将通过拍卖定价的方式出售，以及未来进行拍卖的时间点，获得该信息的买者会在拍卖开始的时间点到达卖者的商店参与拍卖。通过拍卖出售商品，卖者需要设定出售商品的保留价格，同时承担拍卖成本和随拍卖时间变化的商品储存成本。Ruqu Wang 指出相对于固定定价销售方式而言，当买者对商品的评价是独立的私人信息，且不存在拍卖成本时，拍卖总是最优的；同时买者对商品评价的分布会影响卖者的边际收益，当存在拍卖成本时，如果卖者的边际收益曲线足够陡峭，那么拍卖仍然优于固定定价。从社会福利看，即通过衡量买者的支付意愿而非实际价格来评价销售情况，如果买者的支付意愿与其边际收益的差值是单调递减的（递增的），那么拍卖的价格就高于（低于）社会最优水平，商品出售的时间就大于（小于）社会最优水平。

最优拍卖理论告诉我们，当市场中只有1位潜在买者时，垄断价格正好等于最优拍卖机制中的最低价格（或保留价格）。这表明，固定定价是拍卖的一种极端形式，如果在拍卖标准机制基础上进行必要的拓展，就有可能构成一个简单的分析框架，为权衡这两种交易定价机制的适应性提供方便。Carl Ehrman 和 Michael Peters（1994）基于这一思想，通过建立序贯销售机制模型来讨论固定定价与拍卖两种交易机制的内在联系。他们假设买者序贯地与卖者见面，而不是卖者同时与所有的买者见面，同时买者有着外部可选择的机会，所以可以获得一定的剩余。Carl Ehrman 和 Michael Peters 发现当价格机制的参与成本是递增的时候，卖者以固定定价机制出售商品是最优的。另外，卖者最偏好的机制依赖于买者在参与机制的时候所拥有的信息量。例如，买者在做决策的时候可能观察到已经与卖者洽谈过的其他买者的数量。

Klaus Kultti（1999）考察了无限连续时间上买卖双方随机匹配市场的交易定价机制。在拍卖定价的交易市场中，随机且等概率地为每位买者分配卖者，出价最高的买者购得商品。在固定定价的交易市场中，买者在观察到所有卖者的价格后独立地选择卖者。Klaus Kultti 发现，在拍卖定价机制中，当只有1位买者的时候，卖者不得不揭示他的保留价格，而有许多买者的时候，买者不得不揭示自己的保留价格；而在固定定价机制的市场中，无论有多少买者，卖者分得的剩余都是相同的。尽管买卖双方的剩余分配方式在拍卖定价机制与固定定价机制中是不同的，但在对称的均衡中，无论市场中买者和卖者的数量比例是什么，都可能存在只有拍卖定价、只有固定定价或拍卖定价和固定定价同时存在的三类均衡，而且在均衡时，拍卖定价机制和固定定价机制是等价的。由于 Klaus Kultti（1999）论文中的买卖双方的匹配方式与 Xiaohua Lu 和 R. Preston McAfee

（1996）相同，所以其结论也可以推广到固定定价交易机制与讨价还价定价机制的比较，即当卖者进行固定定价时能使得买者更容易对日后的搜寻做出决策，固定定价严格占优于讨价还价。

Daewon Sun、Erick L. 和 Jack C. Hayya（2010）考察了网络销售情形下固定定价与在线拍卖的定价机制选择。他们区分了现实生活中 eBay 与 Yahoo 不同的在线拍卖方式：eBay 采用“拍下即购”（Buy-It-Now）的方式，即第一次出现买者的报价高于卖者的保留价格时，拍卖就结束，该买者就买下商品；Yahoo 采用“拍下选购”（Buy Price）的方式，买者可以先报价，当报价高于卖者的保留价格时获得购买资格，此时该买者可以立即购买，也可以以后再购买或者放弃购买，但在买者尚未购买的时间里，其他买者仍可以报价，如果有其他买者的报价高于卖者的保留价格，那么先付款的买者购得商品。Daewon Sun、Erick L. 和 Jack C. Hayya 用二级拍卖方式对“拍下即购”的方式进行模型化；把“拍下选购”的拍卖方式模型化为买者在“立即购买”、“报价后等待”和“立即离开”中做出选择。由此，在“拍下选购”中，如果买者选择报价但立即购买，那么买者实质上参与的是“拍下即购”的购买方式。Daewon Sun、Erick L. 和 Jack C. Hayya 发现卖者出售商品的成本和买者参与拍卖成本的大小关系决定着卖者对交易定价机制的选择。如果卖者出售商品的成本和买者参与拍卖的成本均为零时，只要买者的数量严格大于 2，那么“拍下即购”的定价方式严格优于固定定价方式，但买者的数量小于或等于 2 时，固定定价严格优于“拍下即购”定价方式。当买者参与拍卖成本大于零时，固定定价与“拍下即购”定价方式的优劣取决于买者的数量。随着卖者出售商品成本、买者参与拍卖成本和买者数量的变化，对于卖者而言，“拍下选购”是介于固定定价与“拍下即购”之间的选择。

此外，Eric B. Budish 和 Lisa N. Takeyama（2001）考察了一个卖者和两个风险规避的买者的市场，发现附加购买底价的英式拍卖可以提高卖者的收益。通过构建买者在参与拍卖时会考虑贴现后的预期收益的模型，针对当今市场上出现的同时使用三种定价机制中某两种定价机制的组合式定价新形式，Hila Etzion、Edieal Pinker 和 Abraham Seidmann（2006）研究表明由于买者参加在线拍卖时竞争会比较激烈，卖者可以同时使用固定定价和拍卖定价来提高收益。Timothy Mathews（2004）考虑了卖者在选择拍卖之前先进行固定定价的情形，当卖者和买者都比较有耐心时，买者可能会愿意付一笔定金，结果是卖者可以通过缩短拍卖进行的时间来提高收益。René Kirkegaard 和 Per Baltzer Overgaard（2008）分析了两个序贯的卖者选择定价机制的竞争，先选择定价机制的卖者会意识到日后的拍卖会压低当前拍卖机制的定价，于是第一个卖者会策略地选择固定定价机制，这样既可以提高自己的收益，又可以降低第二个卖者的收益。Stanley S. Reynolds 和 John Wooders（2009）考虑了序贯买者在参与拍卖时的风险规避，当一位卖者向多位买者销售一件商品时，买者为了规避风险，往往愿意先向卖者支付一笔定金，结果是买者对风险的态度决定了卖者会选择同时使用固定定价和拍卖定价。Sajid Anwar 和 Mingli Zheng（2015）考察了 1 位拥有许多相同商品的卖者选择定价机制向大量异质买者出售商品的问题。卖者可以选择的定价机制有两类：一是固定定价；二是设定立即购买价格的二级价格拍卖。Sajid Anwar 和 Mingli Zheng 证明了对于卖者而言，设定立即购买价格的二级价格拍卖的收益一定高于单纯的固定定价和单纯的二级价格拍卖，高偏好的消费者会立即购买商品，而低偏好的消费者会参与日后的二级价格拍卖。Christoph Bauner（2015）使用的结构模型考察了买者的竞争行为，它们发现由于买者可以从卖者同时使用固定定价和拍卖定价中得到更多的好处，从而两种定价方式同时使用可以为卖者吸引更多的买者，但是两种定价方式的同时使用也会增强卖者之间的竞争。

3. “拍卖”机制与“讨价还价”机制的比较

生活中，有许多商品（如二手房、二手车等）既可以通过拍卖出售，又可以通过讨价还价出售。通常，这些商品有着唯一、昂贵、价值不确定等特点。Jeremy Bulow 和 Paul Klemperer（1996）以 Paramount 电影公司出售公司股权为案例，对一个卖者与多个买者市场中拍卖与讨价还价两种机制做了比较研究，并把所得结论拓展到多商品出售的情形。他们发现：一是卖者利用其垄断地位向 N 个买者出售商品，如果他能多增加一位买者，并对 $N+1$ 个买者进行商品拍卖，那么要比与 N 个买者讨价还价带来更多的预期收益。二是在某些情形下，当买者对商品的评价是独立信息的情况下，拍卖总是较好的选择。即使在买者对商品的评价相关联时，结论仍然成立。这表明讨价还价的技巧与增加商品售价的联系很小。三是在有 $N+1$ 个对称的买者的市场中，卖者即使没有讨价还价力量，只要他使用拍卖的价格形成机制，也会比当他拥有完全讨价还价力量和可以做出承诺下对 N 个对称的买者出售商品有更高的预期收益。四是市场中存在一个买者或多个买者愿意购买一件商品（甚至是企业），当卖者可以选择讨价还价，也可以选择拍卖时，如果卖者预期在拍卖中至少会额外增加一个买者投标，那么他通常不应采用讨价还价方式销售商品，而应该直接举行拍卖。如果考虑制度因素，可能会使任何给定的情况变得更复杂。例如，如果允许多个买者能够获得关于商品（或企业）的财务信息时，商品（或企业）的价值将缩减到最后一位买者的评价，此时企业需要对拍卖方式进行约束。所以，对于出售某些重要商品，例如企业而言，只需要一个额外的投标者就可以弥补任何损失的讨价还价力量。这意味着，限制一个或几个买者投标来使卖者可以控制讨价还价过程，或者卖者可以做出离开市场的承诺是没必要的。

很多经济学文献中显示，拍卖定价在很多环境下优于讨价还价交易定价，例如 Paul Milgrom（1987）通过对垄断卖者与买者随机匹配模型的分析指出，拍卖通常是有效和稳定的结果。R. Preston McAfee 和 McMillan John（1988）证明，在卖者有着不同生产成本和交流成本的情形下，保留价格下的搜寻和拍卖是垄断者的最优机制。在更复杂的情形下，R. Preston McAfee（1993）证明，当分散的卖者可以在所有交易机制中进行选择，市场均衡时，卖者都会使用相同的拍卖形式，此时买者会随机地去任何卖者那里购买商品。

Xiaohua Lu 和 R. Preston McAfee（1996）使用演化分析框架，对同质的多个卖者和同质的多个买者在市场环境下的拍卖和讨价还价问题做了考察，得出了与 Paul Milgrom （1987）、R. Preston McAfee 和 McMillan John（1988）、R. Preston McAfee（1993）不同的结论。Xiaohua Lu 和 R. Preston McAfee 发现：第一，在同质的参与人可以对市场机制做选择时，尽管拍卖和讨价还价都是均衡的机制，但在更广义的动态演化情形下，讨价还价是不稳定的，拍卖是唯一稳定的机制。这表明在随机匹配的情形下拍卖是比讨价还价更有优势的机制，甚至在卖者不能对买者歧视，在不能选择最高保留价格的买者的时候，拍卖也是比讨价还价更有优势的机制。第二，拍卖比讨价还价的优势还表现在卖者与买者之间的剩余分割上。买者相对于卖者的数量比例增加会使得买者在两种机制中都处于不利地位。但当买者偏好于拍卖的时候，买者在拍卖中的不利地位相对于在讨价还价环境中的不利地位小，这使得买者和卖者都偏好于拍卖机制，由此导致了拍卖的全局稳定。第三，在一个拍卖和讨价还价的交易成本都相同的市场中，一方面，即使拍卖和讨价还价机制在当前都很普遍，如果情形和上述模型相同，拍卖机制将最终会占优势。另一方面，如果市场中讨价还价盛行，则必然存在相对于拍卖而言，讨价还价定价方式更可取的因素。这些因素的影响必须足够强烈以至于有压倒拍卖机制的优势。支持讨价还价的主要因素是卖者能够基于其观察到的买者的差别，进而进行价格歧视。例如，汽车的卖者会提出价格，该价格取决于买者的偏好；相比之下，拍卖是匿名的。当买者是随机到达的并且在同一个地点将几个买者集中起来需要花费成本时，讨价还价也可能会具有优势，尽管这不会阻止密封价格拍卖的使用。此外，讨价还价可能会提供改变交易条款的机会。例如，房屋的买者可以对是否转让装饰灯（和房屋一起出售）进行讨价还价，而这些个人化的交易在拍卖的背景下将是很困难的。

三　市场交易定价机制的设计

如果允许所有市场中的卖者在任意两种定价机制中进行比较，从中择定一种对自己最有利的机制进行交易，而不是在外生给定定价机制下出售商品，那么该类市场称为“两选一”的内生交易定价机制市场；如果卖者可以主导市场的交易定价机制，那么他往往会比较所有可能的价格机制，诸如固定定价、讨价还价和拍卖，从中择定一种最优的定价机制进行交易。此类市场称为“多选一”的内生交易定价机制市场。当然，更一般化的情况不单单是卖者主导型市场，也可能是买者主导型市场，或买者和卖者相互影响的市场。由于问题的复杂性，目前学术界对这方面的研究文献很少。

1. 竞争性交易定价机制的“两选一”

Yongmin Chen 和 Ruqu Wang（2004a）构造了买卖双方的两阶段博弈模型。第一阶段，卖者序贯地选择任意两种交易定价机制中的一种；第二阶段，同质的买者在观察到所有卖者的交易定价机制以后，选择自己喜欢的定价机制进行购物，卖者竞争地把商品出售给买者。

在机制设计中，常会遇到一个众所周知的问题，即在所有参与者同时做出选择的时候，总会存在没有价值的 Nash 均衡。原因是一些参与者会因为其他人不转向另一个机制而不会单方面地转向另一个机制。这表明应该把定价机制之间的差别与在众多机制中最终胜出的机制联系在一起。出于这方面的考虑，为了保证竞争性卖者“两选一”交易定价机制博弈均衡的唯一性，Yongmin Chen 和 Ruqu Wang（2004a）做了两个合乎情理的假设，以便找到在两种价格机制中选择的临界卖者。一是假设买者剩余与平均每位卖者的利润是单调的，二是假设两种定价机制之间至少有着最小的差别。Yongmin Chen 和 Ruqu Wang 证明如果一种机制是有效率的，或是被买者偏好的，那么这种机制将是最终被选择的机制。然而，由于均衡机制的临界数量是由两种机制的平均卖者利润决定的，而不是由所有卖者都选择同样机制的平均卖者的利润决定的，这也会导致当卖者的数量任意大的时候，可能对于卖者更好的机制没有被选择。例如，在当前网络销售与交易日益普遍的时代，许多零售商把价格公布在网上，这显然促进了消费者对商品价格的比较，强化了卖者之间的竞争，降低了卖者的利润。

Birger Wernerfel（1994）考察了两个卖者竞争地向许多消费者销售商品的定价机制选择。市场中两位卖者 1 和卖者 2 可以相同的成本生产一种可能差异化的商品，消费者需要选择是否花费一定的支出来了解商品。假设消费者 i 最终对卖者 1 和卖者 2 商品的评价分别为 v_{i1} 和 v_{i2}，且消费者 i 对两种商品的评价均为 0 的概率为 g。当消费者 i 对两种商品的评价均不为 0 时，有 ρ 的概率认为两种商品的价值是相同的，即 $v_{i1}=v_{i2}$；有 $1-\rho$ 的概率认为两种商品的价值是不同的，即 $v_{i1}\neq v_{i2}$。Birger Wernerfel 把交易定价机制抽象为两类：一类是事前的固定定价，即在消费者进入商店以前就确定商品的价格；另一类是其他定价方式，即在消费者进入商店以后，卖者再选择定价，例如，讨价还价。Birger Wernerfel（1994）发现在消费者必须付出搜寻成本的时候，搜寻成本的大小会影响卖者选择定价机制的方式，事前的固定定价可以消除消费者的搜寻预期，但是事后的定价机制可以消除卖者之间的价格竞争强度。

Ilke Onur 和 Kerem Tomak（2009）考察了买者可以进行一段时间决策的购买情形，他们经过对两类不同买者在拍卖中和面对固定定价时的行为的交互影响分析后，发现在商品上市的初期选择固定定价严格占优于拍卖定价。Robert G. Hammond（2013）针对现实市场中拍卖定价机制和固定定价机制往往是共存的现象，考察了市场中可能异质的卖者、买者、商品。卖者的异质性来源于每位卖者选择特定交易机制的成本和面对商品未能出售时的外部价值不同，买者的异质性是由对商品的评价不同而导致。Robert G. Hammond 通过一个五阶段模型发现，买者和商品的异质性不是市场中固定定价机制和拍卖定价机制共存的主要原因，卖者分散地选择进入固定定价市场和拍卖定价市场的原因之一可能是为了降低市场竞争。当卖者的外部价值较高时，卖者会偏好于固定定价，尽管这样做会减少销量，但是减少销量的损失足以被较高的商品外部价值所弥补，同时卖者选择固定定价也可以与其他选择拍卖定价的卖者区分开，让买者相信他们的商品价值是更高的。Sajid Anwar 和 Mingli Zheng（2015）讨论了大量卖者都同时拥有 1 件相同商品的情形。他们发现如果这些卖者都可以在单纯的二级价格拍卖定价机制和设定立即购买价格的二级价格拍卖定价机制中做选择，那么一定不会存在所有卖者都选择单纯的二级价格拍卖定价机制的均衡。从分配效率上看，与单纯的二级价格拍卖比较，设定立即购买价格的二级价格拍卖定价机制有利于出售更多的商品，并且更多的商品会被高偏好买者购买。

2. 竞争性交易定价机制的“多选一”

在竞争性市场中，卖者选择交易定价机制模型的主要特点为：一是市场上存在大量的买者，同时也存在许多销售相同商品的竞争性卖者，卖者必须给予买者足够多的剩余才能吸引他购买商品，并且该剩余的大小是内生的。二是模型使用一个外生的买卖双方匹配技术。卖者在市场中的位置被固定，由买者选择卖者。三是卖者可以选择任何交易定价方式（固定进价、拍卖、讨价还价等），但定价机制是内生的。四是模型允许单边或双边信息的不对称。R. Preston McAfee（1993）与 Michael Peters（1994）是此类文献中有代表的两篇。R. Preston McAfee（1993）与 Michael Peters（1994）的论文的主要差别在于买卖双方的交易定价机制实现的过程，Michael Peters 把交易定价机制模型化为贯穿所有时间阶段的一个动态的、内生的机制，而 R. Preston McAfee 把交易定价机制模型化为一个在买卖双方匹配后的合约，且定价机制不会延续到下一次新的买卖双方匹配的时间阶段。

对竞争性市场中卖者选择交易定价机制模型的分析涉及博弈理论和

竞争均衡的分析方法。特别地，R. Preston McAfee（1993）给出了竞争性一致均衡的假设，即在某个时期，如果某个卖者偏离了均衡路径，提出了其他的机制，那么，其一，所有的市场参与者都相信，在该时期没有参与该卖者的购买机制的买者的预期收益与该卖者所选择的机制无关。其二，所有的买者都相信，与未来相联系的预期收益与当前阶段卖者的偏离无关。在竞争性一致均衡的假设下，所有的市场参与者在预期其他参与者的行为下，最大化自己的预期效用。竞争性一致均衡保证了：第一，一个卖者如果在当期没有出售商品，他相信偏离了均衡路径，以后可以重新回到均衡路径。第二，为了在当期吸引买者，卖者让买者获得的收益必须不小于买者对未来预期收益的贴现。该收益的大小与卖者实际给买者的多少无关，使得卖者真的发生了偏离，以后各阶段的预期收益是不变的。由此，对于可能发生的偏离，市场参与者的信念是稳定的。这样，在给定任意阶段，卖者对下一阶段的预期收益和买者对下一阶段的预期收益是与时间阶段无关的。卖者对竞争性一致均衡的最优反应是向具有最高评价的买者出售商品。

R. Preston McAfee（1993）的结论为：第一，在有着许多卖者和买者动态交易的竞争性一致均衡中，拍卖是卖者唯一可以选择的最优的定价机制，对商品具有最高评价的买者将购得商品。第二，均衡时，所有的卖者都会选择相同的拍卖方式，买者随机地在卖者之间选择。卖者在拍卖时选择的是保留价格，等于卖者商品的价值，即等于他在下期出售商品的贴现值。此外，R. Preston McAfee 对每位卖者相遇的买者数量、增加外生买者和买者离开市场的概率，以及参与者的贴现因子做了比较静态分析，他发现在有外生买者和卖者进入的大范围经济中，市场均衡时卖者仍然会选择拍卖定价机制。

Michael Peters（1994）把交易定价机制刻画为买卖双方相互了解的博弈，该交易定价机制涵盖了固定定价、拍卖，以及讨价还价等各种定价方式，得到与 R. Preston McAfee（1993）相反的结论。Michael Peters

发现当买卖双方的贴现因子足够大的时候，最简单的固定定价方式是市场中的一个对称均衡，但是该均衡路径上消费者买到的商品价格太高，而且买者搜寻的程度较低，最终导致卖者对固定定价机制的选择是事前低效率的。

此外，Daewon Sun（2008）发现当卖者可以实现对消费者进行市场分割时，同时使用两种定价机制是最优选择。例如，网络商店的卖者可以同时选择在线拍卖定价和固定定价。原因是在固定定价时，尽管商品的价格基本不存在不确定性，但是可供销售的商品数量是不确定的；反之在拍卖定价时，商品的数量是确定的，但是商品的价格是不确定的，由此，完全占优的定价机制是不存在的。Daewon Sun 进一步指出，卖者选择何种定价机制取决于卖者存货成本和买者贴现因子的大小。

四　结语

任何试图解释市场如何发挥效率和功能的理论必须以讨价还价等定价机制理论为基石（Peter B. Linhart、Roy Rander 和 Mark A. Satterthwaite，1992）。经过近半个世纪的研究，理论界对市场交易定价机制的核心问题已经形成聚焦、基本结论有了共识、分析方法也日益成熟。诸多研究表明，尽管可以抽取买者信息租金的最有效销售机制是拍卖（Vijay Krishna，2010），但受假设条件的限制，并不能说明一种定价机制能完全取代其他的定价机制。市场中存在交易摩擦，使得在特定环境中，不同的交易定价机制会显示出各自的优势。也就是说，买卖双方究竟会选择哪一种交易定价机制，除了与参与者自身特征有关外，还取决于买卖双方的搜寻方式、商品的性质等多种因素。如今，世界上的经济学家们正在针对具体问题进行逐一分析，试图最终全面而深入地揭示市场运行的一般规律。

参考文献

[1] Adam Smith（亚当·斯密）. 1776. 国民财富的性质和原因的研究（1979 年中文版），商务印书馆。

[2] Alvin E. Roth & Marilda Sotomayor. 1990. Two-sided Matching: A Study in Game-Theoretic Modelling and Analysis. Cambridge University Press.

[3] Alvin E. Roth & Marilda Sotomayor. 1992. Two-Sided Matching. in Handbook of Game Theory with Economic Applications, Vol. 1, ed. by by Robert J. Aumann & Sergiu Hart. North-Holland, pp. 485 - 541.

[4] Arthur De Vany. 1987. Institutions for Stochastic Markets. Journal of Institutional and Theoretical Economics, Vol. 143 (1), pp. 91 - 103.

[5] Asher Wolinsky. 1987. Matching, search, and bargaining, Journal of Economic Theory, Vol. 42 (2), pp. 311 - 333.

[6] Birger Wernerfel. 1994. Selling Formats for Search Goods. Marketing Science, Vol. 13 (3), pp. 298 - 309.

[7] Carl Ehrman & Michael Peters. 1994. Sequential Selling Mechanisms. Economic Theory, Vol. 4 (2), pp. 237 - 253.

[8] Christoph Bauner. 2015. Mechanism Choice and the Buy-It-Now Auction: A Structural Model of Competing Buyers and Sellers. International Journal of Industrial Organization, Vol. 38, pp. 19 - 31.

[9] Daewon Sun. 2008. Dual Mechanism for an Online Retailer. European Journal of Operational Research, Vol. 187 (3), pp. 903 - 921.

[10] Daewon Sun, Erick L. & Jack C. Hayya. 2010. The Optimal Format to Sell a Product through the Internet Posted Price, Auction, and Buy-Price Auction. International Journal of Production Economics. Vol. 127 (1), pp. 147 - 157.

[11] Dale O. Stahl. 1996. Oligopolistic Pricing with Heterogeneous Consumer Search. International Journal of Industrial Organization, Vol. 14 (2), pp. 243 - 268.

[12] Douglas Gale. 2000. Foundations of General Equilibrium: Dynamic Matching and Bargaining Games, Cambridge University Press.

[13] Elmar Wolfstetter. 1996. Auctions: An Introduction. Journal of Economic Surveys. Vol. 10 (4), pp. 367 - 419.

[14] Eric B. Budish & Lisa N. Takeyama. 2001. Buy Price in Online Auctions: Irrationality on the Internet? Economics Letters, Vol. 72 (3), pp. 325 - 333.

[15] George J. Stigler. 1961. The Economics of Information. Journal of Political Economy, Vol. 69 (3), pp. 213 - 225.

[16] Hal R. Varian. 1980. A Model of Sales. American Economic Review, Vol. 70 (4), pp. 651 - 659.

[17] Harrison Cheng. 2011. Auctions with Resale and Bargaining Power. Journal of Mathematical Economics. Vol. 47 (3), pp. 300 - 308.

[18] Helmut Bester. 1993. Bargaining versus Price Competition in Markets with Quality Uncertainty. American Economic Review, Vol. 83 (1), pp. 278 - 288.

[19] Hila Etzion, Edieal Pinker & Abraham Seidmann. 2006. Analyzing the Simultaneous Use of Auctions and Posted Prices for Online Selling. Manufacturing & Service Operations Management, Vol. 8 (1), pp. 68 - 91.

[20] Ilke Onur & Kerem Tomak. 2009. Interplay between Buy-It-Now Price and Last Minute Bidding on Online Bidding Strategies. Information Technology and Management, Vol. 10 (4), pp. 207 - 219.

[21] Jennifer F. Reinganum. 1979. A simple model of equilibrium price dispersion. Journal of Political Economy, Vol. 87 (4), pp. 851 - 858. ;

[22] Jeremy Bulow & Paul Klemperer. 1996. Auctions versus Negotiations. American Economic Review, Vol. 86 (1), pp. 180 - 194.

[23] John F. Nash, Jr. 1950. The Bargaining Problem. Econometrica, Vol. 18 (2), pp. 155 - 162.

[24] John McMillan & Michael Rothschild. 1994. Search. in Handbook of Game Theory with Economic Applications, Vol. 2, ed by by Robert J. Aumann & Sergiu Hart. North-Holland, pp. 905 - 927.

[25] John McMillan & Peter Morgan. 1988. Price dispersion, price flexibility, and repeated purchasing. Canadian Journal of Economics, Vol. 21 (4), pp. 883 - 902.

[26] John Riley & Richard Zeckhauser. 1983. Optimal Selling Strategies: When to Haggle,

When to Hold Firm. Quarterly Journal of Economics, Vol. 98 (2), pp. 267 - 289.

[27] John G. Riley & William F. Samuelson. 1981. Optimal Auctions. American Economic Review, Vol. 71 (3), pp. 381 - 392.

[28] Ken Binmore, Martin J. Osborne & Ariel Rubinstein. 1992. Noncooperation Models of Bargaining. in Handbook of Game Theory with Economic Applications, Vol. 1, ed by by Robert J. Aumann & Sergiu Hart. North-Holland, pp. 179 - 225.

[29] Kenneth Burdett & Kenneth L. Judd. 1983. Equilibrium Price Dispersion. Econometrica, Vol. 51 (4), pp. 955 - 970.

[30] Kenneth J. Arrow & Gérard Debreu. 1954. Existence of an Equilibrium for a Competitive Economy. Econometrica, Vol. 22 (3), pp. 265 - 290.

[31] Klaus Kultti. 1999. Equivalence of Auctions and Posted Prices. Games and Economic Behavior. Vol. 27 (1), pp. 106 - 113.

[32] Lawrence M. Ausubel, Peter Cramton & Raymond J. Deneckere. 2002. Bargaining with incomplete information. in Handbook of Game Theory with Economic Applications, Vol. 3, ed by by Robert J. Aumann & Sergiu Hart. North-Holland, pp. 1897 - 1945

[33] Leonid Hurwicz. 1960. Optimality and Informational Efficiency in Resource Allocation Processes. in Mathematical Models in the Social Sciences, ed by Kenneth J. Arrow, Samuel Karlin & Patrick Suppes. Stanford University Press, pp. 27 - 47.

[34] Leonid Hurwicz. 1973. The Design of Mechanisms for Resource Allocation. American Economic Review, Vol. 63 (2), pp. 1 - 30.

[35] Michael A. Arnold & Steven A. Lippman. 1995. Selecting a Selling Intitution: Auctions versus Sequential Search. Economic Inquiry, Vol. 33 (1), pp. 1 - 23.

[36] Michael A. Arnold & Steven A. Lippman. 1998. Posted Prices versus Bargaining in Markets with Asymmetric Information. Economic Inquiry, Vol. 36 (3), pp. 450 - 457.

[37] Michael A. Arnold & Steven A. Lippman. 2001. The Analytics of Search with Posted Prices. Economic Theory, Vol. 17 (2), pp. 447 - 466.

[38] Michael Peters. 1994. Equilibrium Mechanisms in a Decentralized Market. Journal of Economic Theory, Vol. 64 (2), pp. 390 - 423.

[39] Paul Klemperer. 1999. Auction Theory: A Guide to the Literature. Journal of Economic Surveys. Vol. 13 (3), pp. 227 - 286.

[40] Paul Klemperer. 2003. Why Every Economist Should Learn Some Auction Theory. in Advances in Economics and Econometrics, ed by Mathias Dewatripont, Lars Peter Hansen & Stephen J. Turnovsky. Cambridge University Press, Vol. 1, pp. 25 - 55.

[41] Paul Milgrom. 1987. Auction Theory. in Advances in Economic Theory, ed by Truman F. Bewley. Cambridge University Press. pp. 1 - 32.

[42] Paul Milgrom. 1989. Auctions and Bidding: A Primer. Journal of Economic Perspectives, Vol. 3 (3), pp. 3 - 22.

[43] Peter A. Diamond. 1971. A Model of Price Adjustment. Journal of Economic Theory, Vol. 3 (2), pp. 156 - 168.

[44] Peter B. Linhart, Roy Rander, & Mark A. Satterthwaite. 1992. Bargaining with incomplete information. Academic Press.

[45] René Kirkegaard & Per Baltzer Overgaard. 2008. Buy-Out Prices in Auctions: Seller Competition and Multi-Unit Demands. RAND Journal of Economics, Vol. 39 (3), pp. 770 - 789.

[46] Robert Wilson. 1992. Strategic Analysis of Auctions. in Handbook of Game Theory with Economic Applications, Vol. 1, ed by Robert J. Aumann & Sergiu Hart. North-Holland, pp. 227 - 279.

[47] Roger B. Myerson. 1981. Optimal Auction Design. Mathematics of Operations Research, Vol. 6 (1), pp. 58 - 73.

[48] Robert G. Hammond, 2013. A Structural Model of Competing Sellers: Auctions and Posted Prices. European Economic Review, Vol. 60 (1), pp. 52 - 68.

[49] Ruqu Wang. 1995. Bargaining versus posted-price selling. European Economic Review, Vol. 39 (9), pp. 1747 - 1764.

[50] Ruqu Wang. 1993. Auctions versus Posted-Price Selling. American Economic Reviews, Vol. 83 (4), pp. 838 - 851.

[51] R. Preston McAfee & McMillan John. 1987. Auctions and Bidding. Journal of Economic Literature, Vol. 25 (2), pp. 699 - 738.

[52] R. Preston McAfee & John McMillan. 1988. Search Mechanisms. Journal of Economic Theory, Vol. 44 (1), pp. 99 - 123.

[53] R. Preston McAfee. 1993. Mechanism Design by Competing Sellers. Econometrica,

Vol. 61 (6), pp. 1281 - 1312.

[54] Sajid Anwar & Mingli Zheng. 2015. Posted Price Selling and Online Auctions. Games and Economic Behavior. Vol. 90 (1), pp. 81 - 92.

[55] Stanley S. Reynolds & John Wooders. 2009. Auctions with a Buy Price. Economic Theory, Vol. 38 (1), pp. 9 - 39.

[56] Steven Salop & Joseph Stiglitz. 1977. Bargains and Ripoffs: A model of Monopolistic Competition. Review of Economic Studies, Vol. 44 (3), pp. 493 - 510.

[57] Timothy Mathews. 2004. The Impact of Discounting on an Auction with a Buyout Option: A Theoretical Analysis Motivated by eBay's Buy-It-Now Feature. Journal of Economics, Vol. 81 (1), pp. 25 - 52.

[58] Todd R. Kaplan & Shmuel Zamir. 2015. Advances in Auctions. in Handbook of Game Theory with Economic Applications, Vol. 4, ed by H. Peyton Young & Shmuel Zamir. North-Holland, pp. 381 - 453.

[59] Tom Mahoney & Leonard Sloane. 1974. The Great Merchants. Harper and Rowe.

[60] Vijay Krishna. 2010. Auction Theory. Academic Press.

[61] William Stanley Jevons（威廉姆·斯坦利·杰文斯）. 1871. 政治经济学理论（1984 年中文版），北京，商务印书馆.

[62] Xiaohua Lu & R. Preston McAfee. 1996. The Evolutionary Stability of Auctions over Bargaining. Games and Economic Behavior, Vol. 15 (1), pp. 228 - 254.

[63] Yongmin Chen & Ruqu Wang. 2004a. A Model of Competing Selling Mechanisms. Economic Letters, Vol. 85 (2), pp. 151 - 155.

[64] Yongmin Chen & Ruqu Wang. 2004b. Equilibrium Selling Mechanisms. Annals of Economics and Finance, Vol. 5 (2), pp. 335 - 355.

[65] Zvika Neeman & Nir Vukan. 2005. Markets versus Negotiations: the Predominance of Centralized Markets. Working Paper.

营销渠道治理：研究进展与研究方向*

杜 楠 张 闯

摘 要 以交易成本理论、社会交换理论和关系交换理论为基础，契约治理和关系治理构成渠道关系的两大治理机制。本文从渠道治理的概念与分类出发，对契约治理、关系治理以及二者之间的相互关系三个方面的研究进展进行了系统梳理与回顾。研究发现，契约治理和关系治理存在不同的概念化方式，并且两种治理机制的前因变量和影响作用也未达成一致结论。关于契约治理与关系治理的相互作用，研究结论也存在一定差异。文章最后总结了现有研究的成果，并指出了未来可能的研究方向。

关键词 渠道治理；契约治理；渠道绩效；渠道投机行为

一 引言

在非一体化营销渠道结构中，由于相互依赖的渠道成员是相互独立的，拥有各自不同的目标，这使得为了追求自身利益而有损渠道伙伴或

---

* 杜楠，中国大连高级经理学院讲师，主要研究方向：流通理论与政策。张闯，东北财经大学工商管理学院教授、博士生导师，主要研究方向：市场营销与流通产业。

整个渠道系统的投机行为成为渠道管理中非常普遍且难以避免的问题。因此，渠道成员如何运用渠道治理机制（channel governance mechanism）来提高渠道成员间的合作水平、抑制投机行为，进而提高渠道绩效，成为渠道关系管理的重要问题（Weitz & Jap，1995；Crosno & Dahlstrom，2008）。

交易成本理论（transaction cost theory）、社会交换理论（social exchange theory）、关系交换理论（relational exchange theory）是支撑渠道治理研究的重要理论基础。第一，交易成本理论认为，不确定性和专有资产会引发交易伙伴的投机行为，而契约治理正是通过在稳定和变化的环境中明确双方的角色来控制交换风险（exchange hazard）（Liu et al.，2009），但在有限理性和存在投机行为的情况下，契约的有效性会受到约束（Cannon et al.，2000；Williamson，1985），因而需要以关系为基础的治理或关系契约作为替代治理机制。第二，社会交换理论关注的是交易双方因对交易关系的回报期望而产生的自愿行为，其基本要素是非明确规定的责任与互惠义务（Blau，1964），因而从社会互动和社会嵌入关系中产生的信任是治理渠道关系的有效工具（Liu et al.，2009）。第三，关系交换理论认为，关系规范使得交易双方将合作关系看作一个整体，其行为要符合关系规范的期望（Heide & John，1992）。因此，契约治理和关系治理是渠道关系中两种重要的治理机制（Ferguson et al.，2005；Heide，1994；Heide & Wathne，2006；Yang et al.，2012）。

自从 Heide（1994）在其经典论文中提出"渠道治理"这一概念以来，学者们围绕契约治理和关系治理的前因变量和结果变量以及两种治理机制之间的相互关系展开研究。其中，关于渠道治理机制的前因变量，现有研究主要从交易关系特征和交易环境、渠道关系结构、组织特征等三个层面展开，包括专有资产投入和不确定性（Poppo & Zenger，2002；Zhou & Poppo，2010）、渠道关系依赖（Lusch & Brown，1996）、组织文化（Wuyts & Geyskens，2005）、组织的 IT 能力（张涛等，2015）等因素；而投机行为和渠道绩效是渠道治理的两个重要结果变量（Liu et al.，2009；Yang et al.，2012）。由于每种治理机制在控制与协调交易关系中都有其明显的优势和劣势，企业通常同时运用两种治理机制组织交易关系（Weitz & Jap，1995），因而两种治理机制之间的相互关系也是渠道治理领域的重要问题之一（Cao & Lumineau，2015）。

虽然现有渠道治理领域积累了丰富的研究成果，但仍存在一些不足之处。首先，现有研究对一些重要问题并未取得一致结论。比如，渠道治理能够有效抑制合作伙伴的投机行为，提升渠道绩效（如 Liu et al.，2009；Zhou & Xu，2012），但有的研究并不支持这一结论（如 Wuyts & Geyskens，2005）。其次，现有大量的渠道治理研究都是根植于西方国家的市场和文化环境之中。虽然也有研究关注了中国本土的市场和文化环境（如 Yang et al.，2012；Zhou & Poppo，2010；Zhou & Xu，2012），但这些研究仍是以西方的理论为主要解释工作，而对中国本土的交易关系治理机制挖掘不足。最后，交易成本理论、社会交换理论和关系交换理论是现有渠道治理研究的主要理论视角，这在提供坚实理论基础的同时，也制约了研究发展的理论空间。鉴于此，有必要对渠道治理领域的研究成果进行系统梳理，明确现有研究所取得的成果，发现研究不足，寻求未来可能的研究方向。

本文将从渠道治理的概念出发，总结契约治理和关系治理的概念及其操作方式，梳理两种治理机制的影响因素和作用结果的研究现状，最后指出未来可能的研究方向。

二 渠道治理的概念及其分类

在传统交易成本经济学中，交易关系治理被非常宽泛地定义为“组织交易的方式”，即为支持经济交易而设计的机制。Heide（1994）在其经典论文中指出，渠道治理是一个包含交易各方之间开始、结束和保持关系的多维度现象，不仅包括建立和结构化交易关系，还包括监督和执行。庄贵军（2012）在此基础上进一步将渠道治理定义为，交易双方对交易关系建立、维持和结束的制度安排，以及对契约和规范的监督与执行过程。因此，渠道治理是企业为管理特定的交易关系而选择的制度形式（institutional form）（Ghosh & John，2012）。而治理机制（governance mechanism）① 则是用来建立与构成交换关系的工具（Heide，1994）。

以往研究认为，层级（hierarchy）、契约（contract）和关系治理（relational governance）是三种重要的治理机制（Ghosh & John，2012；Heide，1994；Ouchi，1980）。但是，层级治理涉及使企业与市场不确定性相分离的垂直一体化，这主要是企业内部治理战略，而并不适用于体现企业间关系的渠道治理。因而契约治理和关系治理是营销渠道关系中两种重要的治理机制（Ferguson et al.，2005；Heide，1994；Heide & Wathne，2006；Yang et al.，2012）。

1. 契约治理机制

交易成本理论认为，渠道成员是先天具有投机倾向、追求利益最大化的主体（Rindfleisch & Heide，1997），因而渠道成员通过签订正式契约防止投机行为和冲突的发生。契约治理详细规定了交易关系双方在稳定与变动环境中的责任与义务，明确的监督程度，以及应对意外情况的措施（Lusch & Brown，1996；Liu et al.，2009；Mooi & Ghosh，2010；Zhou & Poppo，2010）。

现有研究将契约治理机制概念化为正式契约（formal contract）（Li et al.，2010）、契约明确性（explicitness 或 specificity）（Zhou & Poppo，2010）、法律绑定或法律契约（legal bonding or legal contract）（Cannon et

① 现有研究对渠道治理机制的说法并未统一。有的研究称为治理机制（如 Brown et al.，2000；Ferguson et al.，2005；Grewal et al.，2002；Kashyap et al.，2012；Kumar et al.，2011；Wang et al.，2008）；有的研究称为治理模式（governance mode）（如 Wuyts & Geyskens，2005；Homburg et al.，2009；Steenkamp & Geyskens，2012）；还有的研究称为治理战略（governance strategy）（如 Yang et al.，2012）。而根据大多数研究的做法，本文运用治理机制这一说法。

al.，2000；Jap & Ganesan，2000）、详细契约（detailed contract drafting）（Wuyts & Geyskens，2005）、契约的复杂程度（complexity）（Poppo & Zenger，2002）、定制化契约（customized contract）（Yang et al.，2012；Zhou et al.，2008）、契约完备性（contract completeness）（Kashyap et al.，2012）等。此外，Luo（2002）指出，契约治理是一个多维度的概念，并将契约治理分为契约包容性（issue inclusiveness）、条款明确性（term specificity）、契约对意外情况的适应性（contingency adaptability），契约的法律管束力（contractual obligatoriness）等四个维度。

2. 关系治理机制

关系治理（relational governance）是指通过关系内的相互信任与共享的行为规范（norms）对渠道关系进行治理（Heide & John，1992；Poppo & Zenger，2002；Zhou & Xu，2012）。在现有实证研究的操作中，学者们对关系治理采用不同的概念化方式，比如关系规范（relational norms）（如 Heide & John，1992；Jap & Ganesan，2000）、关系行为（relational behavior）（Claro et al.，2003；Kim，1999；庄贵军等，2008）、信任（trust）（Cavusgil et al.，2004；Zhou & Poppo，2010）等。

关系规范是对渠道关系中各方行为的共同期望，包括弹性（flexibility）、信息交换（information exchange）和团结（solidarity）三个维度（Heide & John，1992）。其中，弹性规范是指对彼此不断适应环境变化意愿的双边期望；信息交换规范是指积极提供有助于对方的信息的双边期望；团结规范是指双方看重关系并致力于维持关系的期望。以 Heide 和 John（1992）的经典研究为基础，现有研究对关系规范的概念化方式并不一致。第一，一些研究将关系规范作为一个多维度概念。大多数研究完全遵循 Heide 和 John（1992）的操作方式（如 Antia & Frazier，2001；Griffith & Myers，2005；Ju et al.，2014；Luo et al.，2011；Yang et al.，2012；Zhang et al.，2003）。但是，有的研究在关系规范的维度中加入了不同的方面，比如参与（participation）（Jap & Ganesan，2000；Liu et al.，2009）。此外，还有研究将关系规范看作其他维度构成，比如由信任、忠诚以及共有价值（shared values）构成的二阶变量（如 Sheng et al.，2006），或是由合作规范、信任与承诺构成的二阶变量（如 Zhou et al.，2015）。第二，有的研究将关系规范作为单维度概念。有的研究将关系规范的不同维度整合为一个整体变量（如 Zhou & Xu，2012），或是选择弹性或团结作为关系治理机制（如 Bello & Gilliland，1997；Heide，1994；Kim et al.，2011；Kumar et al.，2011；Rokkan et al.，2003）。第三，有的研究将合作规范作为关系规范。合作规范（cooperativeness norms）反映的是交换关系双方共同努力实现相互目标（如 Cannon et al.，2000；Cannon & Perreault，1999；Ferguson et al.，2005）。

关系行为是指促进合作关系发展的行为（Hoppner & Griffith，2011；Lusch & Brown，1996）。关系交换既包括态度要素（即规范）又包括行为要素（Kim，1999），但关系规范隐含于具体的行动或状态中，无法直接用于渠道治理中（Zhuang et al.，2010）。因此，现有研究关注到关系行为在渠道治理中的作用。现有对关系行为的研究存在不同的操作方式。首先，以关系规范为基础的关系行为。有研究认为，关系行为由 Heide 和 John（1992）提出的弹性、信息交换和团结三个维度构成（如 Hoppner & Griffith，2011；Lusch & Brown，1996）。其次，有的研究关注了渠道成员之间的共同行动（joint action），即在对双方都具有重要意义的特定活动中展开合作（如 Johnston et al.，2012；Joshi & Stump，1999；Kim，1999）。在此基础上，一些研究将共同行动进一步分为共同制定计划（joint planning）和共同解决问题（joint problem solving）两个方面，其中共同制定计划是指渠道成员根据未来可能发生的事情及其后果进行讨论与协商，根据预测制定相应对策措施，明确彼此的责任和义务；共同解决问题是指渠道成员间针对已经发生且引起争议的事件或问题进行讨论与协商，以求问题得到最终解决（如 Claro et al.，2003；张闯等，2012；张涛等，2010；周茵等，2013；庄贵军等，2008）。

信任是指对交换关系中渠道伙伴的可信性（credibility）及其善意（benevolence）的信心（Zaheer et al.，1998）。在渠道关系中，高度的相互信任使渠道成员相信对方不会利用交易风险做出投机行为，同时还会考虑渠道伙伴的利益，而不仅仅为自己着想，因而信任成为一种重要的关系治理机制（如 Cavusgil et al.，2004；Koza & Dant，2007；Liu et al.，2009；Poppo et al.，2016；Wang et al.，2008；Yang et al.，2011；Zhou & Poppo，2010）。

三 渠道治理的研究进展

（一）契约治理的相关研究

1. 契约治理的影响因素

关于契约治理的影响因素，现有研究主要从交易成本和渠道关系特征两个视角进行考察。

第一，以交易成本理论为基础，专有资产投入和不确定性两个方面所带来的交换风险（exchange hazards）是影响契约治理机制的重要因素。一方面，制造商针对供应商的专有资产投入运用明确的契约，有显著的负向影响（Zhou & Poppo，2010）；但也有研究发现，专有资产投入对运用具体的契约条款有显著的正向影响，这是由于专有资产投入会带来的锁定（lock-in）效应（Mooi & Ghosh，2010；Poppo & Zenger，2002）。此外，制造商针对供应商的专有资产投入对定制化契约并没有显著影响（Zhou et al.，2008）。另一方面，现有研究从环境、行为和技术三个方面考察了不确定性对契约治理机制的影响。从环境不确定性的作用来看，Zhou 等（2008）发现，环境不确定性对运用定制化契约有显著正向影响；Zhou 和 Poppo（2010）则发现，环境不确定性对是否运用明确的契约并没有显著影响。从行为不确定性的作用来看，Mooi 和 Ghosh（2010）

发现，绩效的模糊性对契约的具体程度有显著的负向影响；而 Poppo 和 Zenger（2002）则发现，绩效难以测量对契约的复杂程度有显著的正向影响。此外，也有研究表明，行为不确定性对是否运用明确的契约并没有显著影响（Zhou & Poppo，2010）。从技术不确定性的作用来看，技术变化对运用复杂契约有显著的负向影响（Poppo & Zenger，2002）。此外，Mooi 和 Ghosh（2010）认为，交易的复杂性越强，契约内容越具体。

对以上不一致的研究结果，一些研究从交换风险的各个因素之间存在交互影响、法律执行性以及交易成本等因素的角度加以解释。比如，技术变化与绩效难以测量之间的交互作用对契约的复杂程度存在显著的负向影响，这说明交易风险的增加会使管理者对契约治理失去信心（Poppo & Zenger，2002）。而 Zhou 和 Poppo（2010）发现，当制度环境中法律执行性较高时，渠道成员倾向于选择契约治理机制应对专有资产、环境和行为不确定性等因素带来的风险。此外，在渠道关系中，渠道成员所使用的契约明确程度还要平衡事前起草契约的成本与事后保持其条款开放性的成本（Mooi & Ghosh，2010）。

第二，从渠道成员之间的依赖结构来看，供应商对分销商的依赖会更加需要运用明确的契约，而分销商对供应商的依赖则对明确的契约并无显著影响；同时，关系双方的高度双边依赖与运用明确契约治理供应商与分销商的关系并无直接联系（Lusch & Brown，1996）。但以中国本土和国际营销渠道为背景的研究中，依赖对正式契约有显著的正向影响（Cai et al.，2009；Gençtürk & Aulakh，2007）。此外，Lusch 和 Brown（1996）还发现，具有长期导向的分销商会更倾向于依靠明确的契约治理交易关系，而与供应商的关系长度对是否采用明确契约并无直接关系。

此外，还有研究关注了边界人员的关系（Ferguson et al.，2005）、组织文化（Wuyts & Geyskens，2005）、IT 资源（张涛、庄贵军和周筱莲，2015）等因素对契约治理机制的影响作用。具体来说，Ferguson 等（2005）发现，银行经理与客户之间的亲密关系对契约治理有显著的正向影响。对组织文化而言，Wuyts 和 Geyskens（2005）发现，不确定性规避、集体主义和权力距离三个方面对运用详细契约都有显著的正向影响。而对组织的 IT 资源，张涛等（2015）发现，制造商的 IT 设备以及制造商 IT 人员提供的支持对与分销商制定详细的契约有显著的正向影响。

2. 契约治理的作用结果

在现有研究中，学者们重点关注了契约治理如何提升渠道绩效和抑制投机行为。

第一，契约对绩效有显著正向影响（如 Ferguson et al.，2005；Poppo & Zenger，2002；Gençtürk & Aulakh，2007；Liu et al.，2009；Poppo & Zhou，2014；夏春玉等，2015；张闯等，2014），但是也有一些研究则发现契约对绩效没有显著影响（如 Lusch & Brown，1996；Yang，Su & Fam，2012）。

第二，虽然交易成本理论认为正式契约是治理投机行为的主要方式（Williamson，1985），但在渠道关系中现有研究并未完全支持这一结论。一些研究发现，契约治理对投机行为具有抑制作用（如 Liu et al.，2009；杜楠等，2015），但也有研究发现契约治理对投机行为没有显著的直接影响（如 Wuyts & Geyskens，2005；Zhou & Xu，2012）。甚至有研究表示，明确的契约会严格约束渠道伙伴的行为，这会发出不信任的信号，进而降低其关系承诺水平（Jap & Ganesan，2000），这使得渠道成员会利用契约中的“未尽事宜”做出投机行为（Ghoshal & Moran，1996）。

针对以上不一致的研究发现，学者们主要从以下几个方面加以解释。一是制度环境。现有研究主要关注了法律环境、国家文化以及国家的商业风险与全球化程度等制度环境因素的作用。Cavusgil 等（2004）发现，只有在法律敌意（legal hostility）程度较低时，正式契约才对国外分销商的投机行为有显著的负向影响；而当法律敌意程度较高时，正式契约对国外分销商的投机行为有显著的正向影响。而 Abdi 和 Aulakh（2012）进一步指出，国家层面的正式制度与合作关系层面的契约安排在治理企业间关系时起到替代作用，也就是说，在缺少正式制度支持的外部环境中，契约治理对绩效的积极影响作用更弱。此外，Griffith 和 Zhao（2015）发现，如果国际采购商来自商业风险低或全球化程度高的国家，则明确的契约会更有效地抑制其违约行为。二是国家文化。就国家文化而言，契约治理在个人主义和低度风险规避的文化中更加有效（Handley & Angst, 2015）。三是网络嵌入性。作为一种间接社会控制方式，网络嵌入性的增强会强化详细契约对投机行为的抑制作用（Wuyts & Geyskens, 2005）。

3. 契约执行的相关研究

契约执行（contract enforcement）是渠道成员通过契约安排使交易伙伴的行为与事前承诺保持一致的单边协调过程（Heide, 1994; Gilliland & Bello, 2002），是一种旨在修复交易关系所出现问题的纠正行为（Antia et al., 2006; Mooi & Gilliland, 2013）。正式契约只有在具有可执行性的情况下才能有效抑制投机行为（Cavusgil et al., 2004），而渠道成员对执行契约的响应程度却不尽相同（Antia & Frazier, 2001）。尽管契约执行在营销领域是一种重要的治理机制（Heide, 1994），但目前只有少数研究关注到这一问题（如 Antia & Frazier, 2001; Antia et al., 2006; Gilliland & Bello, 2002; Mooi & Gilliland, 2013; Kashyap et al., 2012）。

首先，关于契约执行的影响因素，现有研究主要从契约本身、渠道系统、网络因素以及渠道关系等不同的层面考察了影响契约执行的前因变量（如 Antia & Frazier, 2001; Gilliland & Bello, 2002; Mooi & Gilliland, 2013）。具体来说，在契约内容层面，契约完备性对契约执行并无直接显著影响；契约的单边性对契约执行有显著的负向影响，而契约外激励（extracontractual incentives）对契约执行则有显著的正向影响（Kashyap et al., 2012）。更进一步来讲，契约中涉及具体交易细节（如交易保障、服务、担保）与产品、价格的内容会增加契约执行的可能性；而契约中涉及具体关系要素（如关系保障）的内容会降低契约执行的可能性（Mooi & Gilliland, 2013）。在渠道系统层面，委托方的专有资产投入对契约执行有显著的正向影响，而环境不确定性并没有显著的影响（Antia & Frazier，2001）。在网络层面，Antia 和 Frazier（2001）发现，网络密度和代理方的网络中心性对契约执行有显著的负向影响。在渠道关系层面，关系双方的相互依赖总量对契约执行有显著的正向影响，而倾向于委托方的依赖不平衡对契约执行也有显著的正向影响；在渠道关系中的关系规范对契约执行也有显著的正向影响（Antia & Frazier，2001）。此外，Gilliland 和 Bello（2002）还发现，算计性承诺对契约执行有显著的正向影响，而忠诚性承诺对契约执行并没有直接的影响。

其次，契约执行不仅会影响渠道绩效（如 Mooi & Gilliland，2013），还会影响渠道成员的行为（如 Antia et al.，2006；Kashyap et al.，2012）。一方面，当契约执行与交易特征相匹配时会带来更高的绩效；在不匹配时会使绩效降低，且这种影响作用更大（Mooi & Gilliland，2013）。另一方面，对渠道成员的投机行为而言，契约执行并没有显著的直接影响，因为契约执行作为一种事后治理机制需要与不同的控制方式相结合，比如在高度行为监督的情况下，增加契约执行会带来投机行为（Kashyap et al.，2012）。此外，契约执行是一个多维度概念，而不仅仅体现在惩罚的严重性上（Antia et al.，2006）。Antia 等（2006）将契约执行分为惩罚违约行为的严格性、发现违约的能力以及做出响应的速度等三个不同的维度，并发现三者相结合才能够有效阻止投机行为（灰色营销事件）出现。对渠道成员的服从行为而言，契约执行对渠道成员的服从行为也没有显著的直接影响；但是，高度行为监督会削弱契约执行对服从行为的积极影响，而高度结果监督会加强契约执行对服从行为的积极影响（Kashyap et al.，2012）。

（二）关系治理的相关研究

1. 关系治理的影响因素

现有研究主要从交易成本、渠道关系结构和渠道行为等视角考察了关系治理的影响因素。第一，从交易成本的视角来看，专有资产投入和不确定性是影响渠道成员选择关系治理机制的重要因素。一方面，关于专有资产投入的影响。研究发现，制造商与供应商双方的专有资产投入都会促进共同行动，同时决策不确定性和信任会强化专有资产对共同行动的影响作用（Kim，1999；Joshi & Stump，1999）。但是，制造商与供应商双方的相互专有资产投入（reciprocal asset investments）对共同行动并没有显著影响，因为制造商对供应商的信任在其中起到调节作用。具体来说，在低度信任情况下，供应商的专有资产投入会减弱经销商专有资产投入对共同行动的影响，而在高度信任情况下，供应商的专有资产投入会强化经销商专有资产投入对共同行动的影响（Joshi & Stump，1999）。与 Joshi 和 Stump（1999）不同，Sheng 等（2006）发现，在倾向于供应商的权力结构中，经销商的专有资产投入越高，而其所感知的关系治理程度越低；但渠道成员之间社会性沟通的增加会削弱专有资产投入对关系治理的负向影响。另一方面，关于不确定性的影响。现有研究关注到环境、技术、行为等方面不确定性对关系治理的影响作用。稳定的市场环境比动荡的市场环境更容易促进关系规范（弹性）的形成（Bello & Gilliland，1997；Kim et al.，2011）；相似地，决策不确定性也会减少共同行动（Joshi & Stump，1999）。但是，也有研究发现，环境不确定性会对关系治理有正向影响，而行为不确定性则有负向影响（Zhou & Poppo，2010；Zhou et al.，2008）。

第二，从渠道结构的视角来看，现有研究关注了以下几方面因素对关系治理的影响作用。一是渠道依赖结构的影响作用。渠道成员之间的依赖关系是影响关系治理的重要因素（如 Gençtürk & Aulakh，2007；Heide，1994；Lusch & Brown，1996；Zhang et al.，2003）。具体来说，平衡且高度依赖的渠道关系会加强弹性关系规范，而单边依赖则会起到削弱作用（Heide，1994）；与之不同的是，Lusch 和 Brown（1996）发现，虽然高度依赖的渠道关系会促进关系行为，但单边依赖对关系行为并无显著影响。Gençtürk 和 Aulakh（2007）在国际营销渠道背景下也得出类似的结论，即制造商对国外经销商的依赖会对以规范为基础的治理机制有显著的正向影响。Gençtürk 和 Aulakh（2007）还进一步指出，正式化（formalization）渠道结构对以规范为基础的治理机制有显著的负向影响，而社会化（socialization）结构则有显著的正向影响。二是关系长度的影响作用。渠道关系的持续时间对关系行为也并无显著影响，而渠道成员的长期导向则确实会对关系行为产生正向影响（Lusch & Brown, 1996）。三是关系强度的影响作用。以 Granovetter（1973）为基础，现有研究发现关系强度的情感维度和行为维度对关系治理行为有不同影响。具体来说，代表情感维度的情感强度对共同制定计划有正向显著影响，而代表行为维度的亲密程度和互惠程度则对共同解决问题有显著正向影响（张闯、田敏和关宇虹，2012）。

除了专有资产投入和渠道关系结构两方面主要因素之外，Ferguson 等（2005）发现，银行经理与客户之间的亲密关系会促进关系治理运用。Wuyts 和 Geyskens（2005）发现，组织文化中的集体主义对选择亲密关系的合作伙伴有显著的正向影响，而不确定性规避和权力距离却没有显著的影响。以中国的营销渠道为背景，庄贵军等（2008）以及董维维和庄贵军（2013）发现，渠道成员的关系营销导向通过跨组织人际关系对共同解决问题有间接的正向影响，同时跨组织人际关系（包括情感性关系和工具性关系）对共同解决问题则有显著的正向影响。张涛等（2010）发现，渠道成员的 IT 技术能力和 IT 人员能力以及关系质量对共同制定计划和共同解决问题有显著的正向影响。更进一步地，张涛、庄贵军和周筱莲（2015）发现，当分销商的投机行为氛围较浓时，制造商 IT 人员支持对共同制定计划和共同解决问题的提高作用比 IT 设备水平更大；当分销商的投机行为氛围较淡时，制造商 IT 设备水平对共同制定计划和共同解决问题的提高作用比 IT 人员支持更大。

2. 关系治理的作用结果

在现有研究中，渠道绩效和投机行为是关系治理的两个重要结果变量。

第一，关于关系治理对渠道绩效的影响。有研究发现，关系治理能够促进渠道成员的关系承诺，降低冲突，提高满意度，进而提升渠道绩效（如 Claro et al.，2003；Ferguson et al.，2005；Gençtürk & Aulakh，2007；Griffith & Myers，2005；Gundlach et al.，1995；Jap & Ganesan，2000；Kumar et al.，2011；Liu et al.，2009；Poppo et al.，2016；Zhang et al.，2003）；但是，也有研究发现，关系治理对渠道绩效的影响作用呈倒 U 形（如 Ju et al.，2014）；甚至有研究发现，关系治理对渠道关系绩效并无显著影响（如 Lusch & Brown，1996）。

第二，对于关系治理对投机行为的影响。有的研究发现，关系治理能够显著抑制渠道成员的投机行为（如 Brown et al.，2000；Handley & Angst，2015；Tangpong et al.，2010；Zhou & Xu，2012；Zhou et al.，2015）；但是，也有研究发现，关系治理（共同制定计划和共同解决问题）对投机行为并不一定有显著影响（如董维维和庄贵军，2013；张闯等，2012；张涛等，2010；庄贵军等，2008）。具体来说，庄贵军等（2008）以及董维维和庄贵军（2013）都发现，共同制定计划和共同解决问题对投机行为都没有显著影响；张涛等（2010）发现，共同制定计划对投机行为有显著的正向影响，而共同解决问题则对投机行为有显著的负向影响；张闯等（2012）发现，共同解决问题对投机行为有显著的负向影响，但共同制定计划对投机行为没有显著影响。在最近的研究中，Zhou 等（2015）发现，共同制定计划对投机行为的影响作用呈 U 形，而共同解决问题对投机行为仍然没有显著影响。

还有研究表明，选择亲密关系的合作伙伴对渠道成员投机行为的影响作用呈 U 形，也就是说，超过一定范围，具有亲密关系的渠道伙伴会做出投机行为（Wuyts & Geyskens，2005）。更进一步来讲，对渠道行为的影响取决于不同类型的关系经历，也就是说，合作性关系经历会使关系双方通过合作性谈判策略解决争议，而竞争性关系经历会使关系双方通过竞争性谈判策略解决争议（Lumineau & Henderson，2012）。

针对以上研究结论的差异，学者们主要从以下几方面做了解释。一是关系规范和关系行为的相互作用。根据 Kim（1999）和 Zhuang 等（2010）的观点，只有同时关注关系治理的态度和行为两方面要素才能全面理解关系治理的影响作用。因此，Zhou 等（2015）发现，共同行动对投机行为的影响作用取决于渠道关系中关系规范与共同行动的一致性。具体来说，在关系规范程度低时，共同计划会抑制投机行为，而共同解决问题会激发投机行为；然而，在关系规范程度高时，共同计划会激发投机行为，共同解决问题会抑制投机行为（Zhou et al.，2015）。二是关系质量的影响作用。在关系质量较低的情况下，制造商采用共同制定计划的方式进行关系型治理会抑制经销商的投机行为，采用共同解决问题的方式则会增多经销商的投机行为；在关系质量较高的情况下，制造商采用共同制定计划的方式进行关系型治理会增多经销商的投机行为，而采用共同解决问题的方式则会抑制经销商的投机行为（周茵等，2013）。三是制度环境的影响作用。在法律制度不完善的情况下，关系治理对投机行为的影响作用会更强（Cavusgil et al.，2004）。Abdi 和 Aulakh（2012）进一步指出，国家层面的非正式制度与合作关系层面的关系安排在治理企业间关系时起到互补作用，也就是说，在缺少非正式制度支持的外部环境中，关系治理对绩效的积极影响作用更强。四是国家文化的作用。研究表明，关系治理在集体主义文化和高度风险规避的社会中更为有效（Handley & Angst，2015）。

（三）契约治理与关系治理的相互作用

由于渠道成员通常采用多种治理机制（Bradach & Eccles，1989；Brown et al.，2000；Heide，2003），因而契约治理与关系治理之间的相互作用成为渠道治理领域的重要问题（如 Cannon et al.，2000；Cao & Lumineau，2015；Poppo & Zenger，2002；Wuyts & Geyskens，2005；Yang et al.，2012；Zhou & Xu，2012）。Cao 和 Lumineau（2015）将有关契约

治理与关系治理的交互作用的研究分为两类：一类是契约治理与关系治理之间的相互关系；另一类是契约治理与关系治理的共同影响作用。

1. 契约治理与关系治理的相互关系

关于契约治理与关系治理的相互关系，现有研究并未取得一致结论。一种观点认为，契约治理与关系治理是相互替代关系（substitute），也就是说，有详细契约所规定的正式化渠道结构会较少运用以关系规范为基础的治理机制（如 Gençtürk & Aulakh，2007；Sande & Haugland，2015），因为详细的契约会向渠道伙伴传递不信任的信号，这显然不利于渠道成员运用关系规范和信任来治理交易关系（Ghoshal & Moran，1996；Jap & Ganesan，2000）。

但是，更多的研究表明，契约治理与关系治理是相互补充的关系（complementary）。也就是说，随着正式契约更加具体详细，关系治理的程度也会随之提高；而关系治理程度的提高，也会使契约变得更加具体详细（如 Handley & Angst，2015；Poppo & Zenger，2002；Zhou & Poppo，2010）。这是因为，一方面，明确的契约会使渠道成员对合作关系充满信心，进而为关系治理奠定基础；另一方面，随着交易关系的发展，关系双方不断进行信息交换、监督与绩效评估，因而关系治理也会使正式契约不断完善、详细。此外，也有研究发现，明确的契约对关系行为并没有显著的影响（Lusch & Brown，1996）。

研究进一步发现，契约治理与关系治理的相互关系受到关系强度（如 Yang et al.，2011）、法律环境（如 Zhou & Poppo，2010）、环境与行为不确定性（如 Abdi & Aulakh，2017）等情境变量以及治理机制的不同维度（如 Liu et al.，2009；Lumineau et al.，2012）的影响。首先，在弱关系（weak tie）情境中，正式契约会降低信任，并不能有效维持渠道关系稳定；而在强关系（strong tie）情境中，正式契约会提供稳定的结构框架，提升关系双方对渠道关系的信心，进而增加信任（Yang，Zhou & Jiang，2011）。其次，当渠道成员感知法律执行性较高时，明确契约对关系稳定性（即信任）的影响作用会变弱；但是，无论法律执行性是强或弱，关系稳定性（即信任）对明确契约都具有较强的直接影响（Zhou & Poppo，2010）。再次，Abdi 和 Aulakh（2017）发现，行为不确定性的增加会有碍于理解合作伙伴的行为，进而使契约治理和关系治理呈互补关系；相反，环境不确定性的增加会提高企业适应环境的难度，进而使契约治理和关系治理呈替代关系。最后，通过将正式契约分为控制和协调两个维度，还区分了信任和不信任（distrust）两个不同概念，以及二者背后的算计（calculative）与非算计（noncalculative）的方面，Lumineau（2017）提出一系列关于契约的不同维度对信任与不信任影响作用的理论命题。但 Lumineau（2017）并没有对这些命题进行实证检验，这也成为未来研究的重要方向。此外，Liu 等（2009）将信任分为诚实信任（honesty trust）和善意信任（benevolence trust），并发现分销商对供应商的诚实信任程度越高，则分销商与供应商签订正式契约的可能性越高；相反，分销商对供应商的善意信任程度越高，则分销商与供应商签订正式契约的可能性越低。

2. 契约治理与关系治理的共同影响作用

契约治理与关系治理的“替代”或“互补”关系还体现在同时运用两种治理机制对投机行为和渠道绩效等结果变量的影响作用上。一种观点认为，契约治理与关系治理在抑制投机行为与提升渠道绩效方面呈替代（substitute）关系，也就是说，两种治理机制同时使用会降低渠道绩效（Li et al.，2010），并且会激发投机行为（Wuyts & Geyskens，2005）。另一种观点认为，契约治理与关系治理在抑制投机行为与提升渠道绩效方面呈互补（complementary）关系，也就是说，一种治理机制如果与另一种治理机制结合使用，能够更有效地抑制投机行为（Liu et al.，2009；Zhou & Xu，2012），促进企业间知识转移（Zhang & Zhou，2013）并有提升绩效的影响作用（Liu et al.，2009；Poppo & Zenger，2002；Yang et al.，2012；张闯等，2014）。此外，也有一些研究发现两种治理机制的交互作用对渠道绩效或投机行为并没有显著影响（如 Achol & Gundlach，

1999; Carson et al., 2006; Cavusgil et al., 2004; Li et al., 2010; Liu et al., 2009)。

对于以上研究结论之间的差异，现有研究从交易特征（如 Cannon et al., 2000）、国家文化（如 Handley & Angst, 2015）、所有制性质（如 Li et al., 2010）以及治理机制的不同作用（如 Lumineau & Henderson, 2012）等方面进行解释。第一，在交易不确定性和专有资产投入都较低的情况下，虽然正式契约对绩效有显著正向影响，但正式契约与关系规范同时作用则对绩效没有提升作用；而在交易不确定性和专有资产投入都较高的情况下，正式契约虽然对绩效没有影响，但正式契约与关系规范同时使用却可以显著提升渠道绩效（Cannon et al., 2000）。第二，契约治理和关系治理对投机行为的交互作用受到国家文化中的个体主义—集体主义维度的影响（Handley & Angst, 2015; Wang et al., 2015）。Handley 和 Angst（2015）指出，外包商的最佳策略是，对处于个体主义文化的服务供应商运用契约治理；对处于集体主义文化的服务供应商运用关系治理。更进一步来说，对处于集体主义文化的服务供应商运用契约治理时应该与关系治理相结合。类似地，Wang 等（2015）发现，从西方文化情境中，契约会强化信任对长期导向的积极影响作用；而在中国情境中，契约在信任与长期导向之间并没有调节作用。第三，对国内渠道关系而言，契约治理与关系治理是互补关系；对国际渠道关系而言，两种治理机制之间既不是互补关系，也不是替代关系（Li et al., 2010）。第四，增加契约的控制功能会削弱合作关系经历对合作谈判策略的积极作用，但会增强竞争关系经历的积极作用；契约的协调功能会强化合作关系经历的积极作用（Lumineau & Henderson, 2012）。

四　研究评述与未来研究方向

以交易成本理论、社会交换理论和关系交换理论为基础，契约治理和关系治理是两种重要的渠道治理机制。近三十年来，学者们围绕契约治理和关系治理的概念、影响因素和作用结果以及治理机制之间的相互作用展开研究，并积累了丰富的研究成果。第一，虽然现有研究对两种治理机制采用了不同的概念化方式，但对其核心内容的把握是一致的。契约治理的核心在于详细规定交易关系双方在稳定与变动环境中的责任与义务，明确的监督程度，以及应对意外情况的措施（Lusch & Brown，1996），而关系治理的核心在于关系内的相互信任与共享的行为规范（norms）（Heide & John，1992；Poppo & Zenger，2002）。第二，现有研究从交易成本、渠道关系结构、组织与个人特征三方面对渠道治理机制的前因变量进行检验；而对渠道治理机制的作用结果，则将渠道绩效和投机行为作为主要的结果变量。但是，现有研究并未达成一致结论。对此，现有研究在理论框架中加入了文化因素（Griffith & Myers，2005；张闯等，2014）、关系发展阶段（Jap & Ganesan，2000）、市场环境和产业环境（如 Ju et al.，2014）等情境变量。此外，研究结论的差异也与两种治理机制采用了不同的操作化方式有关。第三，关于契约治理与关系治理之间的交互作用，现有研究关注了二者之间相互影响的关系，也关注了两种治理机制对结果变量的共同影响作用，但结论存在一定差异。Cao 和 Lumineau（2015）指出，造成研究结论不一致的原因在于，现有研究并未区分“契约治理与关系治理的相互关系”与“契约治理与关系治理的共同影响作用”两类不同的研究问题。这些研究假定，当契约与关系治理呈互补或替代关系时，它们对绩效（或投机行为）的影响作用也是互补或替代关系（Poppo & Zenger，2002）。但是，在契约与关系治理相互促进的情况下，二者对绩效的影响作用却是替代关系的（如 Li et al.，2010）。因此，对于契约治理与关系治理相互作用的问题，未来研究有必要进一步区分不同的研究问题。

虽然渠道治理领域在近三十年的时间里积累了丰富的研究成果，但是仍有一些理论空间值得进一步挖掘。

第一，现有研究以交易成本理论为基础，重点关注了市场、技术等任务环境变量的影响作用（如 Joshi & Campbell，2003；Zhou & Poppo，2010）。但是，渠道成员不仅要关注任务环境，以实现经济效率；还要重视制度环境，以使企业符合社会规则和期望从而获得合法性（Grewal & Dharwadkar，2002）。由于渠道治理机制是在合法性与经济效率之间取得平衡的重要机制（Yang et al.，2012），因而制度理论为学者从更高层面研究渠道治理问题提供了有力的理论工具。虽然 Grewal 和 Dharwadkar 在 2002 年已强调营销渠道中制度环境的重要性，也有研究将制度理论应用到渠道关系的研究中（如 McFarland et al.，2008），但仅在近些年来学者们才开始在渠道治理领域实证检验制度环境的作用（如 Griffith & Zhao，2015；Jia et al.，2014；Ju et al.，2014；Yang et al.，2012；Zhang et al.，2014；Zhou & Poppo，2010）。尽管如此，将制度理论应用于渠道治理领域仍然是重要的研究方向（Yang & Su，2013，2014）。未来研究有必要继续关注制度环境中不同制度压力在渠道治理中的影响作用，以及不同制度同形（isomorphism）机制（DiMaggio & Powell，1983）在渠道治理中的作用。

第二，渠道治理领域需要深入挖掘中国本土化的治理机制。有的研究将与渠道伙伴的联系（ties）作为一种关系治理机制（如 Lumineau & Henderson，2012；Wuyts & Geyskens，2005）。在中国情境中，非正式的社会联系（relational ties）是重要的关系治理机制（如 Zhou et al.，2008），并将这种联系区分为商业联系（business ties）和政治联系（political ties）（Sheng et al.，2011）。但是，这种操作方式源自西方研究的概念，与中国的社会文化存在一定差异。因此，有研究将中国文化传统中的私人关系（guanxi）、人情（renqing）作为一种关系治理机制（如夏春玉等，2015；张闯等，2014，2016）。但是，作为一种关系治理机制，私人关系对渠道伙伴的投机行为和渠道绩效的影响作用机制或路径仍是需要深入研究的问题。比如，Wang 等（2008）发现，人情对渠道关系长期导向的影响作用由信任完全中介实现；张闯等（2016）发现，人情和面子对渠道伙伴投机行为的影响作用则由感情的中介作用实现。

第三，现有渠道治理领域的研究单位囿于二元分析范式，将由两个渠道成员构成的二元渠道关系作为基本分析单位，这使得渠道系统中其他成员的影响未能得到关注。根据嵌入理论的观点，企业的行为嵌入在社会结构中，不仅包括双边关系，还包括以不同方式交叉关联着的多边关系。这些网络的结构、渠道成员在网络中的位置，以及渠道成员之间相互联结的关系类型与强度都会对渠道成员的行为产生重要影响（Wang et al.，2013；Wuyts & Geyskens，2005）。在大量的渠道治理文献中，从网络视角展开的研究仍显不足。一方面，未来研究可以关注渠道成员的网络结构和网络位置（如网络中心性、网络密度等）对其治理机制选择的影响作用，及其作为情境变量影响治理机制的作用；另一方面，可以在研究中纳入二元关系以外的渠道合作伙伴，分析其他渠道成员的行为对治理机制选择及其作用结果的影响作用，如旁观者的视角（如 Wang et al.，2013）、渠道成员群体的连带责任（如胡琴芳等，2016）。

第四，有关复合治理的研究有待进一步深化。自 Cannon 等（2000）以来，越来越多的研究关注复合治理在渠道关系中的影响作用（如 Liu et al.，2009；Poppo & Zenger，2002；Yang et al.，2012）。但是，现有研究主要关注了同时运用契约治理和关系治理在提升渠道绩效和抑制投机行为方面的影响作用，而忽视了复合治理的前因变量。在什么条件下，渠道成员会同时运用契约治理和关系治理？两种治理机制怎样组合更有效？这些都是需要未来研究回答的问题。

第五，渠道治理的行为结果有待进一步拓展。关于渠道治理机制的影响结果，抑制投机行为一直是渠道治理研究的核心议题（Wathne & Heide，2000）。但是，契约治理和关系治理有时并不能有效抑制伙伴的投机行为（Wuyts & Geyskens，2005；张闯等，2012；庄贵军等，2008）。对此，虽然现有研究从情境因素加以解释（如 Cavusgil et al.，2004；周茵等，2013），但这并不构成维护合作关系并提升渠道绩效的充分条件。如何促使渠道伙伴做出有利于提升渠道绩效的行为，尤其是正式契约和双方期望之外的行为，现有研究还未给予充分关注（如 Li，2010；Wuyts，2007；张闯等，2016）。

参考文献

[1] 董维维、庄贵军：《中国营销渠道中关系营销导向对企业关系型治理的影响》，《管理学报》2013 年第 10 期，第 1520 ~ 1527 页。

[2] 杜楠、张闯、夏春玉：《非对称依赖渠道关系中的契约治理和投机行为：市场不确定性与政府支持的调节作用》，《营销科学学报》2015 年第 3 期，第 29 ~ 44 页。

[3] 胡琴芳、张广玲：2015.《渠道联盟中不同机会主义对关系冲突的影响：初始信任的调节作用》，《营销科学学报》2015 年第 3 期，第 58 – 70 页。

[4] 夏春玉、杜楠、张闯：《契约型农产品渠道中的契约治理、收购商管控与农户绩效》，《经济管理》2015 年第 1 期，第 87 ~ 97 页。

[5] 张闯、李骥、关宇虹：《契约治理机制与渠道绩效：人情的作用》，《管理评论》2014 年第 2 期，第 69 ~ 79 页。

[6] 张闯、田敏、关宇虹：《渠道关系强度对关系型渠道治理的影响：关系行为与情感要素的不同作用》，《营销科学学报》2012 年第 2 期，第 115 ~ 128 页。

[7] 张闯、周晶、杜楠：《合同治理、信任与经销商角色外利他行为：渠道关系柔性与团结性规范的调节作用》，《商业经济与管理》2016 年第 7 期，第 55 ~ 63 页。

[8] 张涛、庄贵军、季刚：《IT 能力对营销渠道中关系型治理的影响：一条抑制渠道投机行为的新途径》，《管理世界》2010 年第 7 期，第 110 ~ 128 页。

[9] 张涛、庄贵军、周筱莲：《制造商 IT 资源、合同治理与分销商渠道投机》，《商业经济与管理》2015 年第 6 期，第 15 ~ 24 页。

[10] 周茵、庄贵军、彭茜：《关系型治理何时能够抑制渠道投机行为？——企业间

关系质量调节作用的实证检验》,《管理评论》2013 年第 1 期，第 90 ~ 100 页。

[11] 庄贵军:《基于渠道组织行为的渠道治理策略选择：渠道治理的一个新视角》,《南开管理评论》2012 年第 6 期，第 72 ~ 84 页。

[12] 庄贵军、刘宇:《渠道投机行为的相互性以及交易专有资产的影响》,《管理科学》2010 年第 6 期，第 43 ~ 52 页。

[13] 庄贵军、李珂、崔晓明:《关系营销导向与跨组织人际关系对企业关系型渠道治理的影响》,《管理世界》2008 年第 7 期，第 77 ~ 90 页。

[14] Abdi M and Aulakh P S. 2012. Do Country-Level Institutional Frameworks And Interfirm Governance Arrangements Substitute or Complement in International Business Relationships? [J].Journal of International Business Studies, 43: 477 - 497.

[15] Abdi M and Aulakh P S. 2017. Locus of Uncertainty and the Relationship Between Contractual and Relational Governance in Cross-Border Interfirm Relationships [J]. Journal of Management, 43 (3): 771 - 803.

[16] Achrol R S and Gundlach G T. 1999. Legal and social Safeguards Against Opportunism in Exchange [J].Journal of Retailing, 75 (1): 107 - 124.

[17] Antia K D and Frazier G L. 2001. The Severity of Contract Enforcement in Interfirm Channel Relationships [J].Journal of Marketing, 65 (4): 67 - 81.

[18] Antia K D, Bergen M E, Dutta S, and Fisher R J. 2006. How Does Enforcement Deter Gray Market Incidence? [J].Journal of Marketing, 70 (1): 92 - 106.

[19] Aulakh P S and Gençtürk F E. 2008. Contract Formalization and Governance of Exporter-Importer Relationships [J].Journal of Management Studies, 45 (3): 457 - 479.

[20] Bello D C and Gilliland D I. 1997. The Effect of Output Controls, Process Controls, and Flexibility on Export Channel Performance [J].Journal of Marketing, 61 (1): 22 - 38.

[21] Blau P M. 1964. Exchange and Power in Social Life [M].John Wiley & Sons, NY.

[22] Bradach J L and Eccles R G. 1989. Price, Authority, and Trust: From Ideal Types to Plural Forms [J].Annual Review of Sociology, 15: 97 - 118.

[23] Brown J R, Dev C S and Lee D J. 2000. Managing Marketing Channel Opportunism: The Efficacy of Alternative Governance Mechanisms [J].Journal of Marketing, 64 (2): 51 - 65.

[24] Cai S, Yang Z, and Hu Z. 2009. Exploring the Governance Mechanisms of Quasi-Integration in Buyer-Supplier Relationships [J].Journal of Business Research, 62 (6): 660 - 666.

[25] Cannon J P, Achrol R S and Gundlach G T. 2000. Contracts, Norms, and Plural Form Governance [J].Journal of the Academy of Marketing Science, 28 (2): 180 - 194.

[26] Cannon J P and Perreault Jr W D. 1999. Buyer-Seller Relationships in Business Markets [J].Journal of Marketing Research, 36 (4): 439 - 460.

[27] Cao Z and Lumineau F. 2015. Revisiting the Interplay Between Contractual and Relational Governance: A Qualitative and Meta-analytic Investigation [J].Journal of Operations Management, 33 - 34 (1): 15 - 42.

[28] Carson S J, Madhok A and Wu T. 2006. Uncertainty, Opportunism, and Governance: The Effects of Volatility and Ambiguity on Formal and Relational Contracting [J].Academy of Management Journal, 49 (5): 1058 - 1077.

[29] Cavusgil S T, Deligonul S and Zhang C. 2004. Curbing Foreign Distributor Opportunism: An Examination of Trust, Contracts, and the Legal Environment in International Channel Relationships [J].Journal of International Marketing, 12 (2): 7 - 27.

[30] Claro D P, Hagelaar G and Omta O. 2003. The Determinants of Relational Governance and Performance: How to Manage Business Relationships? [J].Industrial Marketing Management, 32 (8): 703 - 716.

[31] Crosno J. L. and Dahlstrom R. 2008. A Meta-Analytic Review of Opportunism in Exchange Relationships [J].Journal of the Academy of Marketing Science, 36 (2): 191 - 201.

[32] DiMaggio P J and Powell W W. 1983. The Iron Cage Revisited: Institutional Isomorphism and Collective Rationality in Organizational Fields [J].American Sociological Review, 48 (April): 147 - 160.

[33] Ferguson R. J. , Paulin M and Bergeron J. 2005. Contractual Governance, Relational Governance, and the Performance of Interfirm Service Exchanges: The Influence of Boundary-Spanner Closeness [J].Journal of the Academy of Marketing Science, 33 (2): 217 - 234.

[34] Gençtürk E F and Aulakh P S. 2007. Norms-and Control-Based Governance of International Manufacturer-Distributor Relational Exchanges [J].Journal of International

Marketing, 15 (1): 92 - 126.

[35] Ghosh M and John G. 2012. Progress and Prospects for Governance Value Analysis in Marketing: When Porter Meets Williamson [A].In Lilien G L and Gewal R (Eds.). Handbook of Business-to-Business Marketing [M].Cheltenham, UK: Edward Elgar.

[36] Ghoshal S and Moran P. 1996. Bad for Practice: A Critique of the Transaction Cost Theory [J].Academy of Management Review, 21 (1): 13 - 47.

[37] Gilliland D I and Bello D C. 2002. Two Sides to Attitudinal Commitment: the Effect of Calculative and Loyalty Commitment on Enforcement Mechanisms in Distribution Channels [J].Journal of the Academy of marketing Science, 30 (1): 24 - 43.

[38] Granovetter M S. 1973. The Strength of Weak Ties [J].American Journal of Sociology, 78 (6): 1360 - 1380.

[39] Griffith D A and Myers M B. 2005. The Performance Implications of Strategic Fit of Relational Norm Governance Strategies in Global Supply Chain Relationships [J]. Journal of International Business Studies, 36 (3): 254 - 269.

[40] Griffith D A and Zhao Y. 2015. Contract Specificity, Contract Violation, and Relationship Performance in International Buyer-Supplier Relationships [J].Journal of International Marketing, 23 (3): 22 - 40.

[41] Grewal R and Dharwadkar R. 2002. The Role of the Institutional Environment in Marketing channels [J].Journal of Marketing, 66 (3): 82 - 97.

[42] Gundlach G T, Achrol R S and Mentzer J T. 1995. The Structure of Commitment in Exchange [J].Journal of Marketing, 59 (1): 78 - 92.

[43] Handley S M and Angst C M. 2015. The Impact of Culture on the Relationship between Governance and Opportunism in Outsourcing Relationships [J].Strategic Management Journal, 36 (9): 1412 - 1434.

[44] Heide J B. 1994. Interorganizational Governance in Marketing Channels [J].The Journal of Marketing, 58 (1): 71 - 85.

[45] Heide J B and John G. 1992. Do Norms Matter in Marketing Relationships? [J].Journal of Marketing, 58 (January): 71 - 85.

[46] Heide J B. 2003. Plural Governance in Industrial Purchasing [J].Journal of Marketing, 67 (4): 18 - 29.

[47] Heide J B and Wathne K H. 2006. Friends, Businesspeople, and Relationship Roles: A Conceptual Framework and a Research Agenda [J].Journal of Marketing, 70 (3): 90 - 103.

[48] Hoppner J J and Griffith D A. 2011. The Role of Reciprocity in Clarifying the Performance Payoff of Relational Behavior [J].Journal of Marketing Research, 48 (5): 920 - 928.

[49] Jap S D and Anderson E. 2003. Safeguarding Interorganizational Performance and Continuity under ExpostOpportunism [J].Management Science, 49 (12): 1684 - 1701.

[50] Jap S D and Ganesan S. 2000. Control Mechanisms and the Relationship Life Cycle: Implications for Safeguarding Specific Investments and Developing Commitment [J]. Journal of Marketing Research, 37 (2): 227 - 245.

[51] Jia F, Cai S and Xu S. 2014. Interacting Effects of Uncertainties and Institutional Forces on Information Sharing in Marketing Channels [J].Industrial Marketing Management, 43 (5): 737 - 746.

[52] Johnston W J, Khalil S, Jain M and Cheng J M S. 2012. Determinants of Joint Action in International Channels of Distribution: The Moderating Role of Psychic Distance [J].Journal of International Marketing, 20 (3): 34 - 49.

[53] Joshi A W and Campbell A J. 2003. Effect of Environmental Dynamism on Relational Governance in Manufacturer-Supplier Relationships: a Contingency Framework and an Empirical Test [J].Journal of the Academy of Marketing Science, 31 (2): 176 - 188.

[54] Joshi A W and Stump R L. 1999. The Contingent Effect of Specific Asset Investments on Joint Action in Manufacturer-Supplier Relationships: An Empirical Test of the Moderating Role of Reciprocal Asset Investments, Uncertainty, and Trust [J].Journal of the Academy of Marketing Science, 27 (3): 291 - 305.

[55] Ju M, Zhao H and Wang T. 2014. The Boundary Conditions of Export Relational Governance: A "Strategy Tripod" Perspective [J].Journal of International Marketing, 22 (2): 89 - 106.

[56] Kashyap V and Sivadas E. 2012. An Exploratory Examination of Shared Values in Channel Relationships [J].Journal of Business Research, 65 (5): 586 - 593.

[57] Kashyap V, Antia K D, Frazier G L. 2012. Contracts, Extracontractual Incentives,

and Ex Post Behavior in Franchise Channel Relationships [J].Journal of Marketing Research, 49 (April): 267 - 276.

[58] Kim K. 1999. On Determinants of Joint Action in Industrial Distributor-Supplier Relationships: Beyond Economic Efficiency [J].International Journal of Research in Marketing, 16 (3): 217 - 236.

[59] Kim S K, Hibbard J D and Swain S D. 2011. Commitment in Marketing Channels: Mitigator or Aggravator of the Effects of Destructive Acts? [J].Journal of Retailing, 87 (4): 521 - 539.

[60] Koza K L and Dant R P. 2007. Effects of Relationship Climate, Control Mechanism, and Communications on Conflict Resolution Behavior and Performance Outcomes [J].Journal of Retailing, 83 (3): 279 - 296.

[61] Kumar A, Heide J B and Wathne K H. 2011. Performance Implications of Mismatched Governance Regimes across External and Internal Relationships [J].Journal of Marketing, 75 (March): 1 - 17.

[62] Li J J, Poppo L and Zhou K Z. 2010. Do Mmanagerial Ties in China Always Produce Value? Competition, Uncertainty, and Domestic vs. Foreign Firms [J]. Strategic Management Journal, 29 (4): 383 - 400.

[63] Liu Y, Luo Y and Liu T. 2009. Governing Buyer - Supplier Relationships through Transactional and Relational Mechanisms: Evidence from China [J].Journal of Operations Management, 27 (4): 294 - 309.

[64] Liu Y, Tao L, Li, Y and El-Ansary A I. 2007. The Impact of a Distributor's Trust in a Supplier and Use of Control Mechanisms on Relational Value Rreation in Marketing Channels [J].Journal of Business & Industrial Marketing, 23 (1): 12 - 22.

[65] Lumineau F. 2017. How Contracts Influence Trust and Distrust [J].Journal of Management, 43 (5): 1553 - 1577.

[66] Luo Y. 2002. Partnering with Foreign Firms: How do Chinese Managers View the Governance and Importance of Contracts? [J].Asia Pacific Journal of Management, 19 (1): 127 - 151

[67] Luo Y, Liu Y, Zhang L and Huang Y. 2011. A Taxonomy of Control Mechanisms and Effects on Channel Cooperation in China [J].Journal of the Academy of Market-

ing Science, 39 (2): 307 - 326.

[68] Lusch R F and Brown J R. 1996. Interdependency, Contracting, and Relational Behavior in Marketing Channels [J].Journal of Marketing, 60 (4): 19 - 38.

[69] McFarland R G, Bloodgood J M and Payan J M. 2008. Supply Chain Contagion [J]. Journal of Marketing, 72 (March): 63 - 79.

[70] Mooi E A and Ghosh M. 2010. Contract Specificity and its Performance Implications [J].Journal of Marketing, 74 (2): 105 - 120.

[71] Mooi E A and Gilliland D I. 2013. How Contracts and Enforcement Explain Transaction Outcomes [J].International Journal of Research in Marketing, 30 (4): 395 - 405.

[72] Ouchi W G. 1980. Markets, Bureaucracies, and Clans [J]. Administrative Science Quarterly, 25 (1): 129 - 141.

[73] Poppo L and Zenger T R. 2002. Do Formal Contracts and Relational Governance Function as Substitute of Complements? [J].Strategic Management Journal, 23 (8): 707 - 725.

[74] Poppo L, Zhou K Z and Li J J. 2016. When Can You Trust "Trust"? Calculative Trust, Relational Trust, and Supplier Performance [J]. Strategic Management Journal. 37 (4): 724 - 741.

[75] Rokkan A I, Heide J B and Wathne K H. 2003. Specific Investments in Marketing Relationships: Expropriation and Bonding Effects [J]. Journal of Marketing Research, 40 (2): 210 - 224.

[76] Sande J B and Haugland S A. 2015. Strategic Performance Effects of Misaligned Formal Contracting: The Mediating Role of Relational Contracting [J].International Journal of Research in Marketing, 32 (2): 187 - 194.

[77] Sheng S, Zhou K Z and Li J J. 2011. The Effects of Business and Political Ties on Firm Performance: Evidence from China [J].Journal of Marketing, 75 (January): 1 - 15.

[78] Sheng S, Brown J R, Nicholson C Y and Poppo L. 2006. Do Exchange Hazards Always Foster Relational Governance? An Emprical Test of the Role of Communication [J].International Journal of Research in Marketing, 23 (1): 63 - 77.

[79] Tangpong C, Hung K T and Ro Y K. 2010. The Interaction Effect of Relational Norms and Agent Cooperativeness on Opportunism in Buyer-Supplier Relationships [J].Journal of Operations Management, 28 (5): 398 - 414.

[80] Wang C L, Shi Y and Barnes B R. 2015. The Role of Satisfaction, Trust and Contractual Obligation on Long-Term Orientation [J].Journal of Business Research, 68 (3): 473 - 479.

[81] Wang D T, Gu F F and Dong M C. 2013. Observer Effects of Punishment in a Distribution Network [J].Journal of Marketing Research, 50 (5): 627 - 643.

[82] Wang C, Siu N and Barnes B. 2008. The Significance of Trust and Renqing in the Long-Term Orientation of Chinese Business-to-Business Relationships [J].Industrial Marketing Management, 37: 819 - 824.

[83] Wathne K H and Heide J B. 2000. Opportunism in Interfirm Relationships: Forms, Outcomes, and Solutions [J].Journal of Marketing, 64 (4): 36 - 51.

[84] Weitz B A and Jap S D. 1995. Relationship Marketing and Distribution Channels [J]. Journal of the academy of Marketing Science, 23 (4): 305 - 320.

[85] Williamson O E. 1985. Economic Institutions of Capitalism: Firms, Markets, Relational Contracting [M].New York: The Free Press.

[86] Williamson O E and Ouchi W G. 1981. The Markets and Hierarchies and Visible Hand Perspectives [A].In A H Van de Ven, W E Joyce (eds.).Perspectives on Organization Design and Behavior [M].Wiley, New York: 347 - 370.

[87] Wuyts S. 2007. Extra-Role Behavior in Buyer-Supplier Relaltionships [J].International Journal of Research in Marketing, 24: 301 - 311.

[88] Wuyts S and Geyskens I. 2005. The Formation of Buyer-Supplier Relationships: Detailed Contract Drafting and Close Partner Selection [J].Journal of Marketing, 69 (4): 103 - 117.

[89] Yang Z, Su C and Fam K. 2012. Dealing with Institutional Distances in International Marketing Channels: Governance Strategies that Engender Legitimacy and Efficiency [J].Journal of Marketing, 76 (May): 41 - 55.

[90] Yang Z and Su C. 2013. Understanding Asian Business Strategy: Modeling Institution-Based Legitimacy-Embedded Efficiency [J].Journal of Business Research, 66 (12): 2369 - 2374.

[91] Yang Z and Su C. 2014. Institutional Theory in Business Marketing: A Conceptual Framework and Future Directions [J].Industrial Marketing Management, 43 (5): 721 -

725.

[92] Yang Z, Zhou C and Jiang L. 2011. When Do Formal Control and Trust Matter? A Context-Based Analysis of the Effects on Marketing Channel Relationships in China [J].Industrial Marketing Management, 40 (1): 86 - 96.

[93] Zaheer A, McEvily B and Perrone V. 1998. Does Trust Matter? Exploring the Effects of Interorganizational and Interpersonal Trust on Performance [J].Organization science, 9 (2): 141 - 159.

[94] Zeng F, Chen Y, Dong M C and Zheng J. 2015. Understanding Distributor Opportunism in a Horizontal Network [J].Industrial Marketing Management, 46: 171 - 182.

[95] Zhang C, Cavusgil S T and Roath A S. 2003. Manufacturer Governance of Foreign Distributor Relationships: Do Relational Norms Enhance Competitiveness in the Export Market? [J].Journal of International Business Studies, 34 (6): 550 - 566.

[96] Zhang Q and Zhou K Z. 2013. Governing Interfirm Knowledge Transfer in the Chinese Market: The Interplay of Formal and Informal Mechanisms [J].Industrial Marketing Management, 42 (5): 783 - 791.

[97] Zhang Y, Zhong W, Wen N and Jiang D. 2014. Asset Specificity and Complementary and MNE Ownership Strategies: The Role of Institutional Distances [J].Industrial Marketing Management, 43 (5): 777 - 785.

[98] Zhou K Z, Poppo L and Yang Z. 2008. Relational Ties or Customized Contracts? An Examination of Alternative Governance Choices in China [J].Journal of International Business Studies, 39 (3): 526 - 534.

[99] Zhou K Z and Poppo L. 2010. Exchange Hazards, Relational Reliability, and Contracts in China: The Contingent Role of Legal Enforceability [J].Journal of International Business Studies, 41 (5): 861 - 881.

[100] Zhou K Z and Xu D. 2012. How Foreign Firms Curtail Local Supplier Opportunism in China: Detailed Contracts, Centralized Control, and Relational Governance [J]. Journal of International Business Studies, 43: 677 - 692.

[101] Zhou Y, Zhang X, Zhuang G and Zhou N. 2015. Relational Norms and Collaborative Activities: Roles in Reducing Opportunism in Marketing Channels [J].Industrial Marketing Management, 46: 147 - 159.

[102] Zhuang G, Xi Y and Tsang A S. 2010. Power, Conflict, and Cooperation: The Impact of Guanxi in Chinese Marketing Channels [J].Industrial Marketing Management, 39 (1): 137 - 149

中国批发业改革回顾与研究进展*

王晓东　谢莉娟

摘　要　在中国流通业的改革进程中，随着市场环境和渠道关系的变化，传统批发组织经历了最严峻的生存挑战。本文以中国流通业的实践变迁为参照，回顾了改革开放以来的批发研究脉络，并在梳理国外研究文献的基础上，进一步归纳了批发商的生存机理与职能演化。综观国内外研究来看，尽管批发功能在商品流通中的任何演进阶段都是存在的，但独立批发商的渠道胜出和存续发展则取决于物竞天择的效率筛选与淘汰，在维系最为核心的商品经营职能的基础上，现代批发组织还应不断适应环境变化而嵌入若干中间化的服务职能。

关键词　流通改革；批发业；批发职能；批发组织

无论商品流通形式演进至何种高级化的阶段，批发流通功能都是始终存在的，只是由于实际执行成本不同而出现相应功能在不同主体间的

---

* 王晓东，中国人民大学商学院教授，博士生导师，主要研究方向：商品流通理论、市场与流通体制改革；谢莉娟，中国人民大学商学院副教授，博士生导师，主要研究方向：商品流通理论、市场与流通体制、商业与供应链。

分散或转移。需要看到，批发流通环节与独立批发组织的存在机理并不相同，批发流通环节的存在与独立批发组织的分化实则分属不同的问题，却往往是并行交互而发生作用的。理论上，批发商能够以更高的效率专门地执行批发职能，其分化并独立出来作为一种专门经营商品批发业务的商业组织既是必要的也是可行的；实践中，则应当理性看待批发组织的渠道地位和生存演化，不同批发主体能否在渠道竞争中胜出并获得存续发展，事实上同样遵循着“物竞天择”的适者生存定律。

鉴于中国批发业在流通体制改革时期所经历的特殊背景以及国内外流通系统环境的显著差异，围绕批发流通问题的国内外研究呈现出较为明显的“分割性”特征。在中国，尽管国有企业独占全部批发环节的绝对垄断地位已是一种历史记忆，但目前关于批发流通问题的研究仍然较多地着眼于体制和改革层面展开；相比而言，国外研究则更多地从竞争效率、职能变迁等角度揭示批发组织的生存机理和演化规律。本文将首先对中国批发业改革与传统批发职能进行简要回顾，在此基础上，将分别梳理国内外批发理论研究。

一　批发业改革回顾与传统批发职能审视

在近 40 年的中国流通市场化改革中，伴随着传统批发体系萎缩和专业批发职能分散化的问题，尽管这期间重建批发体系和重塑批发职能的呼声不断涌现，但由于新的批发体系定位上的诸多困惑和实践中的很多难题难以解决，很多改革方案要么未能采纳、要么收效甚微，新型批发体系的构建在实践中一度呈现“打乱仗”的局面。所以批发业实际上需要在新时期“二次创业”，这也成为中国流通业改革中有待持续推进的问题。

（一）批发业改革与渠道关系变化

传统体制下的买方市场格局使商品供求关系长期处于紧张状态，为了克服短缺，计划经济下的国有批发其实更多地在行使着一种分配职能，政企不分的体制使各级批发商带有很强的行政色彩，批发商按照预先制定的计划实施产品调拨，并依靠环节差价来维系它在渠道中的利益，且据此在一定程度上占据了渠道的主导地位。而流通体制的改革使批发商那种靠吃“环节饭”的情景不复存在了。随着工厂向厂商的转变，生产商拥有了越来越多的自主权，它们拥有较强的议价能力，如果把商品卖给零售商甚至消费者，跟卖给批发商一样方便，它们就会自然地绕过批发商。可见，一旦这些批发企业被推向市场，以真正市场意义上的购销调存为竞争手段，它们就难以在多渠道流通的体制环境下生存了。

从国外发达国家的流通实践看，大型制造商以市场营销为手段介入流通，形成前向一体化的厂商主导型渠道，应该说是一种趋势。不过就中国目前的企业组织化程度来讲，如果企业无论强弱、不分规模，都自建销售渠道，将带来渠道资源的浪费。最近十多年来，“零供冲突”现象暴露了由批发商缺位所导致的流通过程高成本、低效率问题，制造商的“一卖到底”实则与缺乏有竞争力的批发中介有很大关系，很大程度上是被迫做渠道。因此，目前国内的厂商主导模式仅就有一定规模的制造商而言，或许是一种渠道优选，但此种模式不具备普遍的推广意义，未来一段时间内也不会成为流通的主渠道模式。

从当前的渠道关系变化来看，成为渠道主导者的是流通商中的零售商，而不是批发商。之所以如此，首先是因为在流通改革中批发商没有成长起来。原国有批发在渠道关系转变过程中，受渠道“扁平化”理念的驱使，丧失了批发体系的组织化特征，由改革前“全国一盘棋”的僵硬模式转变为改革后“全国一盘沙”的松散局面，实则走向了另外一个极端。不仅国有批发在不断衰弱，非国有批发在新时期也未能成长起来，而大大小小的工业品批发市场毕竟代表不了现代批发业的未来走向，批发市场向现代批发商的转型升级也同样存在很大的制度性约束。

与批发业的衰弱之势相反，零售业发展却一直处于上升趋势，连锁经营加快了零售业的扩张速度，单店复制式的扩张模式为零售业的快速发展提供了有效途径。但零售市场发展繁荣的背后也隐藏着潜在的危机和隐患。“引厂进店”、“出租柜台”、“保底扣点”等形式使零售商不断脱离主营业务，零售环节“市”、“场”分离现象越发明显。而这种零售商不做买卖却偏重租店的现象，又与制造商争先向渠道末端延伸的态势密切相关，这就导致零售业的“市”“场”分离难以通过市场力量自然破解，而上述现象若不被化解，不仅制造商对渠道的无序抢占会加剧“零”、“供”两端愈发不对等的势力，也会进一步促使渠道冲突及竞争扭曲等破坏流通秩序的矛盾长期化。

总的来讲，随着“经济成分多元、流通渠道多种、经营方式多样、流通环节减少”的流通格局基本形成并不断巩固，工业品流通主体更是日趋多元，新型流通业态不断涌现，来自生产商、零售商以及外资批发的多重挤压进一步加大了国内大型批发商崛起的难度，从而新型批发体系在理论上越发缺乏统一的框架，在实践中也迟迟未能有效地建立起来。

（二）传统批发商优势职能的重新审视

什么是批发商业？批发商是干什么的？它怎样产生？为什么能够存在和发展？这样一些问题在理论上是基本清楚的，这些成熟的基本理论永远不会过时。但为何批发商的现实表现与其功能、作用的理论表述存在较大的距离？或者说，在批发商缺位的情况下，它们的这些职能被哪些机构或组织替代了？由此，我们需要对传统批发的职能进行重新审视。

1. 技术因素：网络发展对减少交易费用职能的影响

批发商作为中间商，能够将 10 × 10 = 100 次交易转变为 10 + 10 = 20 次交易，这是我们过去叙述其减少交易费用职能时通常使用的例子。但在考虑了现代交易技术如互联网、移动通信、传真、电子支付等先进手段对交易成本的影响条件下，则不难断定，现在的 100 次交易所需费用比过去 20 次交易所需的费用可能还要低。如果再考虑了引入中间商这个制度变量，那么还可以将100次交易再次简化为20次交易从而进一步节约交易费用，这是制度安排所带来的帕累托改进。但这种制度变革也是需要成本的，如果制度变革成本过高，单个生产商或零售商可能不愿分担由制度变化所带来的变革成本，从而缺乏主动变革渠道结构的意愿和动力，这也在一定程度上影响了批发环节的地位。

2. 市场因素：降低存货要求对缓解供求波动的依赖减弱

传统意义上的批发企业曾被我们称为流通的“蓄水池”。商品在批发环节上的正常停滞，恰恰是商品面向消费而运动的一种形态，但这种“蓄水池”或“缓冲器”职能的发挥是有一定条件的。首先，生产商无法有效获得，也没有意愿获得需求方的信息，而只是根据自身产能生产商品；其次，市场最终会出清，即供给创造需求，源源不断生产出来的商品最终总是能销售给消费者，只是存在因季节等因素而可能导致的价格波动。但从买方市场的形成特点看，这两个前提在当前的社会经济中并不能完全成立。供过于求的市场态势使得生产商如果不关注市场变化，很有可能出现产品滞销的问题，这不是通过批发商中间的缓冲作用，经过一段时间之后能够销售出去的，而有可能是始终无法销售出去，流通的“蓄水池”作用也就无从谈起。为了达到减少存货要求从而降低滞销风险，多数生产商都选择了渠道扁平化，选择通过零售商销售，甚至采取直销手段。所以，渠道关系的改变在一定程度上削弱了传统批发业缓冲供求波动职能的重要性与必要性。

3. 分工因素：第三方物流对传统批发商集散、中转职能的替代

传统批发业具有集散、中转商品的职能。大型批发商拥有较大规模的仓库、车队，能够发挥规模经济的效应，承担货物的仓储、配送任务。但第三方物流的形成和发展，开启了对传统批发商储存、运输职能的替代过程。作为专业物流公司，它可以将产品集中后，统一将其直接从生产厂家运送到客户手中，未来的产品配送可能是将产品从制造商经由物流配送中心，直接送达产品最终用户。第三方物流的存在使批发商原有

的商品储运功能被淡化了。所以从目前的流通分工来看，批发和零售的界限愈益模糊，商流和物流的界限愈益清晰，这种分工趋势正在日趋明朗。

二　以中国流通改革为脉络的批发研究回顾

从计划经济时的工业品调拨分配模式到市场经济条件下的全面开放式流通体系，中国工业品批发体系经历了从高度集中走向全面分散的过程，这个过程本身是独具中国特色的。聚焦于这一变迁脉络，国内有关批发流通的若干理论问题都是着眼于批发体制改革的具体进程而提出的，并且随着中国经济体制转轨、流通市场化改革以及各种流通实际问题的呈现而不断推进。国内研究可以根据流通改革所处的阶段、不同阶段的实践问题以及理论研究重点不同而划分为两个时期。

第一个时期是在市场化改革起步阶段（1979～1984 年）、展开阶段（1984～1992 年）和初步建立社会主义市场经济体制阶段（1992～2002 年），集中于流通体制改革范畴出现了一批专门针对批发体制改革，尤其是工业品批发体系的理论探讨。

在此期间，国内商业先是以“三多一少”为起点，开始了向市场化方向的迈进，理论界也开始针对计划经济体制下“一、二、三、零”的分配型商品流通体系的弊端以及“三多一少”的商业体制改革目标，提出了与工业品批发体制和体系有关的若干改革构想，政策性观点主要集中于提出新型工业品批发体制改革的总体方向、目标模式（赵宁禄，1983；郎宝书等，1986），以及针对工业品批发领域的具体问题提出解决思路和总体看法等（郑青、周殿坤，1984）。在提出改革策略之前，如何看待原有的批发体系是一个十分重要的问题。尽管批发环节在“三多一少”的流通改革中不断被“精简”，但改革之初很多学者都曾指出“少环节”的改革思想并不是要完全地剥离批发环节。关于讨论较多的一、二、三级批发环节问题，祁廷镛（1983）认为批发机构的存在并非流转环节增加的根本原因，以中国之大，批发环节在商业发展的任何阶段都难以完全消灭；“少流通环节”并非等同于“少批发环节”，而是应减少重叠的城市批发机构等小流转环节。针对当时在批发体系中占有重要地位的二级批发站问题，左宪堂等（1985）提出重点并非在于撤销或者不撤销批发站，而是如何按经济区划进行合理的设置；张国藩等（1983）指出流通环节减少并不意味着流通费用一定降低，问题的核心在于普遍撤销不恰当的行政干预而非撤销二级批发站。

后来在市场化改革展开阶段，国有商业公司的改革问题提上日程并逐步成为流通市场化改革的中心环节，理论界关于批发流通问题的探讨也开始由批发体制渗透到批发企业层面。尽管在市场化改革起步阶段，我国工业品批发体系已按照“三多一少”的流通体制改革思路取得了重大进展，比如多渠道竞争环境初步形成、“三固定”的批发形式和一、二、三级批发企业的行政隶属关系基本打破等，但在20世纪80年代末和90年代初期的实践中，这种改革未能深入开展下去，特别是国营批发企业的改革步伐未能应对大量涌现的私营和个体商业，大型国有批发企业在实践中陷入发展困境。从这种实践问题出发，理论界开始大量出现围绕国营工业品批发企业的探讨。

面对当时大型国营商业公司的节节败退和不断萎缩，不少学者提出了搞活国有国营批发企业的具体思路。张世尧（1991）认为，由单一渠道向多渠道的转变与国营大中型批发的骨干力量并不矛盾，国营批发商业整体优势的削弱是在批发体制改革中出现的主要问题，这种由批发职能分散所造成的批发秩序混乱不仅影响市场的宏观调控，而且影响商品的合理流通；提高国营批发商业的组织化程度，应鼓励国营批发企业向集团化方向发展。王先龙、陈兆希（1991）提出，在多渠道流通格局已基本形成的情况下，国营批发企业的主渠道和蓄水池作用不是消失了而是有了新的含义，构建城市工业品批发辐射网络、提高批发商业组织化程度、建设工业品批发市场等，都是有利于搞活国营批发企业的可行方向。

除了上述专门针对国营批发企业的研究之外，另有一些学者从重振工业品批发体系微观基础的角度探讨了国营批发企业的改革问题，并将其视为批发体制改革和完善的关键环节。苏广文（1990）认为，工业品批发体制的新型格局既应以国营批发商业为主导，也应是多渠道并存、少环节、开放式的，并进一步提出发展新型国营批发企业、完善国有商业批发体系的具体思路。万典武（1991）在对日用工业品批发体制问题的探讨中，结合工业自销问题和批发商多元化发展问题，提出了国营批发企业的改革思路。张采庆（1992）则从完善管理职权、理顺流通网络和调整企业机制等角度提出改革国营批发企业的思路，并将其融入工业品批发体制改革的总体目标构想之中。

需要指出的是，在1992年我国正式提出建立社会主义市场经济体制的目标之后，多数学者已将研究视角从搞活国营批发企业转向培育新型批发主体，并将其视为重塑工业品批发体系的关键性环节。黄江明（1995）提出，打破传统国营批发商独占批发环节的垄断格局，并非意味着专职批发商就失去了存在的必要，建立与市场经济体制相适应的规范合理的工业品批发体系，关键是要按照市场经济规则重塑新的批发主体，放手发展多种所有制形式的专职批发、厂商批发、经销代理等，鼓励多种批发主体的自然成长。立足传统国营批发企业可能进一步萎缩的趋势，张采庆等（1995）指出个体、私营、外资批发商将成为我国批发业新的增长点，同时也代表了新型批发体系的发展趋势。

除上述多元批发主体的塑造以外，改革工业品批发市场（马龙龙等，2001）也是当时理论界的一种呼声。但是，在倡导发展多种所有制批发形式的同时，多数学者也并未否认国营批发企业的渠道地位。比如，王宏志、郭昌承（1994）认为国有批发商应继续成为工业品流通的主要中介，只要能够恰当地转换经营机制，原先的国营批发企业也能成为适应社会主义市场经济的新型批发主体，仍然可以在组织工业品流通中大有作为。马龙龙（1998）认为从改革的大方向看，在多元化的所有制结构中依然要发挥国有批发商的主导作用，而在投资形式上应重视股份制批发组织建设。除了引进股份制以外，也有学者（胡平，1993）提出国有批发企业的机制转换还可以包括内部承包商等办法。另有一些学者试图从宏观与微观的结合上探讨国有批发企业与新型批发体系的共同演进。比如李金轩（1996）提出了健全批发商品流通网络的思路；而邓本川（1996）提出，健全工业品流通网络的重要一环是对批发市场实行股份制改造，使其发展成为以国有股份为主的、可调控的商品流通枢纽。

总结起来，如果说在我国市场化改革的起步和展开阶段，理论界关于批发体制改革以及工业品批发体系的相关研究多是按市场化导向展开的，则在我国进入初步建立社会主义市场经济体制阶段之后，国内关于批发流通问题的系列探讨均更加明确了社会主义市场经济的方向和框架，即开始着重思考如何构建适应社会主义市场经济体制的批发体系。比如，与之前的市场化改革起步和展开阶段相比，这个时期关于国有工业品批发企业的若干探讨都已开始深入产权层面，而针对多元批发企业和工业品批发市场的相关研究，也已经不是单纯地为陷入困境的批发组织寻求市场出路，而是更多地强调为新型批发体系构建合理有序的微观基础。

第二个时期始于2002年，我国社会主义市场经济体制由初步建立转入逐步完善阶段，批发商品流通的实践背景也随之发生了较大的变化。随着这一时期流通市场化改革的不断深化，“经济成分多元、流通渠道多种、经营方式多样、流通环节减少”的市场流通格局基本形成并不断巩固，流通主体日趋多元，新型流通业态不断涌现，纵向流通渠道的缩短与横向流通网络的扩张使专职批发功能不断被分散。在这种实践背景下，原先聚焦于批发体制改革与批发体系重构的研究也不断随各种流通问题的出现而分散化。

这个时期理论界逐步淡化了工业品批发体系的统一提法和整体研究，对批发流通问题和各种流通矛盾的发现，也多散见于商品流通的一般性研究之中。相关问题如商品流通渠道的整合与优化（王晓东，2003）、利益关系协调与市场秩序治理（纪宝成等，2004）、流通组织的大型化发展（刘宁，2004）、商品交易市场的网络化与品牌化发展（洪涛，2008）、城市批发流通的网络结构（夏春玉，2006）、商品流通的统一市场问题（王晓东，2005）、流通产业结构调整（马龙龙，2006）等，多是针对商品流通的一般范畴提出的，也在特定领域内反映了很多与批发流通相关的共性问题。

另有一些研究出于对流通现实问题或实践矛盾的跟踪，从专业批发职能日趋分散以及批发体系不断萎缩的实践问题出发，提出关于批发业改革的呼声，并结合国内的基本实践问题与国外的批发业改革经验提出了若干创新思路。多数学者肯定了批发商业在推动国民经济增长和维持商品高效流通中的作用，比如强调“现代批发业关系商品流通乃至国民经济的控制力问题”（武永春，2003）、“批发环节不会消亡而是呈现淘汰、整合与创新的融合”（刘星原，2004）、“批发商业大有可为”（周利国等，2005）、“批发商业是商品流通的起点”（黄国雄，2015）等思想，并认为应通过改革实现批发功能再造。就改革对策而言，黄国雄（2003）将批发业的创新方向概括为资本结构多元化、专业批发规模化、交易手段电子化和经营服务综合化，并认为未来的批发市场体系应涵盖专业批发体系、生产批发体系和兼营批发体系。吴华安（2004）将批发业的运作模式总结为包含生产企业直供批发、代理经销批发、配送中心的供货批发、批发市场批发、第三方物流企业批发在内的多样化体系。于奎、文启湘（2005）提出应着重通过改造提升传统批发、推进供应链管理模式、积极探索电子商务批发交易、进一步推荐和完善代理制、开展零售支援、向现代物流中心过渡、发展规模经济来加快批发业的改革与发展。马龙龙（2011）指出提振批发产业的政策规制应更多着眼于“规范”而非“控制”。除提出对策性观点之外，另有研究侧重于通过实证数据（马龙龙，2009）或实践经验（任晓峰，2003；吴小丁，2010）来揭示批发业发展的经验和规律，均为批发业改革与创新问题提供了启示。

除了批发业改革层面的研究日渐增多以外，原先立足体系层面的批发研究也逐步被主体、业态和行为等微观研究所取代，即在研究视角上，这个时期的批发研究愈发分散化于批发企业、批发市场、渠道关系等批发体系中的微观元素，据此探索批发流通的问题和症结所在，并提出对策建议。

首先是关于独立批发企业的职能定位和发展空间问题。尽管生产商与零售商的两头挤压、外资进入的压力（胡斌，2005）以及网络经济下电子商务、现代物流等带来的挑战（黄学锦，2008）都使专职批发企业面临萎缩，但多数学者也同时肯定了批发企业尤其是大型批发企业在组织商品流通中不可替代的渠道作用，并提出了诸如重构批发企业功能（许学武，2010）、鼓励批发企业自由连锁（李晓锦，2004）、建立批发商主导型供应链联盟（韩耀、杨俊涛，2010）、重振流通企业采购职能（张庶平，2009）、构建大批发主体和批发商主导型供应链模式（王晓东，2011；谢莉娟，2015）等具体思路。

其次是针对批发市场的发展定位困惑，不少学者提出了持续发展或适时转型的策略。比如，王先庆等（2009）将现代商贸物流、电子商务、会展经济、市场园区化归为专业批发市场升级转型的四个基本方向；向笑天（2007）结合专业市场的现状和趋势，归纳出专业批发市场的十八种新型赢利模式；柳思维、唐红涛（2009）从市场分割、市场周期及市场竞争力三个方面对包括工业品批发市场在内的商品市场问题进行了梳理和总结；刘敏（2008）认为批发市场的演进过程是其市场功能完善的过程，应在信息发布、物流管理、品牌代理和产品展示、现代化经营等方面重点突破；张闯等（2015）以北京新发地批发市场为案例，提出批发市场公益性的实现方式。

除了批发企业和批发市场的研究以外，还有一些研究侧重从交易方式或渠道关系层面提供行为层面的思考。于淑华、齐东（2007）将国内的批发交易方式总结为“传统批发、批发代理、生产自销、批发市场、区域特许代理批发、批发配送、网络批发、自愿连锁批发配送、零售连锁批发配送、采购中心式批发、贴牌生产批发”等15种交易方式；曹静、方名山（2007）以流通渠道中的生产商和批发商为研究对象，基于完美信息的连续策略博弈，建立了双方的纳什均衡模型；李骏阳（2007）对渠道冲突及协调机制的研究，也从行为层面为我们重新衡量批发商的发展空间提供了一些思考；谢莉娟、张昊（2012）认为新型批发体系应促成新主体和新载体对新职能的承担，并创新发展集采批发、委托批发、网络批发和批发市场四种业态形式。

近些年来，针对流通实践中所呈现的批发职能分散化以及新型批发主体缺位问题，国内部分研究开始重新回归于体系层面的研究，着重从反思流通改革的历史经验以及重构中国特色市场流通体系的角度来展开相关探讨。如王晓东（2009）提出，对原有商业公司的不恰当改革是工业品批发体系萎缩的重要内因，而外因则包括生产者自销扩大、零售商横向连锁、外资批发进入、信息网络技术发展等环境冲击，重构工业品批发体系的关键一环是专业批发组织如何发展的问题。宋则（2009）认为，工业品批发业在信息时代不会消失，发展现代工业品批发体系需要实现阶段性转变；王双进、高贵如（2006）、刘晓雪（2006）、祝合良（2009）等也分别提出了工业品批发体系重构的基本思路。王晓东（2011）提出，专业批发职能的分散化使批发领域的主导力量缺乏，因此不仅要对工业品批发职能进行重新塑造，还应该重构与完善工业品批发体系并举。郑准（2012）从技术层面、主体层面、功能层面、制度层面系统地提出了基于构建国家价值链的工业品批发体系重构策略。可见，在批发商品流通的体制和机制持续完善的过程中，符合市场化发展规律的新型批发体系再造已经成为新的理论呼声；从流通改革日益深化的发展趋势以及商品流通的现实需求来看，既需要为上述理论呼声继续寻求实证层面的检验和突破，也需要着重立足批发体系层面提出优化批发流通的整体思路和系统对策。

三 国外研究回顾：批发商生存机理与职能演化

通过对相关文献和著作的梳理可以发现，西方学术界曾经对流通组织的发展史展开了广泛的研究（Chandler，1977；Fullerton，1986；Corey et al.，1989；Dixon，1991；Wilkinson，2001；Gadde & Ford，2008），而独立批发商作为在流通组织的漫长演化中分化和独立出来的经济主体，同样有着悠久的“血统”。对相关文献的挖掘和梳理，有益于探索和归纳批发商的生存机理与职能变迁。

（一）独立批发商的生存机理

早在中世纪末期，专业贸易商的出现就已推动着整个社会的发展，乃至成为世界发展的“发动机”（Heilbroner，1962；Hicks，1969）。在工业革命以前，居于主导地位的中间商类型是集出口商、批发商、进口商、零售商、船舶商、银行和保险等多种角色于一身的“大贸易商”（Chandler，1977）。工业革命后，分工与专业化程度不断深化，银行业和保险业单独分离出来，制造商自建销售部门开始增加，中间商内部也发生着产业服务和产品分销的分化（Corey et al.，1989）；至20世纪90年代末期，物流、信息等服务领域的第三方组织大量出现，中间商发生了专业化的巨变。在多元化的专业服务型中间商不断分化和涌现的过程中，以“先买后卖”的商品经营业务为核心的传统批发商面临着与日俱增的生存挑战。然而，即便如此，作为已经存在数千年的流通组织，批发商迄今为止却始终扮演着重要的市场角色，在当今全球化的经济背景下也依然如此（Stern & Sturdivant，1987；Rosenbloom & Andras，2008）。事实上，独立批发商在其漫长演化中从未脱离“达尔文主义的范式”（Gadde，2012）。Rosenbloom等人（Rosenbloom & Warshaw，1989；Rosenbloom，2002；Rosenbloom，2007；Rosenbloom & Andras，2008）的研究表明，物竞天择的生物进化论在解释批发商存续能力时具有很强的适用性。

具体而言，独立批发商的存在机理首先在于商品经营和渠道服务方面的效率维系。尽管制造商的规模扩张和直接渠道模式的建立极大地威胁到以“购销运存”为主业的传统批发商，电子商务的蓬勃发展和互联网时代的到来也持续加速着流通渠道的“去中间化”变革，从而使批发商将逐步走向消亡的观点反复得到强调（Pitt et al.，1999；Mudambi & Aggarwal，2003），但这些挑战同时也是对批发商渠道效率优胜劣汰的过程。事实表明，高竞争力的批发商可以在分销渠道中不断通过自我重构与重组获得更高的商品经营效率，从而推动渠道结构实现“再中间化”变革（Carr，1999）。对此，Rosenbloom（2007）通过归纳分析和总结指出，“去中间化”和“再中间化”实际上是两个同质的概念，特定类型的中间商能否在渠道中存续发展与其提供的渠道服务能否有效满足生产者、消费者或者其他渠道成员的需要密切相关（Rosenbloom & Warshaw，1989）；对于那些不能比其他渠道成员或渠道外部竞争者提供更优质和低成本服务的批发商而言，原本就应该在渠道竞争中被淘汰。至于部分批发商缘何能够在渠道竞争中持续获得更高效率并不断自我完善，Rosenbloom（2007）将其归为规模经济、范围经济和专业化优势。一方面，由于规模经济和范围经济的存在，批发商可以通过汇集订单分摊提供流通服务的高额固定成本，在集中存储和配送服务等方面仍然比很多制造商和零售商具有与生俱来的固有经济优势；另一方面，从专业化的角度来看，由于长期紧密地聚焦于高水平的渠道中间服务，批发商相比其他渠道成员更有潜力提供创新性和革命性变化的分销服务，为上下游渠道成员提供各自所需的不同种类的服务（Hlavacek & McCuistion，1983；Rosenbloom，2004）。

除了渠道服务效率的维系和传承以外，独立批发商的存在机理通常还在于其对远距离交易市场的开拓与维护能力。与大部分情况下具备有限商圈和本地服务倾向的零售贸易相比，批发流通通常意味着在更为广域的地理边界内展开区域间贸易。而随着互联网等技术因素对于交易双方空间隔离的消除，批发商对于远距离交易市场的开拓更多地聚焦于具有众多复杂因素的跨国贸易中，近期研究开始倾向于为国际贸易中的批发商角色提供进一步的实证支持，指出批发商在拓展陌生市场、降低跨国贸易风险等方面都具有独特优势。Akerman（2010）发展了一个纳入企业异质性的国际贸易模型，论证了批发商为什么会持续活跃在国际贸易领域：制造业外贸公司如若在国外市场自建销售网络，则需要负担高额的固定成本，而批发商可以凭借规模优势协助这些原本不会独立出口的企业进入国外市场，从而增加企业总出口量；并且固定成本越高，批发商这一角色就愈加重要，因为它可以将固定成本分摊在多种产品中，同时也会促使每个批发商进一步扩大自身规模。此外，Ahn et al.（2013）指出企业会根据自己的生产力内生地选择直接出口或间接出口模式，并且，在相对较难进入的市场中，中间商将发挥更加重要的角色；Bernard et al.（2015）的研究指出通过中间商的出口贸易活动对汇率变动的敏感度比较低。这些都解释了批发商在国际贸易领域长期存在和活跃的原因。

（二）环境变化中的批发职能变迁

由于中间商所处的外在环境时常发生变化，因市场环境的改变而做出适应性的调整并进行新角色的定位一直是中间商面临的问题。由于原有商业模式的惯性及其抵抗力会倾向于阻碍企业职能和角色的适时转变，这些调整需要克服很多的困难。随着技术进步的日新月异和商业环境的彻底改变，传统批发商为了不断提高经营业绩，需要不断修正自身的问题，在经营管理中不断施加技术性改进。Fanga & Weng（2011）以中国烟草批发行业为实证样本，将市场需求、人口、消费率和人均每日烟草消费量作为市场需求预测的关键模型，提出一套致力于提高预测精度和改善供应链管理效率的市场预测系统。Krittanathip et al.（2013）以泰国批发企业为调查对象，指出缺乏专业化管理和科学的库存决策是仓储成本居高不下的原因，而利用经济订货量模型计算最佳存货量可以有效降低库存数量和成本。

随着上下游企业对于供应链策略的关注度不断提高，学术研究领域也出现了一些从供应链视角探讨中间商职能的文献。比如，Kenning et al.（2011）提出，批发商的品牌信用保障职能是其协调供应链关系的重点所在，在关系营销成本不断增加和能够产生信任交易环境的背景下，较高的批发商品牌认知度更加有助于降低上下游关系的不确定性；Belavina & Girotra（2012）强调中间商可以根据买方需求的变化，做出快速调整供给量的反应，这种优势能够显著降低整体交易成本并提高供应链盈余。Arya et al.（2015）以单一产品、单一制造商和零售商构建基础模型，通过模型推导对比分析了供应链协调取向存在与不存在两种情形下制造商和零售商的决策机制：在一个包含生产商和零售商的自利决策模型中，由于各参与方均按自身利益行事，激励不相容会导致投资和生产效率低下；然而当拓展基础模型和引入批发商角色时，则会达到成本最小化的最优目标，并实现供应链整体价值最大化的最优产量。并且，利用中间商来充分协调供应链的方法是稳健的，因为它适用于文献中讨论的多种情况，包括多边投资决策、多元产品供应以及由中间商进行的物流投资等。

值得注意的是，以资源聚合和关系协调为主要优势的“供应链中介”实际上区别于以商品的“转售购买”为专门业务的传统批发商角色。随着传统批发商面临的渠道压力不断上升，这种新型供应链中间组织的兴起和发展越发引人注目；但一旦商业活动主体由商品经营完全地转向服务运营，便超出了典型批发商的概念范畴，代表着它彻底转向服务型的供应链中介。从这个意义上讲，在对供应链中介及其协调职能的探讨中，供应链职能的引入并非意味着批发商需要通过脱离典型的商品批发业务而彻底地转向服务提供商这种极端方式来寻求生存和发展，启示性的内容更多在于，批发商如何将这种关系协调和一系列供应链服务叠加到商品经营这一核心生存依据之中。

除了供应链视角的职能演绎以外，也有学者从产业网络视角探讨中间商潜在的多种角色。Olsson et al.（2013）以一家手机产业的中间商为研究案例，指出作为一家传统中间商，要想适应商业合作伙伴各式各样的分销需求，就应不断促使传统角色向多功能和多角色的转变。该文将产业网络模型中的三大要素（活动、资源、参与者）应用到有关中间商角色转变的探讨中，从而相比以往局限于"参与者"视角来进行角色分析的框架，为批发商的角色选择问题提供了更加丰富的研究素材和启示。根据 Olsson et al.（2013）的研究，结合专业化分工、企业间资源共享与渠道成员关系的动态变化，未来的中间商模式可以归纳为六种：（1）以"买进卖出"为基础并融入了货品整理功能的品类供应商；（2）为直销厂商提供物流服务但不经手商品所有权的物流提供商；（3）充当下游大型企业采购代理商的采购协调者；（4）为没有实体商店和物理设施的纯电子商务零售商提供存货和物流支持的终端消费界面商；（5）为上游供应商进入新市场提供渠道资源的市场组织者；（6）为下游零售企业解决产品特殊问题的产品开发商。在这六种角色中，基于任何一种职能都可能形成一个专业化的企业，批发商应当在其动态演化中合理地选择和吸收这些职能。其中，"品类供应商"是传统中间商固有的角色。在此基础上，从"活动"层面看，物流服务和采购协调等方面的职能延伸反映了产业活动的专业化对于中间商角色的新定位；而在"资源"层面，作为"市场组织者"和"产品开发商"的职能角色事实上反映出"资源供应"对于以外包和专注于核心领域竞争为特征的商业环境的重要性，这种情形下的中间商同时扮演了"问题解决者"的角色。在当前不断变化的动态环境中，传统批发商在遭遇生存挑战的同时也面临着重要的战略机遇，意味着批发商必须具备不断创新的动态演化能力来适应多种职能角色的要求。

四　总结与展望

通过文献梳理与总结可以发现，中国学者对批发流通问题的研究关注与改革开放以来流通体制的市场化变迁密切相关。在传统批发体制彻底瓦解而新型开放式流通体系逐步建立的过程中，随着流通领域不断出现品牌培育、吞吐稳定、采购分销等功能缺失和商品交易市场功能落后、内外销一体化功能不足等问题，以及进一步引致的流通效率较低、流通秩序混乱等深层次问题，我们不得不重新思考批发商品流通以及专业批发职能的定位。虽然在经济转轨时期，国内理论界曾经集中出现了一批针对工业品流通体制改革的专门研究，并且针对当时的国有批发商业改革、新型批发主体塑造和批发体系构建等问题提出了很多富有建设性的意见，但在当前市场流通环境已经发生巨大变革的背景下，很多理论观点和对策方案的应用价值难免受到局限。在最近几年，关于批发商品流通的理论思考与实证研究有所增加，但仍然有待于在数据获取和研究方法上寻求持续改进。与此同时，从国外研究成果的应用价值来看，已形成的理论思想、研究范式和模型化方法等均为我们研究中国问题提供了丰富启示，关于批发商存在机理和职能演化的研究进展也有待于中国视角下的研究补充。

参考文献

[1] 郑青、周殿昆：《工业品批发体制改革的探讨》，《财贸经济》1984 年第 4 期。

[2] 赵宁禄：《以“开放式”为特征，改革工业品批发商业体制》，《财贸经济》1983 年第 10 期。

[3] 郎宝书、张宏任、刘雄：《日用工业品批发流通体制目标模式的战略再构思》，《经济与管理研究》1986 年第 3 期。

[4] 祁廷镛：《批发体制改革的突破口》，《商业时代》1983 年第 2 期。

[5] 左宪堂、徐从堂、蒋玉珉：《社会主义商业流通经济学的研究对象》，《安徽财贸学院学报》1985 年第 8 期。

[6] 张国藩、熊敦华：《日常工业品批发商业改革的若干问题》，《财贸经济》1983

年第 12 期。

[7] 张世尧：《张世尧副部长在全国商业厅局长会议上的讲话》，《商业经济研究》1991 年第 4 期。

[8] 王先龙、陈兆希：《搞活国营日用工业品批发企业》，《商业经济与管理》1991 年第 6 期。

[9] 苏广文：《兴利除弊，深化工业品批发商业体制改革》，《北京商学院学报》1990 年第 4 期。

[10] 万典武：《日用工业品批发体制问题探讨》，《江苏商论》1991 年第 6 期。

[11] 张采庆：《对国营日用工业品批发体制改革的思考》，《商业经济研究》1992 年第 3 期。

[12] 黄江明：《论我国新型批发体系的目标设计》，《中国人民大学学报》1995 年第 4 期。

[13] 张采庆、傅教智、李殿平：《我国工业品批发体系的发展趋势、目标与对策》，《财贸经济》1995 年第 2 期。

[14] 马龙龙、孟祥升：《论我国工业品批发市场的发展》，《中国流通经济》2001 年第 5 期。

[15] 马龙龙：《流通产业结构》，清华大学出版社，2006。

[16] 王宏志、郭昌承：《重构新型国有工业品批发商业》，《江南论坛》1994 年第 4 期。

[17] 马龙龙：《我国批发贸易发展与改革的若干思考》，《商业经济研究》1998 年第 3 期。

[18] 胡平：《按照社会主义市场经济的要求创建有中国特色的工业品批发体系》，《商业经济研究》1993 年第 2 期。

[19] 李金轩：《日用工业品批发体制改革现状与对策浅谈》，《商业经济研究》1996 年第 9 期。

[20] 邓本川：《发挥国有工业品批发商业主导作用》，《商业经济研究》1996 年第 4 期。

[21] 王晓东：《商品流通渠道的整合与优化》，《经济理论与经济管理》2003 年第 7 期。

[22] 纪宝成、刘元春：《市场秩序的构建模式及其治理的基本原则》，《经济学动

态》2004 年第 2 期。

[23] 刘宁：《企业理论与流通组织的大型化发展》，《商业经济与管理》2004 年第 5 期。

[24] 洪涛：《中国商品交易市场走势与发展》，《中国市场》2008 年第 21 期。

[25] 夏春玉：《城市批发流通系统的空间结构与城市的层级关系——以日本为例》，《商业经济与管理》2006 年第 11 期。

[26] 王晓东：《关于当前我国商品流通中若干问题的思考》，《管理世界》2005 年第 4 期。

[27] 武永春：《重塑批发职能，再建中国批发业》，《江苏商论》2003 年第 2 期。

[28] 刘星原：《我国批发与零售环节的地位、作用与演变趋势》，《财贸经济》2004 年第 10 期。

[29] 周利国、彭品志、刘进：《现代批发商业存在与发展的原因、趋势及我国批发商业改革发展的方向》，《山东商业职业技术学院学报》2005 年第 2 期。

[30] 黄国雄：《批发商业：商品流通的起点》，《商业经济研究》2015 年第 4 期。

[31] 黄国雄：《论现代批发商业改革与创新的目标模式》，《财贸经济》2003 年第 9 期。

[32] 吴华安：《析我国批发业在商品分销体系中的定位》，《重庆工商大学学报·西部论坛》2004 年第 2 期。

[33] 于奎、文启湘：《谈批发商业的模式创新》，《商业时代》2005 年第 32 期。

[34] 马龙龙：《论我国批发产业的振兴战略》，《财贸经济》2011 年第 4 期。

[35] 马龙龙：《扩大内需：宏观经济政策着力点——以农村市场为视角》，《价格理论与实践》2009 年第 4 期。

[36] 任晓峰：《发达国家批发商业现状与我国批发业再造》，《财贸研究》2003 年第 4 期。

[37] 吴小丁：《我国城市流通体系模式及政策选择》，《中国流通经济》2010 年第 6 期。

[38] 胡斌：《中国批发业呼唤现代批发商》，《中国商报》2005 年 2 月 18 日。

[39] 黄学锦、冯樱樱：《网络经济对批发商的挑战及批发商职能再造》，《重庆邮电大学学报》（社会科学版）2008 年第 6 期。

[40] 许学武：《重构批发企业功能》，《上海商业》2010 年第 1 期。

[41] 李晓锦：《以批发企业为主导发展自有连锁》，《商业研究》2004 年第 22 期。

[42] 韩耀、杨俊涛：《论批发商主导型农产品供应链联盟》，《北京工商大学学报》（社会科学版）2010 年第 3 期。

[43] 张庶平：《重振流通企业采购功能》，《上海商业》2009 年第 8 期。

[44] 王晓东：《论我国工业品批发体系重构与完善》，《经济理论与经济管理》2011 年第 7 期。

[45] 谢莉娟：《互联网时代的流通组织重构——供应链逆向整合视角》，《中国工业经济》2015 年第 4 期。

[46] 王先庆、黄国雄、宋则、李佐军、涂永式：《新形势下专业市场的创新与变革》，《深圳特区报》2009 年 10 月 29 日。

[47] 向笑天：《专业批发市场的十八种新兴盈利模式》，《中国市场》2007 年第 47 期。

[48] 柳思维、唐红涛：《中国商品市场发展前沿若干问题研究综述》，《中国流通经济》2009 年第 3 期。

[49] 刘敏：《商贸批发市场竞争定位及发展方向》，《中国市场》2008 年第 21 期。

[50] 张闯、夏春玉、刘凤芹：《农产品批发市场公益性实现方式探究——以北京新发地市场为案例》，《农业经济问题》2015 年第 1 期。

[51] 于淑华、齐东：《国内批发交易呈现 15 种模式》，《中国市场》2007 年第 17 期。

[52] 曹静、方名山：《关于流通渠道中生产商与零售商关系的博弈分析》，《商业经济与管理》2007 年第 9 期。

[53] 李骏阳：《通道费与协调工商关系的机制研究》，《财贸经济》2007 年第 1 期。

[54] 谢莉娟、张昊：《当前批发体系的结构变化与创新构想——基于工业品流通数据的解析》，《北京工商大学学报》（社会科学版）2012 年第 1 期。

[55] 王晓东：《关于我国工业品批发体制改革的思考》，《2009 年北京批发论坛论文集》2009 年 12 月 26 日。

[56] 宋则：《工业品批发流通体系研究》，《2009 年北京批发论坛论文集》2009 年 12 月 26 日。

[57] 王双进、高贵如：《构建中国特色工业消费品批发体系》，《江苏商论》2006 年第 11 期。

[58] 刘晓雪：《我国工业消费品批发现状与发展模式探讨》，《烟台大学学报》（哲学社会科学版）2006 年第 3 期。

[59] 祝合良：《进一步发展我国工业品批发业的基本思路》，《中国商贸》2009 年第 16 期。

[60] 王晓东：《论我国工业品批发体系的重构与完善》，《经济理论与经济管理》2011 年第 7 期。

[61] 郑准：《基于构建国家价值链的工业品批发体系重构策略研究》，《北京工商大学学报》（社会科学版）2012 年第 4 期。

[62] Chandler, A., 1977: The visible hand: The managerial revolution in American business, Cambridge, Mass: Belknap Press of Harvard University Press.

[63] Fullerton, R., 1986: Understanding Institutional Innovation and System Evolution in Distribution, International Journal of Research in Marketing, Vol. 3, No. 4.

[64] Corey, R., Cespedes, F., and Rangan, K., 1989: Going to Market: Distribution Systems for Industrial Products, Boston: Harvard Business School Press.

[65] Dixon, D., 1991: Marketing Structure and the Theory of Economic Interdependence: Early Analytical Developments, Journal of Macromarketing, Vol. 11, No. 2.

[66] Wilkinson, I., 2001: A History of Network and Channels Thinking in Marketing in the 20th Century, Australasian Marketing Journal, Vol. 9, No. 2.

[67] Gadde, L. E., and Ford, D., 2008: Distribution Research and the Industrial Network Approach, IMP Journal, Vol. 2, No. 3.

[68] Heilbroner, R., 1962: The making of economic society, Englewood Cliffs: Prentice Hall.

[69] Hicks, J., 1969: A Theory of Economic History, Oxford: Oxford University Press.

[70] Stern, L. W. and Sturdivant, F. D., 1987: Customer-driven Distribution Systems, Harvard Business Review, Vol. 65, No. 4.

[71] Rosenbloom, B., and Andras, T. L., 2008: Wholesalers as Global Marketers, Journal of Marketing Channels, Vol. 15, No. 4.

[72] Gadde, L. E., 2012: La Dynamique des Réseaux de Distribution: Implications pour les Intermédiaires, Revue Management & Avenir, Vol. 51, No. 1.

[73] Rosenbloom, B., and Warshaw, P., 1989: Perceptions of Wholesaler Functional Role

Prescriptions in Marketing Channels, European Journal of Marketing, Vol. 23, No. 2.

[74] Rosenbloom, B., 2002: The Ten Deadly Myths of E-commerce, Business Horizons, Vol. 45, No. 2.

[75] Rosenbloom, B., and Andras, T. L., 2008: Wholesalers as Global Marketers, Journal of Marketing Channels, Vol. 15, No. 4.

[76] Rosenbloom, B., 2007: The Wholesaler's Role in the Marketing Channel: Disintermediation vs. Reintermediatio, The International Review of Retail, Distribution and Consumer Research, 2007, Vol. 17, No. 4

[77] Pitt, L., Berthon, P., and Berthon, J. P., 1999: Changing Channels: the Impact of the Internet on Distribution Strategy, Business Horizons, Vol. 42, No. 2.

[78] Mudambi, S., and Aggarwal, R., 2003: Industrial Distributors. Can they survive in the new economy?, Industrial Marketing Management, Vol. 32, No. 4.

[79] Carr, N. G., 1999: Hypermediation: Commerce as Click Stream, Harvard Business Review, Vol. 77, No. 1.

[80] Rosenbloom, B., and Warshaw, P., 1989: Perceptions of Wholesaler Functional Role Prescriptions in Marketing Channels, European Journal of Marketing, Vol. 23, No. 2.

[81] Hlavacek, J. D., and McCuistion, T. J., 1983: Industrial Distributors—When, Who, and How, Harvard Business Review, Vol. 61, No. 2.

[82] Rosenbloom, B., 2004: Marketing Channels: A Management View, Mason, OH: Thomson South-Western.

[83] Akerman, A., 2010: A Theory on the Role of Wholesalers in International Trade based on Economies of Scope, Stockholm University (Dep. of Economics) Working papers.

[84] Ahn, B., and Lee, H., 2013: Asymmetric Transmission between Factory and Wholesale Prices in Fiberboard Market in Korea, Journal of Forest Economics, Vol. 19, No. 1.

[85] Bernard, A. B., Grazz, M., and Tomasi, C, 2015: Intermediaries in International Trade: Products and Destinations, NBER Working Paper No. 17711 and CEPR Discussion Paper No. 8766.

[86] Fanga, D., and Weng, W., 2011: Sales Forecasting System for Chinese Tobacco

Wholesalers, Procedia Environmental Sciences, Vol. 11, No. 11.

[87] Krittanathip, V., Cha-um, S., Suwandee, S., Rakkarn, S., and Ratanamaneichat, C., 2013: The Reduction of Inventory and Warehouse Costs for Thai Traditional Wholesale Businesses of Consumer Products, Procedia-Social and Behavioral Sciences, Vol. 88, No. 10.

[88] Kenning, P., Grzeskowiak, S., Brock, C., and Ahlert, M., 2011: The Role of Wholesale Brands for Buyer Loyalty: a Transaction Cost Perspective, Journal of Business & Industrial Marketing, Vol. 26, No. 3.

[89] Belavina, E., and Girotra, K., 2012: The Relational Advantages of Intermediation, Management Science, Vol. 58, No. 9.

[90] Arya, A., Lo · ffler, C., Mittendorf, B., and Pfeiffer, T., 2015: The Middleman as a Panacea for Supply Chain Coordination Problems, European Journal of Operational Research, Vol. 240, No. 2.

[91] Olsson, R., Gadde, L. E., and Hultheén, K., 2013: The Changing role of middlemen—Strategic Responses to Distribution Dynamics, Journal of Industrial Marketing Management, Vol. 42, No. 7.

中国供销合作社发展中存在的问题与对策*

唐　敏　李向天

摘　要　2017年中央一号文件明确提出要“积极发展生产、供销、信用‘三位一体’综合合作”，而中国供销合作社是“三位一体”综合合作中不可或缺的关键主体。供销合作社拥有上下贯通、纵横交错的全国性流通网络，是链接农业产业链各环节、推进农业供给侧结构性改革、促进农村经济社会现代化发展的“骨干力量”。自2015年深化综合改革以来，供销合作社积极推进“三位一体”合作组织、加强农产品流通网络建设、构建社企双线运行体系，取得了许多显著成效。四个试点省按照“改造自我、服务农民”的总体要求，因地制宜，探索出各具特色的改革发展之路。但当前供销合作社的改革发展中仍存在组织体制机制需优化、历史遗留问题未化解、合作经济人才短缺等突出问题。为实现供销合作社在“三位一体”综合合作中建设新型农业经营主体，推动农村一、二、三产业融合，成为政府“三农”工作主力军等，本文提出建立高效组织

* 唐敏，安徽财经大学中国合作社研究院副院长、教授，主要研究方向：合作经济、产业经济；李向天，安徽财经大学产业经济学研究生，主要研究方向：产业经济。

管理体系、明确为农服务宗旨、理顺社企关系、推广综合改革经验、完善相关法律制度等对策建议。

关键词 供销合作社；“三位一体”综合合作；“三位一体”综合改革；农产品流通网络；合作经济

中国供销合作社是我国目前为止组织体系最完整，网络覆盖城乡最广，联系农民最密切，影响最大，唯一代表我国各类合作社加入国际合作社联盟（ICA）的合作经济组织。60多年来，供销合作社在推动农村经济发展和社会进步方面都做出了不可磨灭的重要贡献。1995年，中共中央和国务院决定恢复中华全国供销合作总社，全国供销合作社的发展和改革有了统一领导，基层社、社有企业及联合社经营网络改造有序进行，成功实现扭亏为盈，发展活力显著提升。2009年，国务院决定加快供销合作社改革发展，供销合作社的现代流通网络建设、服务功能、组织建设和社有企业经营机制的创新等，均明显加强。2015年，中共中央和国务院决定深化供销合作社综合改革，供销合作事业发展迎来新的重大历史机遇，供销合作社将在发展现代农业、促进农民共同致富和城乡经济协调中发挥其独特优势。因此，系统深入地研究我国供销合作社事业的发展，准确及时地反映和宣传我国供销合作社事业取得的成就，针对存在的难点问题，提出切实可行的对策，具有重要的现实意义。

一 中国供销合作社发展现状分析

（一）现阶段供销合作社改革发展取得了可喜成效

随着我国工业化、信息化和城镇化快速发展，农业现代化水平的提高，农村经济社会发展也进入了新的阶段。其一，农业生产经营方式急需改变，需要发展覆盖全程、综合配套、便捷高效的农业社会化服务；其二，农民生活需求日益增加，需要提供多层次、多样化、便利实惠的生活服务。在现阶段，加强农业生产，提高服务农民水平，迫切需要构建具有中国特色的为农服务综合组织。经过60多年的发展，供销合作社扎根农村、贴近农民，组织体系比较完整，经营网络比较健全，服务功能比较完备，是我国为农服务骨干力量。然而，在新形势下，供销合作社仍存在不少问题，比如，与农民合作关系不够密切，综合服务能力有待增强，层级之间的联系相对松散，组织体制没有完全理顺，必须通过深化综合改革，以激发其内生动力和发展活力，在发展现代农业、促进农民致富、繁荣城乡经济等方面发挥其独特作用，因而深化供销合作社综合改革迫在眉睫。2015年3月23日，中共中央办公厅公布《中共中央 国务院关于深化供销合作社综合改革的决定》（中发〔2015〕11号），文件指出，要紧紧围绕“三农”工作大局，以密切与农民利益联结为核心，以提升为农服务能力为根本，以强化基层社和创新联合社治理机制为重点，按照政事分开、社企分开的方向，因地制宜推进体制改革和机制创新。随即，2015年4月9日，中华全国供销合作总社公布《中华全国供销合作总社关于全面贯彻落实〈中共中央国务院关于深化供销合作社综合改革的决定〉的指导意见》（供销合字〔2015〕22号），指出要完成构建农业社会化服务体系、提升农产品流通服务水平、加快发展供销合作社电子商务等18项综合改革主要任务。

供销合作社的综合改革是一种制度变迁的过程，改革的目标方向、路径选择、策略方法等结合了中国的现实情况，改革过程符合制度变迁的内在规律。依据制度变迁理论，为营造宽松的制度环境，充分发挥个人或集体在供销合作社综合改革中的主观能动性，刺激相关人员参与制度供给的积极性，国家需承担制度主要供给者的职责。国家可以为供销合作社综合改革提供必要的制度支持，如建立健全有关的法制保障，保护供销合作社的产权，以降低制度变迁的交易费用，推动供销合作社综合改革。制度变迁理论还认为，意识形态可以增强当前制度的合法性或巩固某些团体的功能，减少制度实施过程中的成本费用，并有助于解决

“搭便车”问题。因此，国家要高度重视意识形态所发挥的功能，运用意识形态消除改革中遇到的阻力，减少转型产生的成本，如加强舆论宣传和理论研究，为综合改革提供意识形态支撑，营造有利的社会氛围。

改革以来，全体供销合作人员齐心协力，供销合作社取得了许多可喜的成效。

1. 全国供销合作社系统组织结构及人员基本情况

全国供销合作社系统由中华全国供销合作总社、省级供销合作社、地级供销合作社、县级供销合作社、基层供销合作社 5 级组织机构组成。截至 2016 年年末，全系统有县及县以上供销合作社机关 2771 个，其中，省（区、市）供销合作社（以下简称省社）32 个，省辖市（地、盟、州）供销合作社（以下简称省辖市社）335 个，县（区、市、旗）供销合作社（以下简称县社）2404 个。2015 年，全系统有县及县以上供销合作社机关 2773 个，其中，省社 32 个，省辖市社 335 个，县社 2406 个。从数量上看，全国供销系统合作社机关的数量基本稳定。机关人员编制总体也保持稳定。截至 2016 年年底，全系统县及县以上供销合作社机关人员编制 5.2 万个。其中，参照公务员法管理的人员编制 3.8 万个，占总人员编制数的 73.1%。而 2015 年，全系统县及县以上供销合作社机关人员编制 5.4 万个。其中，参照公务员法管理的人员编制 3.8 万个，占总人员编制数的 70.4%。

2016 年，从业人员中 45 岁以下占 69%，年龄结构合理。在实际从业人员中，2016 年 35 岁及以下 68.2 万人，占 31.5%；36 ~ 45 岁 81 万人，占 37.5%；46 ~ 55 岁 53.2 万人，占 24.6%；55 岁以上 13.9 万人，占 6.4%。2015 年，实际从业人员中，35 岁及以下 69.6 万人，占 32.2%；36 ~ 45 岁 80.4 万人，占 37.2%；46 ~ 55 岁 52.4 万人，占 24.2%；55 岁以上 13.7 万人，占 6.4%。全系统实际从业人员的年龄结构在 2016 年较 2015 年，35 岁及以下的减少了 0.7%，36 ~ 45 岁的增加了 0.3%，46 ~ 55 岁的增加了 0.4%；55 岁以上的比例没有增加。36 ~ 55 岁的占到 60%

左右，35 岁及以下的占 30% 左右，55 岁以上的占 6%，全系统实际从业人员的年龄结构相对稳定，而且较为合理。

2016 年从业人员中，具有高中专以上学历的 44.4 万人，占实际从业人员总数的 20.5%，其中，大专学历 32.3 万人，本科学历 11.2 万人，研究生学历 0.9 万人。2015 年，具有高中专以上学历的 41.6 万人，占实际从业人员总数的 19.3%，其中，大专学历 30.5 万人，本科学历 10.3 万人，研究生学历 0.8 万人。总量上看，具有高中专以上学历的人数和所占比例有小幅上升，这种变化与全系统从业人员数量变化有一定关系。大专学历、本科学历和研究生学历的人数及其所占比例都有一定的增加。据统计，除 2010 年之外，高中以上学历的从业人员数量呈现一个上升的趋势，大专以上学历的从业人员数量在 2011 年和 2012 年显著提高，2013 年有小幅度降低，2014、2015 年恢复上升趋势。在全系统从业人员的学历结构中，高层次学历的人员有所增加，人才队伍的受教育程度近三年整体有较大幅度的提高。

2016 年，各级联合社机关 5.2 万人，较 2015 年减少 0.2 万人；企业 131.1 万人，比 2015 年减少 10.2 万人；事业单位 1.4 万人，比 2015 年减少 0.1 万人；基层社 61.6 万人，比 2015 年增加 0.6 万人；社团组织专职人员 17 万人，比 2015 年增加 11.3 万人。从数字来看，企业从业人员减少，事业单位基本不变，基层社的从业人员增加相对较多。这种从业人员分布的变化反映了全系统发展过程中，企业和基层社的人员情况变化较大。从业人员在企业中的人数最多，占总体的 64%，其次主要分布在基层社，事业、社团组织专职人员和联社机关人员较少，只占总体的 7%。四个领域的人员分布，除 2009 年有一个较大幅度的变化外，其他年份各领域的人数和所占比例都基本保持一个稳定的状态。

截至 2016 年年末，全系统共有职工 340 万人，比 2015 年减少了 20.7 万人。其中，实际从业人员 216.3 万人，比 2015 年增加了 0.2 万人；离开本单位仍保留劳动关系的人员 29.7 万人，比 2015 年减少了 9.2

万人；离退休人员 94 万人，比 2015 年减少了 11.7 万人。实际从业人员中，2015 年新增就业人员 11 万人。在 2015 年的实际从业人员中，中共党员 33.1 万人，占 15.3%，与 2014 年相比增加 2.1 万人。离退休人员中，已参加社会统筹养老保险的人员 102.9 万人，占 97.4%。虽然供销合作社系统的职工总人数整体呈现下降的趋势，但总体人数下降的主要原因是离开本单位仍保留劳动关系的人员和离退休人员数量有较大幅度的下降，而从业人员的数量则一直处于一个上升的趋势，这种变化将有利于供销合作社系统的健康发展。

2. 全国供销合作社总体经营情况持续向好

几年来，全国供销系统销售总额持续增长。2016 年，供销合作社系统实现销售总额 4.78 万亿元，同比增长 10.9%，实现利润 407.7 亿元，同比增长 6.8%，资产总额突破 1.38 万亿元，所有者权益达到 3748 亿元。在销售总额中，2016 年农业生产资料类销售额 7986.7 亿元，同比增长 9.8%；消费品类零售额 15435.3 亿元，同比增长 16.6%；再生资源类销售额 2664.6 亿元，同比增长 12.5%。发展商品经济、鼓励多种经营，这符合邓小平“两次飞跃”理论。中国农业“两次飞跃”理论指出：“第一个飞跃，是废除人民公社，实行家庭联产承包为主的责任制，这是一个很大的前进，要长期坚持不变。第二个飞跃，是适应科学种田和生产社会化的需要，发展适度规模经营，发展集体经济。”

商品交易额总量快速增加。2016 年商品交易（批发）市场交易额 8829.1 亿元，同比增长 3.5%。其中，农副产品市场交易额 6949.7 亿元，增长 9.5%；再生资源市场交易额 660.8 亿元，增长 10.2%。2015 年商品交易（批发）市场交易额 8534.8 亿元，同比增长 21.1%。其中，农副产品市场交易额 6345.6 亿元，增长 18.8%；再生资源市场交易额 599.7 亿元，增长 6.7%。两个年份相比，农副产品市场和再生资源市场交易总量均有所增长。2006 年以来，全系统商品交易（批发）市场交易额和农副产品市场交易额都一直处于一个不断上升的趋势，这种发展趋势表明了商品交易（批发）市场在商品交易中的重要作用。

农副产品购进额持续增长。2016 年农副产品购进额 11700.1 亿元，同比增长 25.7%。2015 年农副产品购进额 9307 亿元，同比增长 17.9%。2006～2014 年农副产品购进额的增幅分别为 10.4%、23.2%、16.7%、29.35%、37.21%、45.03%、33.3%、29.2%、17.9%。由此可见，全系统直接收购和帮助农民推销的农副产品在 2011 年达到一个非常高的增长速度，2015、2016 年继续保持增长的态势，但是增幅存在一定程度的回落。全系统直接收购和帮助农民推销的农副产品的金额呈现指数增长的趋势。

2016 年，全国供销系统的其他经营发展继续保持良好态势。居民生活服务业营业额 113 亿元，同比增长 112.1%。物流业营业额 26.1 亿元，下降 20.8%。资产经营额 98.6 亿元，增长 24.3%。房地产开发经营额 140.9 亿元，增长 35.3%。房地产开发经营是供销系统其他经营中份额最大的一部分。2007 年到 2009 年，居民生活服务业营业额处于一个较为平缓的阶段。而 2009 年之后呈现一个非常快速的上升，2012 年居民生活服务业营业额与 2011 年相比有小幅度回落，但仍然处于较高的位置，2013 年至今又恢复上涨趋势。

3. 综合性服务平台的功能和优势日益显现

科技服务类型多样，服务效果显著。截至 2016 年年底，建立科学实验示范田 270 万亩；开展测土配方施肥 3758 万亩；培训农村实用人才 333.9 万人次；发放科技资料 1920.7 万份。2015 年年底，建立科学实验示范田 14.3 万公顷；开展测土配方施肥 177 万公顷；提供技术培训、信息咨询 1403.9 万人次；发放科技资料 1549.3 万份。2016 年在建的科学实验示范田数量大幅度增加，开展测土配方施肥也明显增加，这是由可以建设示范田的数量等客观因素决定的。

村级综合服务站数量上升，为各种服务提供平台。截至 2016 年年底，全系统共建立综合服务社（中心）37.4 万个，比 2015 年增加 1.3

万个，其中，与村委会共建66625个，庄稼医院59595个（增加4937个）。2015年，全系统共建立综合服务社（中心）36.1万个，比2014年增加2.4万个，其中，与村委会共建69525个，庄稼医院54658个（增加2813个）。从中可以看出，全系统为农户提供综合服务的能力不断提升，有利于拓展系统为农户服务的领域。2006～2015年的村级综合服务数量呈现线形增长的趋势。这反映了全系统在基层服务平台建设方面的成绩显著。

商品基地建设成果突出，帮助农民提高经济收入。截至2015年年末，全系统建立商品基地40189个，比2014年增加2992个。其中，种植业29307个，养殖业9906个；联结农户1907.9万户，比2014年减少88.2万户；帮助农民实现收入711.4亿元。2014年，全系统建立商品基地37197个，比上年增加3199个。其中，种植业27141个，养殖业9316个；联结农户1996.1万户，比上年增加54万户；帮助农民实现收入748.8亿元。商品基地、联结农户、帮助农民实现收入方面都表现为指数增长的趋势。这反映了全系统综合服务能力提升非常明显，为农户提供了实实在在的服务，为农民带来了实惠。

4. “新网工程”建设成果显著

“新网工程”，即“新农村现代流通服务网络工程”。农村商品流通网络是城乡市场体系建设的重要组成部分，事关现代农业、新农村建设、扩大内需和农民增收，意义重大。2006年5月，国务院印发了《听取供销总社关于建设农村现代流通服务网络等有关工作汇报的会议纪要》（国阅〔2006〕52号），同意启动农村现代流通服务网络工程，指出供销总社要以农村为市场，以服务为根本，以制度为保障，在改造传统经营网络的基础上，统筹规划农业生产资料现代经营服务网络、农副产品市场购销网络、日用消费品现代经营网络和再生资源回收利用网络建设。自批准设立以来，“新网工程”对我国农村商品流通体系建设、促进农业现代化发展起到重大的推动作用。中发〔2015〕11号文件提出要加强供销合作社农产品流通网络建设，创新流通方式，推进多种形式的产销对接，继续实施新农村现代流通服务网络工程建设，健全农资、农副产品、日用消费品、再生资源回收等网络，加快形成连锁化、规模化、品牌化经营服务新格局，供销合作社“新网工程”建设迎来了历史性的发展机遇。

“新网工程”建设已经成为各地推动社会主义新农村现代流通体系建设的重要平台，是“四化同步”发展的重要抓手；“新网工程”是发展现代农业、便利农民消费的战略举措，是建设社会主义新农村的题中应有之义；“新网工程”建设密切了农产品产销衔接，是推动现代农业发展、促进农民增收的重要途径；“新网工程”建设之所以受到广大农民群众的普遍欢迎，其根本原因是适应了广大农民生产生活的需要，因此，“新网工程”与中国特色农业现代化建设关系密切。

关于“新网工程”建设，需要从以下六个方面着手。①“新网工程”要建设“四网合一”的双向流通网络工程，“新网工程”的目标就是要实现“两下两上”四大功能，即农资、日用消费品下乡，农副产品进城和再生资源回收利用。这四种功能在网络上都表现为搭载和输送物流的运行特性，所不同的只是物流的来源地和目的地不同，只要实现四种物流的输出端口与物流目的地的市场化对接，就能在同一网络实现四大功能。②“新网工程”应自下而上组织建设，“新网工程”的全部价值，最终要靠网络终端所开展的服务来实现，“新网工程”向上延伸的配送中心、信息中心、交易市场等网络组织，都是为了响应终端的发展需求、扩充终端的服务功能、提高终端的经济效益而存在的。③“新网工程”建设应遵循市场经济规律，“新网工程”建设不能走那种单纯依靠政府投资、靠行政体系和行政指令维持网络运转的“计划经济模式”，必须赋予“新网”自身较强的“造血机能”，能够在获得必要的初始推动力之后，依靠自身的力量滚动发展。④要紧密依靠各地各级供销合作社开展“新网工程”建设，如果撇开各地供销合作社单独建网，不仅力量无法达到，更会造成“新网工程”与各地供销合作社形成竞争关系，成为“新网工程”的阻碍力量。⑤“新网工程”需发展四大网络基础上的综合物流，四大网络的信息沟通，物流功能科学配置和机动协调，这对物流企业是相当高的要求，也是一个较高的“物流门槛”，在农村，供销合作社系统不应当企图依赖社会物流完成四大网络的经营任务，供销合作社必须下最大决心担当起发展农村第三方物流的责任，争当农村第三方物流的主导力量。⑥打造“新网工程”建设的网络格局，“新网工程”中的四大网络应在概念上分开来，并由技术网络作支撑，建成全国统一的新农村流通服务网络，以形成四大网络流通主体、两大网络建设类型和全国统一流通体系的“4－2－1”网络建设。

2016年，“新网工程”建设成效显著。在经营情况方面，全系统扎实推进“新网工程”建设，基层社经营网点33.9万个，其中，日用消费品网点16.8万个，农业生产资料网点11.8万个，农副产品收购网点2.5万个，再生资源回收网点1.8万个。在企业建设方面，通过“新网工程”专项资金的扶持，2016年年末，全系统有各级政府和省以上有关部门认定的农业产业化龙头企业2226个。其中，省部级及以上认定的农业产业化龙头企业858个，从事农产品加工的农业产业化龙头企业1052个。在综合服务方面，利用“新网工程”专项资金的示范带动作用，全系统已初步建成了覆盖县、乡、村三级的经营服务网络，供销合作社的整体服务功能显著提升。在四大网络建设方面，2016年，全系统农业生产资料连锁经营企业2354家，配送中心5551个，连锁、配送网点34.4万个，其中，县及县以下网点34万个，初步建立起覆盖县、乡、村的农资现代经营服务网络；全系统农副产品连锁经营企业882家，配送中心1089个，连锁、配送网点5.9万个，其中，县及县以下网点5万个；全系统日用消费品连锁经营企业1531家，配送中心1960个，连锁、配送网点34.1万个，其中，县及县以下网点31.4万个；全系统再生资源连锁经营企业508家，配送中心233个，连锁、配送网点4万个，其中，县及县以下网点3.6万个。

依据网络组织理论，网络价值随着可联结节点数增加而提高。供销合作社经营网点适应我国农村地域广阔、生产分散的特点，具有点多面广的流通网络资源，基本形成覆盖县、乡、村三级的经营服务网络，这有利于信息传播和农产品集散。社内经营网点增多后，将发挥规模经济效应，各网点间经验交流范围增加，能获得更多的经营信息，获取更多的经营收益。

2016年“新网工程”建设围绕全国性流通网络平台和农村电子商务建设展开。“新网工程”网点建设与新形势、新任务的要求相比仍有差距，还存在较多的网络薄弱和空白地区，网络建设进度和建设水平参差不齐，网络发展的不平衡使得网络整体联动难以实现，制约了供销合作社整体发展。为促进网络平衡发展，全国性流通网络平台总体规划正在酝酿之中，供销合作社正积极进行全国统一电子商务网络平台的总体规划，平台突出供、销一体，实现双向流通，建设全国一体、有机融合的现代流通网络，推进城市零售终端建设，逐步把供销合作社网点延伸到城市社区。此外，全国农产品市场发展规划正初步展开，加大了基层供销合作社网络建设配套资金及基础设施建设，农业信息化建设得到加强，流通现代化水平有所提升，网络经营和管理人才得到培训，供销合作社电子商务发展加快。

5. 供销合作社电子商务发展势头迅猛

电子商务是基于信息技术和互联网的现代流通方式，农业供给侧结构性改革要求发挥流通对生产消费的促进作用，目前“互联网+”流通不断深化，供销合作社应把自身的线下优势与电子商务的线上优势融合发展，因此加快供销合作社电子商务发展对推进农村流通现代化意义重大。中发〔2015〕11号文件提出要加快发展供销合作社电子商务，形成网上交易、仓储物流、终端配送一体化经营，实现线上线下融合发展。2015年，中国供销合作社系统实现销售总额4.3万亿元，同比增长14.4%；实现利润381.9亿元，同比增长7.8%。其中，中国供销合作社系统开展电子商务的企业有1536家，发展省级电商平台14个、县级电商平台208个，电子商务交易和在线商品销售总额3960亿元，同比增长292.5%。2016年，供销合作社电子商务交易和在线商品销售总额达到6031亿元，同比增长52.3%，占全系统销售总额的比重超过12%。电子商务已成为供销合作社新的增长动力，在应对经济下行压力、保持平稳运行中发挥了重要作用。

2015年11月5日，全国供销合作社电子商务平台“供销e家”正式上线。“供销e家”是全国供销合作社统一的综合性电商平台，发挥一网多用、双向流通、供销并举、综合经营的独特优势，既把日用消费品、农业生产资料供应下去，又把农副产品、再生资源收购销售上来，实现供给与需求有机对接，着力构建服务“三农”的综合性、可持续的农村电子商务交易服务平台。“供销e家”不直接参与商品的购销，供销合作社系统内电子商务企业和地方性、专业性电商平台直接对接平台，利用平台开展交易，重点围绕农产品、农业生产资料和日用消费品、再生资源回收利用等供销合作社传统经营业务，主要采用B2B大宗和批发交易、B2C零售交易、O2O在线业务等方式进行交易。

“供销e家”有农产品商城、农资商城、日用品商城、批发商城、再生资源在线回收和大宗商品交易等多项业务和功能。“供销e家”的建设，遵循“集中建设、资源共享”和“前台多样化、后台一体化”原则，以农村电子商务和农产品电子商务为重点，通过交易、服务两大功能板块，形成网上交易、仓储物流、终端配送一体化经营，实现线上线下融合发展，从而把供销合作社传统经营网络优势融入互联网，再把互联网优势转化成供销合作社现代经营网络优势。

各地供销系统的电子商务也正在快速发展。浙江省社以四大举措促进为农服务与电子商务融合发展为特色，实施网上“供销百馆万店”工程，打造“浙江农产品网上大市场”；建设电子商务服务站，打通农村电子商务最后一公里；以建设“智慧农资”服务平台为切入点，促进传统经营服务转型升级；拓展电子商务发展方式，助推社有企业经济创新发展。江苏省社以建设“网上合作社”、培育农村电子商务市场主体为特色，目前，江苏省供销合作社投资1亿元，自建“地平线”综合服务电子商务平台，整合全省50个县（市、区）供销合作社电商平台，打造电商综合服务的“省级队”，2016年一季度新发展电子商务公司54家，网上销售额28亿元，占同期全国供销合作总社网上销售额的16.37%。四川省社以立足自身实际、探索多种电商模式为特色，其中，崇州采用县域电商中心模式；泸县采用电子商务进乡村模式；射洪采用政府主导、供销合作社主办模式；梓潼采用整合供销合作社内部资源，成立电子商务公司模式；青川采用整合社会资源，解决农村物流“最后一公里”模式；内江采用四川农产品数据化智能供应链服务平台——省、市、县三级共建联合发展，大数据应用模式；四川省农村电子商务研究所采用农产品电子商务孵化模式。河北省社以搭建互联网新型流通网络为特色，组建农产品电子商务公司，负责搭建农产品电子商务的交易平台（市场），在互联网上再建设一个新型的流通网络，通过电子商务的形式实现农产品的交易活动，使买卖双方直接在网上洽谈商定，通过第三方物流直接配送，具有即期交易、现货交易、网上批发、招标拍卖、厂商分销和视频展销等6种交易模式和发布供求信息、仓储物流服务、手机信息提示服务、融资服务、交收服务、产品展销服务、质量监测服务、会员服务等8项服务功能。湖北省社的特色为，以构建县级运营中心为主体的电商服务体系，构建起以裕农网平台为支撑、县级运营中心为主体、村级综合服务社为终端、各类市场主体广泛参与的电子商务经营服务体系，以农村电子商务、农产品电子商务、电子商务“裕农村”三项为重点，推行“裕农网平台、县级运营中心、村级综合服务社”+各类市场主体的“3+N”模式，办好农村电子商务示范县、电子商务“裕农村”、农产品电子商务产业园区三层次试点，并实施“六个一”工程，即建好一个电商平台、搭建一个县级运营中心、夯实一个服务终端、推广一张助农金融卡、完善一套配送体系、建立一个预警监测系统。

在供销合作社发展电子商务的进程中，浙江桐庐聚超网是一个典型案例。聚超网是杭州云舍网络科技有限公司旗下的一个从生产商到零售店一站式服务的平台，以P2R和O2O结合（即生产商到终端零售商一站式免费信息提供服务）的创新商业模式（厂家通过聚超网平台展示商品信息，零售店通过聚超网平台进行采购，厂店双方线上线下一体化）运营操作。通过智能物流系统的配合，将社区超市和手机超市相结合，实现网络下单30分钟之内送货到消费者手中，最终形成生产商、终端零售店以及消费者云对接云服务的供应局面。聚超网是基于P2R创新商业模式的O2O社区超市电商运营平台。聚超网基于O2O云商生态圈为多种客户需求持续创新，形成了生产商、核心供应商、运营中心、终端零售店以及消费者云对接云服务的共赢局面。在O2O专业网络平台、零售连锁业务拓展、配送及第三方增值服务上实现先发优势。“聚超网”模式为农村的农产品销售提供了新的宽广路径。在农村，由于多数农民不会上网、物流缺失等因素，村民自产的一些农产品往往出售无门。聚超网利用本身网络系统点多、面广、线长的资源优势，依靠智能物流和农村社区店的配合，将农村物美价廉的产品就近引入城市，并提供惠农信息、便民服务等附加增值服务，整合出“商品销售+农产品返城+民生服务+政务信息”的功能。

6.“三位一体”合作组织构建积极推进

2017年中央一号文件指出，要加强农民合作社规范化建设，积极发展生产、供销、信用“三位一体”综合合作。“三位一体”农民合作经济组织的最初构想源于习近平总书记在浙江省委书记任上时推动的新型农民合作组织建设。2006年年初的中央一号文件刚提出“社会主义新农村建设”，时任浙江省委书记的习近平同志就在当年1月8日的全省农村工作会议上，提出了农民专业合作、供销合作、信用合作“三位一体”

的构想，在12月19日的全省推进试点的现场会上进一步表述为："三位一体"是三类合作组织的一体化，也是三重合作功能的一体化，还是三级合作体系的一体化。

构建"三位一体"合作组织，是指将农民合作经济组织和各类为农服务组织联合起来，建立具有生产、供销、信用"三位一体"服务功能的农民合作经济组织体系。市场化的农业社会化服务体系无法完全覆盖小农户，市场化的农业社会化服务体系难以形成服务环节的规模经济，专业合作方式带动小农户对接社会化服务体系作用有限。而综合合作具有规模优势，"三位一体"合作体系内部可以实现统分自然结合，构建"三位一体"合作组织，不仅是发展现代农业的迫切需求，而且是壮大"三社"的现实途径，更具有整合为农服务资源、发挥综合服务的功能。

构建"三位一体"农民合作经济组织最早由浙江省实施，浙江省称此组织体系为"农合联"。浙江省通过2014年在7县试点、2015年在20县推开、2016年在全省全面推进的三年努力，以"三位一体"农合联建设为核心的供销合作社综合改革初见成效。其一，初步搭建起"三位一体"的农民合作经济组织体系。截至2016年11月底，市、县、乡三级农合联组织体系基本组建完成。浙江省农合联也将于2017年初挂牌。至此，浙江全省农民合作社、各类为农服务组织和企业已基本加入了农合联。县、乡两级农合联吸纳以农民合作经济组织为主的各类会员32028个，已创建农民合作社示范社1369家，规范化合作社1251家。浙江省供销合作社系统主管、领办各类社团组织613个，会员62574个（人），并构建起多层级、连接到村户的涉农协会组织体系。可以说，浙江已在省、市、县、乡四级初步建成了"三位一体"农民合作经济组织体系的架构。这为浙江省发展现代农业、加快城乡一体化、早日实现小康等目标，打下了坚实、可靠的组织基础。其二，供销合作社组织体系与内部治理机制进一步健全。通过供销合作社综合改革试点，浙江省供销合作社系统建立健全了双线运行机制，理顺了联合社与社有企业关系，加强了联合社和农合联层级间的联合与合作。目前已有11个市供销合作社全面恢复“三会”制度。联合社对成员社考核制度和成员社对联合社评价机制进一步健全，双线运行体制进一步完善。其中，省兴合集团完成了公司制改造。基层组织实现了乡镇全覆盖。其中，发展基层社959家，农民合作社4403家，村级综合服务社5648家，行业协会258家。其三，多渠道、多类型的为农服务资源开始得到有效整合。浙江各地农合联通过自有服务功能集成、部门服务职能转移、协作单位服务覆盖、企业融入自育服务等途径，加强了为农服务资源整合和功能建设。特别是按照“先易后难、水到渠成”的要求，涉农部门向农合联转移了2类16项为农服务职能。同时，浙江各地、各级农合联都把发展电子商务作为创新供销服务的一个重点，积极推进“网上供销合作社”建设。“网上农产品百馆万店”体系日益扩大，西湖区等6个县（市、区）被评为全国总社电子商务示范县。中央深化改革领导小组办公室简报刊登了浙江省供销合作社发展农村电子商务的做法。其四，金融服务能力全面增强。农信机构加入农合联并与农合联建立战略协作关系。依托农合联商贸服务体系，推进农户普惠金融进村，实现普惠金融便捷化。全面开展对农合联会员的信用等级评定和授信服务。推出“农合通”等创新产品，探索依托农合联生产服务体系、实现农合联会员授信服务全覆盖的有效办法。设立农合联农信担保公司，为农合联会员提供担保服务。积极稳妥地在有条件的农民合作社内设立资金互助会，发展合作金融。大大增强了农合联金融服务的能力。其五，以农民为主体的多方利益共同体正在形成。浙江各地农合联把推进服务功能建设作为农合联组建后的首要任务，健全生产、供销、信用等服务功能，同农民结成了利益共同体，帮助农民创业发展、增收致富。2015年，试点县的农民收入增幅全部高于浙江省平均水平。

浙江省农合联是在党委、政府领导下，以为农服务为宗旨的社会团体，实行农有、农治、农享。根据中共浙江省委、浙江省人民政府《关于深化供销合作社和农业生产经营管理体制改革　构建“三位一体”农民合作经济组织体系的若干意见》（浙委发〔2015〕17号），农合联原则上按行政层级设置，以县、乡镇两级为重点，逐步形成省、市、县、乡镇四级组织体系。农合联实行民主管理，其治理结构为：农合联成员（代表）大会是最高权力机构，选举或罢免农合联理事、监事和出席上级农合联成员（代表）大会的代表，议决农合联的重大事项。在农合联成员（代表）大会休会期间，农合联理事会负责执行成员（代表）大会决议，监事会负责监督理事会执行决议和财务。农合联坚持以农民合作经济组织为主体。各级农合联成员（代表）大会的代表、农合联理事会和监事会的成员应有2/3以上为农民合作经济组织的代表。农合联理事会实行独立理事制度，由独立理事客观评价农合联的运营与管理状况。农合联中涉农企事业单位会员不享有选举权和除监事以外的被选举权。县级及以上农合联实行“议行分立”。农合联理事会聘任执行委员会领导班子，执行委员会领导班子聘用工作人员。执行委员会人员可参选理事会理事，但人数不超过理事会理事的1/3。执行委员会一般依托同级供销合作社联合社执行管理机构组建，也可依托其他组织组建，还可由理事会直接向社会聘任人员组建。乡镇级农合联一般实行“议行合一”，规模较大的也可实行“议行分立”。乡镇级农合联的服务平台可依托乡镇农业公共服务中心（农技推广机构）组建，也可依托其他组织组建。辖区内农民合作社数量不多的乡镇，可由两个或多个乡镇合建农合联，也可由县级农合联在乡镇设置派出机构。

在浙江“三位一体”农民合作试点经验的推动和启发下，其他省份也开始以“三位一体”思想为指导进行农民合作体系建设。2014年1月，广东省委、省政府发布的《中共广东省委贯彻落实〈中共中央关于全面深化改革若干重大问题的决定〉的意见》（粤发〔2014〕1号）提出：发展农村合作经济组织，推进生产合作、供销合作、信用合作“三位一体”合作体系建设。这是在浙江原有的实践之外，又一次以省级政府名义明确推进“三位一体”农民合作。所有这些创新都是积极的，表明在科学理论和地方试点的推动下，“三位一体”农民合作已经逐步发展成各地发展农村合作经济和构建新型农业经营体系的主导战略思想。2016 年 3 月 25 日，贵州省供销合作社为充分发挥供销合作社在统筹城乡、精准扶贫、全面建成小康社会进程中的重要作用，发布了《关于加快推进“三位一体”新型合作社建设的实施意见》，提出：通过开展农村合作金融和领办创办农民专业合作社，实现生产合作、供销合作、信用合作的“三位一体”，推动供销合作社由传统流通服务向全程农业社会化服务延伸融合多元发展，向全方位城乡社区服务拓展，着力把基层供销合作社打造成为与农民利益联系更紧密、为农服务功能更完备、市场化运行更高效的新型合作经济组织和综合服务平台，更好地在发展现代农业、提高精准扶贫实效、加快同步小康建设中发挥独特优势，成为服务“三农”的主力军和打赢扶贫攻坚战的生力军。“十三五”期间，在全省重点打造“三位一体”示范性新型合作社 100 个，“三位一体”新型合作社总数达到 1000 个以上，带动发展农民专业合作社 10000 个，吸引 100 万以上农民入社，发展当地特色优势产业，精准带动 10 万户共计 40 万 ~ 50 万贫困人口脱贫致富，其中 2 万贫困人口实现小康，为“大扶贫”战略做出重大贡献。

7. 政策扶持力度进一步加大

2015 年 3 月 23 日，中共中央办公厅公布《中共中央国务院关于深化供销合作社综合改革的决定》（中发〔2015〕11 号）。文件提出，要拓展供销合作社经营服务领域，更好履行为农服务职责；推进供销合作社基层社改造，密切与农民的利益联结；创新供销合作社联合社治理机制，增强服务“三农”的综合实力；加强对供销合作社综合改革的领导。到 2020 年，把供销合作社系统打造成为与农民联结更紧密、为农服务功能更完备、市场化运行更高效的合作经济组织体系，成为服务农民生产生活的生力军和综合平台，成为党和政府密切联系农民群众的桥梁纽带，切实在农业现代化建设中更好地发挥作用。

2016年是“十三五”规划的开局之年，《中共中央国务院关于落实发展新理念加快农业现代化　实现全面小康目标的若干意见》的一号文件明确提出，要深入推进供销合作社综合改革，提升为农服务能力；加强商贸流通、供销、邮政等系统物流服务网络和设施建设与衔接，加快完善县乡村物流体系；支持供销合作社创办领办农民合作社，引领农民参与农村产业融合发展、分享产业链收益。深入推进供销合作社综合改革，提升为农服务能力。

自中央公布深化综合改革的决定以来，各地省委、省政府积极推动供销合作社综合改革。2016年，各地省委、省政府研究制定供销合作社综合改革的实施意见，省分管领导任供销合作社综合改革领导小组组长，执行政策协调和监督考察等工作。目前，全国31个省（区、市）和新疆生产建设兵团，以及263个地市、761个县下发了贯彻落实中发〔2015〕11号的实施意见，河北、山东等12个省（区、市）的地市级党委、政府全部出台了实施意见，浙江、广西、重庆、宁夏的县级党委、政府全部出台了实施意见。山东、湖北、甘肃等地明确将供销合作社综合改革列为省委、省政府重点督察事项。湖南、四川、青海、新疆等省（区）级政府召开了全省供销合作社综合改革电视电话会议。山西、浙江、江西、广西等地将供销合作社综合改革纳入党委、政府年度绩效考评。安徽省提出“三个允许”，允许财政项目资金直接投向基层社，允许财政补助形成的资产作为上级社股权交由基层社持有和管护，允许上级社争取的财政资金以股权形式投入下级社。辽宁、贵州供销合作社与农业银行签订一揽子化解历史债务协议。河南省把供销合作社经营服务设施纳入城乡建设规划。海南省财政安排2800多万元解决省社本级长期制约社有企业发展的历史债务包袱。

当前供销合作事业正进入快速发展的轨道，处于深化改革的关键时期，供销合作社工作被纳入深化农村改革全局来安排和部署，充分体现了党中央、国务院对供销合作社的高度重视，供销合作社应抓住历史机遇，进一步增强责任感、紧迫感，把综合改革推上新台阶。

（二）近年来供销合作社综合改革试点省份已取得初步成效及经验

2014 年 4 月，国务院办公厅同意供销合作总社在浙江、河北、山东、广东四省开展综合改革试点。2015 年，四个试点省依据中发〔2015〕11 号文件精神以及（供销合字〔2015〕22 号）指示，各地各级省委、省政府高度重视，加大改革力度和财政支持，纷纷出台了关于深化供销合作社综合改革的实施意见，调整或重新制定了工作部署，供销合作社干部职工热情饱满，积极工作，勇于探索创新，扎实推进改革任务落实，基层组织得到强化，社有企业核心竞争力得到提升，改革红利得到释放，供销合作社自我发展活力和为农服务能力明显提高，取得了许多突出成效和重要经验。

从试点省的工作推进来看，各地综合改革特色鲜明。

浙江省供销合作社以供销合作社综合改革为依托，开展供销合作、生产合作、信用合作“三位一体”的组织体系建设，在农民合作经济组织联合会基础上普遍设立农合联资产经营公司和建立农民合作基金两项制度以保证农合联组织的顺利运作；强化现代农业、城乡商贸、农村信用三项基本服务功能以促进农合联组织建设；构建现代农业服务体系、城乡商贸服务体系和农村信用服务体系以发挥农合联为农服务综合平台的独特作用；在组织机构建设上，选举产生理事会、监事会和执行委员会班子，农合联执行委员会与供销合作社机关实行“两块牌子、合署办公”；打造产业体系、优化组织体系、整合品牌体系、健全营销体系以促进农合联的龙型大产业发展；推进主体合作化、体系合作化、投资合作化以实现农合联成员的大合作。通过综合改革，浙江省供销合作社为农服务水平有了明显提高，新型农业经营主体和农民群众得到实惠，供销合作社的影响力显著提升，为全国供销合作社综合改革探索出了新道路。其主要成效为，构建了“三位一体”的农民合作经济组织体系，完善了供销合作社组织体系与内部治理机制，整合了多渠道、多类型的为农服务资源，增强了合作金融服务能力，形成了以农民为主体的多方利益共同体。

河北省供销合作社积极推进组织体系、服务体系、经营体系、合作金融体系、管理体制等五大创新，建立基层社与领办农民专业合作社联合社“两社融合”，重塑供销合作社基层组织，实现组织体系创新；与区域内大型龙头企业合作，拓展经营服务领域，实现服务体系创新；发展“互联网+供销社”，以联采联销、连锁经营、互联网金融等多种形式，实现供销合作社层级间业务联合与合作、“上下贯通”的经营体系创新；经营产权交易、合作保险、金融租赁、融资担保等多种金融服务业态，实现合作金融体系创新；构建以联合社机关主导的行业指导体系为主体，社有企业经营服务体系和农民合作社联合社组织体系为两翼的供销合作社组织体系架构，实现供销合作社体制机制的创新。通过综合改革，河北省供销合作社形成了一批可复制、可推广的典型，探索出浅山区农业规模化经营模式、基层社农机规模化服务模式、农业生产全程化托管模式、土地入股的新型合作模式等不同类型各具特色的服务模式，成立了河北省农产品电子商务交易中心，构建了现代农产品交易市场体系，实施了冀菜净菜进京入津工程，发展了以农民合作社联合社夯实供销合作社基层组织体系的新供销合作发展模式，建立了全链条、一站式合作金融服务体系。

山东省供销合作社在村级层面打造“党建带社建村社共建”，在乡镇层面构建以农民为主体的实体性合作经济组织，在县级层面实施供销合作社与农民合作社联合社“一套机构、两块牌子”，在省（市）级层面实行“3控3×6+1”H形双线运行机制来进行自身改革；以土地托管方式和服务规模化方式实现农业适度规模经营；打造全省供销“一张网”，构建农村现代流通服务体系；加强科技推广应用，提高农业现代化服务水平；破解农业经营主体融资难题，构建农村合作金融服务体系；充分发挥合作经济组织的优势，运用“六次产业”理论，推进一、二、三产业融合发展；

以“合作社+贫困户”为主要方式，积极参与精准扶贫精准脱贫。通过综合改革，山东省供销合作社在改造自我、服务农民以及健全农业基本经营制度、推进农村社会治理等方面均有理论与实践创新，形成了以土地托管为主要形式的现代农业规模化服务模式，构造了以“党建带社建村社共建”为引领的为农服务协同机制，构建了以“3控3×6+1”双线运行机制为核心的综合性为农服务体系。

广东省供销合作社通过龙头企业带动，推动产权业务对接，建立高效对接、服务城乡的现代经营服务体系；通过建设为农服务综合平台，拓展经营服务领域，建立规模化、可持续的为农综合服务体系；通过转变联合社职能，创新双向评价监督机制，建立上下贯通、运转高效的合作经济组织体系；通过理顺社企关系，完善现代企业治理机制，构建适应市场经济要求的社有资产监管体系。在综合改革中，广东省供销合作社在做大做强社有企业、提高为农服务能力、加强各层级经济利益联系等方面取得了一系列创新成果，采用产权联结、业务对接、管理输出、品牌合作等多种方式，促进社有企业跨层级、跨区域联合合作，构建了一体化运营的经营服务网络；利用经营服务网络向下延伸与向外拓展，与基层社和农民合作社等新型农业经营主体形成有效对接，提高了为农服务水平；推动各级社有企业转型升级，扩展经营服务领域，实现了经济效益稳步提升；以调整优化社有资本结构，促进社有企业同业整合与内外联合，培育了一批具有较强引领能力的龙头企业。

从全局来看，试点省份取得了以下主要成效和经验。

1. 基层组织建设进一步加强，供销合作社组织体系日益完善

自供销合作社综合改革试点政策实施以来，试点省份基层建设得到进一步加强。截至2016年11月，浙江省建立了959家基层社，4403家农民合作社，5648家村级综合服务社，258家行业协会，实现了涉农乡镇全覆盖；浙江省生产、供销、信用“三位一体”农合联体系的建立，让基层农业合作组织实现专业合作、流通合作和金融合作三者的统一，

省、市、县、乡四级农合联组织体系的建立，强化了供销合作社组织体系构建，为工作指导提供了有力保证。河北省建立了1915家新型基层社，基层组织实现了乡镇全覆盖；建立了17000家村级综合服务社，1716家农民合作社联社，领办24372家农民合作社，试点所辖行政村全覆盖。山东省实施村社共建工作，共建村16087个，领办创办15674家农民合作社，组建乡镇区域性农民合作社联合社835家，成立县级农民合作社联合社92家，推动基层社、镇级农民合作社联合社、为农服务中心协同发展，构建了乡镇层面为农服务综合平台。广东省通过盘活资产、项目扶持、企业带动、强社带弱社和村社共建等途径，分类推进基层社改造，建立一批集自主经营主体、为农服务载体、合作经济组织联合体于一体的新型基层社，提高了基层社经济实力和为农服务能力。基层社实现销售总额249亿元，占系统销售总额的41.8%，利润总额2.62亿元，占系统利润总额的52.5%，发展了农村综合服务社3783家。近两年，20个试点单位新增经营服务网点2184个，新增项目投资额16.8亿元，新增经营场地11.6万平方米，有91.2%的基层社恢复或提升了自主经营业务。

2. 社有企业核心竞争力得到提高，经营收益显著增长

自供销合作社综合改革试点政策实施以来，试点省份通过推进社有企业转型升级和产权制度改革，提升了社有企业核心竞争力，优化了产业结构，拓宽了经营领域，实现经济快速增长。试点省供销合作社采用资本联合、项目合作等方式，推进龙头企业跨区域横向联合和跨层级纵向整合，实现规模化经营和资源优化配置，发展了一些具有龙头引领作用的大型企业，如山东天鹅棉机已在新三板上市，广东天禾农资公司正在推动IPO上市。在社有企业加快转型升级的影响下，试点省整体经济实力得到显著提高。2016年1～10月，试点省份平均经济增速高于全供销合作社系统，试点省中的试点县经济增长速度也明显高于非试点县，如广东省20个试点县（市）销售总额和利润总额比广东省供销合作社系统平均分别高出6.9个百分点和24个百分点。

与2013年改革前相比较，2015年试点省以及其试点单位的各类经营指标均有不同幅度的增长。从销售总额情况看，浙江、河北、山东、广东四省试点县（市）的增长率分别为44.04%、31.57%、47.36%、16.34%，均高于本省非试点县（市）同期增长率。从消费品零售额情况看，浙江、河北、山东、广东四省试点县（市）的增长率分别为29.50%、45.66%、55.92%、11.99%，均高于本省非试点县（市）同期的增长率。从农产品市场交易额情况看，河北和广东各试点县（市）的增长率分别为37.36%和33.84%，均高于非试点县（市）同期的增长率。从试点单位销售农业生产资料情况看，浙江、河北、山东、广东四省试点县（市）的增长率分别为12.45%、28.95%、61.74%、8.64%，均高于本省非试点县（市）同期的增长率，其中山东省试点县（市）销售农业生产资料的增长率为本省非试点县（市）增长率的近2倍。从供销系统从农业生产者购进农副产品情况看，河北、山东、广东各试点县（市）的增长率分别为46.32%、85.58%、15.97%，均高于本省非试点县（市）同期的增长率。

在经营利润方面，改革期间，河北利润总额同比增长率超过70%，山东达到17.27%。2015年，河北、山东、广东三省利润总额同比增长率依次为29.54%、8.15%、14.43%，均高于全国供销合作社系统同期6.97%的平均水平。浙江、山东两省各试点县利润总额增长率远高于全省同期平均水平。

在所有者权益变动方面，改革期间，试点省的试点单位所有者权益持续增长，平均增长率均超过20%，其中，河北达到64.01%。浙江、广东两省试点县（市）所有者权益增长率均高于同期全省平均水平，浙江为20.68%，广东为24.87%。

在试点省的社有资产方面，改革期间，试点省试点单位供销合作系统的资产总额增长率均为高速增长，浙江为21.02%、河北为36.97%、广东为20.51%、山东为17.11%，其中山东高于全省同期平均水平3.67

个百分点。

3. 为农服务能力不断提升，农业现代化服务水平明显提高

试点省在综合改革中始终把为农服务放在首位，发挥供销合作社在生产、流通、金融等领域的优势，拓宽为农服务范围，创新为农服务方式，不断提升为农服务能力。在生产领域，试点省份将传统农资销售服务、农业技术服务、生产作业服务、市场营销服务进行资源整合，把服务范围延伸到现代农业产业体系的各个环节，为农民生产销售提供全产业链服务。在基层服务领域，主动与农民合作社、村两委等合作，引入和利用各类为农服务资源，构建综合服务平台，提高服务农民生产能力。通过引进现代经营手段和创新经营方式，推动传统流通网络改造升级，积极拓展电子商务、农村合作金融、农产品加工等服务，与基层社和农民合作社等农业经营主体有效对接，促进农业现代化服务水平迈上新台阶。

4. 密切了与农民的利益联系，强化了为农务农姓农理念

试点省在综合改革中坚持把密切与农民的利益联系放在重要地位，通过当地农业的主导产业和特色产业，发挥供销合作社的组织、资金、技术等优势，按照农民出资、农民参与、农民受益的基本原则，吸引农民以现金或土地入股等形式加入合作社，从而与农民建立起了密切的组织联系。利用社有企业转型升级，与农民开展多元化产销对接，以价格优惠等各种形式，让农民获得加工、流通、服务等环节的增值收益，农民的利益得到保障，为农务农姓农的理念得到有效落实。

5. 促进联合社治理机制创新，构建社企双线运行体系

自供销合作社综合改革试点政策实施以来，部分试点省根据试点方案，推动联合社治理机制创新，建立了不同层次的社有资产管理委员会和供销合作发展基金，制定了上下级联合社之间的考核和评价办法，加强了供销合作社的层级联系。浙江省以农合联建设为重点打造社企分开、上下贯通的双线运行机制，设立了资产经营公司和农民合作基金两项重

要制度；河北省供销合作社建立了理事会与集团董事会交叉任职、供销合作社主导的行业指导体系和社有企业支撑的经营服务体系双线协同发展的机制；山东省供销合作社探索出了以“3控3×6+1”为基本框架的双线运行体系，“3控”指省（市）社控股龙头企业，县级社控股农业服务公司，乡镇农民合作社联合社控股为农服务中心，“3×6”指省（市）龙头企业、县农业服务公司、为农服务中心分别承担6项服务职能，“+1”是指为涉农部门搭建服务平台；广东省供销合作社促进省社直属企业与试点县（市）社有企业产权和业务对接，形成了以社有企业为支撑的现代经营服务体系。

可以看出，综合改革试点省份取得了诸多成效，为全面深化供销合作社综合改革积累了宝贵经验。由于在综合改革中，试点省份探索出了许多制度创新，形成了一批可复制、可推广的成果，这对供销合作社今后的综合改革将产生路径依赖效应。根据诺思的路径依赖理论，路径依赖可描述过去的绩效对现在和未来的巨大影响力。路径依赖的动力机制主要来源于两个方面：收益递增和具有交易费用的不完全市场。由于制度创立和运行过程中自我强化机制的存在，它们不可避免地要产生收益递增效应。这种自我强化机制表现在：①规模效应。设计一项制度产生大量的初始设置成本，但随着制度的创立和推行，单位成本和追加成本都会下降。②学习效应。随着这项技术的流行和推广，人们会逐步改进产品或降低成本，而制度运行成本也会随着时间的延伸和制度的不断自我完善而下降。③协作效应。制度运行过程中将引起利益主体之间的相互配合，从而产生合作利益；同时，制度创新过程中会导致一系列其他制度的产生，并诱发与之相联系的互利组织的产生和相应投资。④适应性预期。特定制度安排在时间、空间上的不断扩展，可以减少因制度创新而形成的不确定性，使社会个体形成对该制度的信心不断增强的心理机制。制度创立和实施过程中不可避免地要产生收益递增效应，形成制度的自我强化机制。制度变迁一旦迈入某一路径，它的既定方向就会在以后的发展中不断自我强化，沿着这条路径不断发展下去。因此，试点省份供销合作社综合改革已取得的成效及经验对供销合作社全系统未来的发展影响重大，同时也说明了供销合作社通过深化改革，完全可以成为党和政府抓得住、用得上的为农服务骨干力量，完全可以成为服务农民生产生活的生力军和综合平台。

二　供销合作社改革发展中存在的主要问题

60年来，供销合作社已逐步形成了一个网点遍布全国城乡的巨大网络系统，在推动农村商品生产、促进经济社会建设中起到非常重要的作用。在综合改革中，供销合作社系统有其得天独厚的优势，供销合作社系统覆盖全国、遍及城乡，这是发展现代流通方式最丰富的组织资源和渠道资源；经过多年发展，供销合作社系统具有比较完整的综合服务体系；供销合作社系统还拥有一支熟悉“三农”的人员队伍和适应农村建设的专门人才。通过供销合作社的自身改革，特别是深化综合改革以来，供销合作社取得了诸多可喜的显著成效和一批可推广、可复制的成功经验，然而，供销合作社的改革发展中仍存在不少问题。此外，随着时代的变迁，尤其是农村市场化改革以后，供销合作社面临的新挑战与新问题也与日俱增，这严重制约了供销合作社整体优势的发挥。在新阶段，供销合作社改革发展中存在以下主要问题。

（一）组织体制机制仍需要进一步改革

供销合作社综合改革以来，试点省的组织体制机制建设得到加强，但从全国来看，供销合作社组织体系仍未形成上下贯通、高效运行的体制机制，这导致其服务网络的规模优势无法有效发挥。在供销合作社综合改革过程中，合作经济组织内部运行机制缺乏统一规范，许多农民合作社和农民合作社联合社在生产经营、管理决策、利益分配等方面还存在不合理的现象，镇级农民合作社联合社的内部治理机制至今仍没有明确的法律法规或指导意见。

1. 各级供销合作社仍难以形成统一的网络规模

供销合作社构建现代流通网络、参与农业产业化经营的切入点在于流通，但是流通仅有个别网点或是龙头企业远远不够。因为对于单个企业或基层供销合作社，尽管可能发挥一定的流通作用，但要真正承担起组织农民进市场、延伸农业产业链的重任，还是显得无能为力。在许多地方，农民卖不出去的东西，供销合作社同样卖不出去，其原因就是单个供销合作社企业并不见得比农民高明。因此，供销合作社在流通之外还需要强大的网络连接，形成统一的网络规模。只有在网络的基础上，将供销合作社分散的经营网点通过适当方式联结起来，把点连成线，把线结成网，有了一个信息通畅、流转顺畅的大流通网络，供销合作社的优势才能充分地发挥出来。

2. 组织内部联合与合作的体制和机制尚未建立

各级供销合作社内部组织化程度低，导致实现同类联合的难度加大。各级供销合作社网点遍布城乡各个角落，具有“点多、面广、腿长”的特点，但是普遍规模小、组织化程度低，大多数单体企业实力较弱，再加上行政区划等原因条块分割，同类型企业多，同业竞争严重，在资源整合的基础上实现同类联合的难度加大。在经营网点的选择上，不能摆脱急功近利、嫌贫爱富的阴影。城镇规模较大、经济发展状况良好的村镇往往具备良好的经营环境和发展空间，但不能不正视在这样的地区竞争也更加激烈的现实。而在偏远的欠发达地区，却具有前者所没有的市场潜力和消费需求。

3. 松散的运行机制使得经营模式单一趋同

供销合作社基层经营网络大多是在集贸市场基础上发展起来的，实行家庭联产承包责任制以后，基层经营网络在解决农民“买难”“卖难”问题上发挥了重要作用。但因长期以来单打独斗加之粗放型经营，所经营的商品也仅停留在农民的生产资料和必需的生活资料上，既不能组织收购大批量的农副产品，又无力经营大宗商品（如彩电、冰箱、空调、洗衣机等），加上基层经营网络难以延伸到交通不够便利、消费群体分散的区域，因而不能满足广大农民日益增长的物质文化生活需要。

（二）基层社为农服务能力与满足农民需求仍有待提升

综合改革以来，基层组织的数量在短时间内快速增长，基本实现了乡（镇）和行政村的全覆盖，但有些地区存在重数量、轻质量的现象，因而吸引农民主动参与的能力较弱，农民出资、农民参与、农民受益等合作经济组织基本属性未能充分体现，具体表现如下。

1. 基层供销合作社无法满足服务对象范围不断扩大的现实要求

一是传统主营业务萎缩，提供的服务有限。例如，在农副产品收购和生活资料供应方面，市场需求大，但基层社所占市场份额小，能提供的服务有限，市场多由个体经营者抢占；在农技咨询、信息服务、文化娱乐等方面基层社参与更少。这与城乡经济协调发展的需要、农业产业化的需要、农民生活的需要相比还有很大距离。二是供销合作社的服务对象是农民。目前多种流通力量打破了这种垄断局面，出现了交叉经营。为寻求市场，供销合作社经营范围已从农民扩大到全社会。同时，农民不仅仅是从事种植业的农民，也包括从事商业、工业、运输、信息等行业的农民。这就要求供销合作社的职能必须从计划指定的农产品和工业品流通，扩大到任何商品的流通；从产品流通的单一职能扩大到产品生产（如农产品加工、轻工业生产、直接的农产品生产）和非产品经营（如技术、信息服务等）的多元化经济职能。只有这样，才能适应社会经济的多元需求，求得生存与发展。

2. 基层供销合作社参与农业产业化经营的组织优势受到削弱

从体制上看，基层供销合作社经过几年的减债减人，转换机制，有的全面实行抽资承包后，多数职工已成为独立开展经营的自营商；有的改成了股份制或股份合作制，已难以发挥系统组织优势。同时，整体工作机制也不完善，一管就死，一放就乱，在强化供销合作社的控制力与调动经营管理者积极性的结合上缺乏有效的办法。

3. 参与农业产业化的能力严重不足

一是从资金方面看，目前基层供销合作社普遍缺乏初始投入能力，资金紧缺，与银行基本不发生业务关系，客观上导致了基层供销合作社的商业取向，要么把自己视为一般的商业经营组织，要么将自己当作坐地收金的“业主”，缺乏明确的发展目标；二是经营方式落后，没能将基层组织建设与联合社建设、经营网络建设、社有企业发展有机结合起来，而是习惯于化整为零和“一买一卖”的经营模式，难以适应日益变化的市场需要。

（三）与农民利益联系仍有待加强

联合是供销合作社的组织特征，也是供销合作社的优势所在。通过综合改革，试点省采取各种措施，以加强与农民群众的联系。但总体而言，我国供销合作社与农民的利益联系还需进一步提升，其吸引农民主动参与的体制机制不够完善，农民出资、农民参与、农民受益的农民合作经济组织基本建设原则未能得到体现。一些供销合作社的发展放弃了传统主营业务，远离市场，并减少了社有资产，这些都背离了为农服务的基本原则。根据“委托—代理”理论，我国大多数供销合作社存在核心社员控制合作社的情况，形成了“核心—外围”结构，进而演化为双重“委托—代理”关系，有传统的全体社员与经营者之间的“委托—代理”关系，也有普通社员（农民）与核心社员之间的“委托—代理”关系，因经营者往往是核心社员，所以经营者与核心社员之间具有高度一致性。这种多数普通社员（农民）和少数核心社员的“委托—代理”关系结构，容易导致核心社员的机会主义行为，以获得远远高于普通社员（农民）的收益水平，并且核心社员往往拥有较强的能力和较多的信息，而普通社员（农民）由于自身能力局限往往无法有效监督。此外，有许多基层社职工年龄过大，老化现象严重，基层供销合作社待遇低，很难吸引金融、电子商务等方面的年轻专业人才，这导致基层社对新技术和新的商业模式还不太适应，难以拓展新业务、发展为农服务新功能。

（四）历史遗留问题未能化解

经历了60多年的发展，供销合作社在推动农村社会经济进步的同时，也遗留了许多棘手的历史问题。综合改革以来，历史遗留问题众多仍成为试点省份中面临的共同问题。比如，大部分试点单位没有对供销合作社所属资产、资源等进行全面清查；一些试点单位供销合作社系统还存在大笔政策性、经营性亏损挂账和不良贷款，社有企业职工的社会保障资金也未能如期解决；一些供销合作社虽然拥有大量土地，但大多属于划拨土地，且这些土地大部分集中于基层，又无力缴纳土地出让金，导致土地资产闲置浪费，会面临被政府无偿占用或平调等风险。河北省供销合作社全系统经营性历史挂账为80亿元，政策性亏损挂账22亿元。广东省供销合作社全系统在金融机构的不良贷款本息合计为99.2亿元，地方政策性亏损挂账18.8亿元，欠缴社有企业职工社会保险金26.3亿元。这些历史遗留问题主要集中在县及县以下供销合作社，这不但严重制约了基层社的发展，而且直接影响着供销合作社系统自我改革、提升为农服务的能力以及社有企业的转型升级。

（五）合作经济人才短缺问题突出

由于历史原因，基层供销合作社人员老龄化现象严重、知识水平不高、服务技能有限，合作经济的理念也有待强化更新，加之农村人才本来就缺乏，合作经济人才短缺严重，既懂合作经济理论又有农村工作经验的会经营、善管理的人才更是匮乏。随着土地托管、电子商务、机械作业、涉农金融等新型为农服务领域拓展，供销系统人才短缺的问题更为明显。供销合作社系统的人事管理体制不够完善，既没有政府公职人员稳定，也没有市场化企业的收入激励，难以吸引优秀人才参与到供销合作社事业中。依据 Helmberger 和 Hoos 模型，合作社可以通过限制合作社成员数量来增强现有成员的潜在激励。模型显示，在收益递减的情况下，如果管理者试图通过吸收新成员来扩大业务，将减少已有成员的收入，这样便难以让年轻的合作经济人才进入供销合作系统。截至 2016 年年底，全系统县及县以上供销合作社机关人员编制 5.2 万个，比 2015 年减少 0.2 万人。其中，参照公务员法管理的人员编制 3.8 万个，占总人员编制数的 73.1%。2016 年年末，全系统共有职工 340 万人，比 2015 年减少了 20.7 万人；离开本单位仍保留劳动关系的人员 29.7 万人，比 2015 年减少了 9.2 万人。统计数据反映出供销合作社机关对人才的吸引力不够强大，急需效率高、能力强、善管理、懂技术的供销合作人才。

（六）合作社发展的外部环境仍需进一步优化

自综合改革实施以来，各地各级省委、省政府高度重视，出台了相关文件，有顶层设计，但是如何进行供销合作社综合改革仍是新事物，加之改革任务重、时间紧，更何况，改革与创新既有规律性可循又存在探索性，现有的顶层设计有待深入完善，《供销合作社条例》等法律法规尚未出台，相关政策无法实现有力支持，这些外部环境严重制约了供销合作社的发展。在供销合作社综合改革中，存在许多政策不配套和法律法规滞后的问题。例如，在供销合作社拓展服务领域的过程中，存在与其他供给主体的边界、职责划分问题；建立资金互助社或在农民合作社联合社中建立资金互助部，却不知如何强化外部监管、防范潜在风险；农信机构参股农合联资产经营公司受到商业银行法约束；合作社与财政税收货币等支持政策不相匹配。供销合作社综合改革涉及政府管理体制的改革和市场主体的创新，但相关法律制度建设与顶层设计的要求还有差距，故而合作社发展的外部环境有待优化。

三　加快全国供销合作社改革发展的对策与建议

综合改革以来，供销合作社进入快速发展轨道，处于深化改革的关键时期。在新形势下，农业农村的发展不断发生变化，供销合作社改革要与时俱进，顺应农业适度规模经营发展的新趋势，面向农民和各类新型农业经营主体，拓展服务的领域和范围，不断创新服务方式。供销合作社作为为农服务的重要组织，必须充分发挥自身优势，不断提高综合实力，按照农业供给侧结构性改革要求，围绕党和政府的中心工作，以市场为导向，打造为农生产生活服务综合平台，提高农民的生产生活水平。在中发〔2015〕11号的指引下，供销合作社要进一步解放思想、深化改革、开拓创新，以此推进工业化、信息化、城镇化、农业现代化同步发展。针对现阶段供销合作社发展所面临的问题，依据供销合作经济理论，本文提出以下对策建议。

（一）全面深化综合改革，创新和完善体制机制，建立上下贯通、运行高效的组织管理体系

当前，供销合作社体制机制尚不完善，系统运行效率有待提高，全面深化综合改革，是供销合作社顺应农业农村发展的新形势的必然要求。一是要认真学习领会中央文件精神。中共中央和国务院下发的关于深化供销合作社综合改革的意见，是指导今后一段时期供销合作社改革的纲领性文件。中央要求供销合作社深化改革的目的，在于激发内生动力和发展活力，使之在农业农村经济发展中担当更大责任、发挥更大作用。因此，必须坚持以密切与农民利益联系为核心，以提升为农服务能力为根本，紧扣各级联社职能转变、社有企业创新发展、基层组织重组改造三个关键环节，加快构建适应新形势需要的组织体系和服务机制，使供销合作社成为服务农民生产生活的生力军和综合平台，成为党和政府密

切联系农民群众的桥梁纽带。二是要加大推进综合改革力度。推进供销合作社综合改革是贯穿全年的重点工作，各省社应适时召开综合改革动员会，按照批准的实施方案，全面部署推进综合改革工作。各试点申报单位要先行先试，进一步优化改革方案，明确责任分工，细化措施保障，强化督导考核，力求尽早取得改革成效。非试点单位必须及时跟进，按照中央文件要求，及时制定改革方案，结合实际抓好实施，形成全面推进综合改革的良好局面。各地要在党委、政府的领导下，切实加强组织建设，召开社员代表大会，建立健全理事会、监事会的机构设置，为深入推进综合改革提供坚强的组织保证。三是要创新供销合作社体制机制。在坚持合作经济组织基本原则的同时，创新供销合作社的组织形式和结构形式。可探索人事、财务垂直管理机制，即下级社理事会成员的任命需征求上级社意见，下级社的财务由上级社监管等。要联合农业、工商、金融等多部门，整合各方资源，规范农民合作社的发展，在即将出台的“供销合作社条例”中也应明确定位供销合作社的为农服务功能。四是要构建上下贯通、运行高效的组织体系。在经营组织体系建设方面，要充分发挥联合社职能，在服务大局、指导系统、发展本级、协调政策四个方面发挥好作用；要加快健全社有资产监管体制机制，强化统计、财会、审计等基础工作；要多形式、全方位推动系统内外合作，将社有企业产权多元化改造与加强供销社系统建设联合起来，以投资主体多元化推动系统不同层次相互投资、相互参股；要加强供销合作社系统中央、省、市、县、乡之间的纵向联系，推动系统内不同区域之间的横向合作。

（二）明确为农服务宗旨，加强基层组织建设，密切与农民的联系，夯实真正的合作经济组织基础

为农服务是我国供销合作社的根本宗旨，也是综合改革所要求的首要原则。要做到为农、务农、姓农，更好地服务“三农”，就要加强供销合作社基层组织建设。依据路径替代理论，基层供销社的改革作为一

种新的制度安排，其路径的依赖性，决定了单纯依靠农民的自由选择很难实现。农民个体缺乏推动基层供销社改革的动力。基层供销社的制度创新需求与有效制度的资源稀缺是基层供销社改造面临的一个客观难题，制度公共品属性决定了单纯依靠现存制度的惯性力量，很难形成有效的制度资源供给。在制度变迁陷入路径依赖低效率锁定状态下，为了退出“闭锁”，路径替代成为制度选择。路径替代是摆脱制度过程中集体行动困境的有效方式，也是基层供销社制度创新的一条基本路径。目前，供销合作社基层组织薄弱，基层组织质量建设有待提高，与农民的利益联系尚不密切，应重视对基层组织进行改革。只有坚持为农服务宗旨，加强基层组织建设，并密切与农民的联系，才能形成真正意义上的合作经济组织。一是要探索基层社发展新路径。基层社的分类改造和恢复重建仍是今后系统工作的重点，在这方面省级社和市级社应加强指导和帮扶力度，县级社须切实担负起领导职责。对经济实力薄弱、服务功能软化的基层社，应重点通过联合社帮扶、社有企业支持、流通网络带动等方式切实加以改造，使之增强功能、焕发活力。同时，应把基层社恢复重建工作摆上重要议事日程，因地制宜、创新方式，通过合作制、股份制等制度设计，吸引广大农民、社区居民等以资本、土地等要素合作、入股，重建一批新型基层社，培育一批服务“三农”的生力军。按照合作制原则，抓好基层社“标杆社”的创建和评选，促进基层社整体质量的提升。二是要加快农民专业合作社发展。要立足当地资源优势带头自办和牵头领办，围绕种植业、养殖业和农产品加工业等领域吸收农民加入，吸引生产大户以资金、土地等入股兴办，并依托基层社、龙头企业带动领办。要适应农村经济发展新需要，探索创办土地流转、统防统治、农机作业、产品购销、资金互助等服务类合作社，以满足农民生产生活各方面的需求。要注重建立利益联结机制，让入社社员享受分红、返利等权益，提高供销合作社兴办的专业合作社的吸引力和凝聚力。三是要创新综合服务社发展模式。新建一批主体多元、功能完备、便民实用的综合服务社。应主动加强与村两委合作，积极开展联合共建，注重承接其他涉农部门服务项目，形成服务合力。要规范经营管理，实现统一标识、统一服务规范。要加强与流通网络的对接，依托综合服务社发展农资、日用消费品连锁店和农副产品、再生资源收购点，推动流通企业为综合服务社开展商品配送，将其打造成“新网工程”网络终端，促进现代流通服务向乡村延伸。四是要拓展行业协会建设功能。切实加强合作经济联合会和各类专业行业协会的创建，通过联合会和协会建设，吸收各类社会经济组织、个体私营生产经营者加入供销合作社。鼓励发展基础好、社会影响力强的行业协会承接政府委托服务，争取在制定产业政策、行业规划等方面发挥积极作用。五是要密切基层社与农民之间的利益联系。以股权为纽带，建立基层社和农民的利益共享机制，将强化基层社的成员基础和提升基层社的服务能力作为今后一个时期供销合作社基层组织建设的核心任务。同时要扩大基层社的成员基础，主要是扩大基层社中农民专业合作社成员的数量，吸引乡镇范围内有影响力的骨干农民合作社加入联合社，将基层社与农民的利益关系做实。采取各种优惠让利措施，密切与农民的联系，让供销合作社与农民结成利益共同体，形成真正意义上的合作经济组织。

（三）理顺社企关系，实现“社企分开”，积极探索“双线运行”机制

按照中发〔2015〕11 号文件的精神和习近平总书记在安徽小岗村对供销合作社提出的“政事分开、社企分开”的指示，应理顺联合社与社有企业关系，密切层级联系，着力构建联合社机关主导的行业指导体系和社有企业支撑的经营服务体系，形成社企分开、上下贯通、整体协调运转的双线运行机制。目前，一些县市级联社的主任兼任县市本级供销集团董事长，部分省社机关处的干部兼任省本级社有企业董事长等职，这虽然在一定程度上缓解了当前供销合作社系统内人才缺乏、外聘经理人市场短期内供给不足等问题，但实际上是所有者—管理者—监督者—

经营者多位一体的制度安排，不利于理顺联合社与社有企业的关系，无法实现社有资产的有效监督，难以实行“社企分开”。因此，一是要在体制上理顺联合社与社有企业的关系，落实监管职责。理顺联合社与社有企业的关系，加强社有资产监管，落实监管职责，促进社有资产保值增值。联合社机关成立社有资产管理委员会，按照理事会授权，建立社有资本经营预算制度，并接受审计机关和同级财政部门的监督，以管资本为主加强对社有资产的监管。要加快社有企业改革、改组、改造的步伐，社有企业要面向市场自主经营、自负盈亏，探索组建社有资本投资公司，进一步优化社有经济布局和结构，盘活、盘大、盘强社有资产。积极采取委派法人代表管理和特殊管理股权管理等办法，探索联合社机关对社有企业的多种管理方式。可明确机关干部兼任企业领导者的过渡期限，期满后尊重兼职者的自我选择。二是要在机制上完善各项制度，健全法人治理结构。全面健全市、县两级联合社社员代表大会、理事会、监事会制度，形成社员代表大会—理事会—监事会相互制衡的联合社治理结构，保障机关、企业、农民等多方利益群体相互制衡的权利。同时，要进一步密切层级联系，完善联合社对成员社的考核奖惩机制，建立成员社对联合社的工作评价机制。按照现代企业制度要求，健全法人治理结构，深化企业人事制度、产权制度改革，依法依规实施员工持股，完善业绩考核和薪酬管理机制，强化激励约束和风险防控机制。三是要在监管上充分发挥监事会作用，相关部门形成监督合力。要着力完善监事会组织机构建设。建立监督规范、高效运转、公开透明、廉洁创新、坚强有力的监督主阵地。要明确监事会职责，强化职能。社有资产管理、审计、纪检监察等相关部门也要形成监督合力，加强各级供销合作社资产监管的审计、业绩考核，将社有资产保值和增值分别列入年度考核指标。加大各级纪检监察部门社有资产的管理运营监督审查力度。四是要在管理上规范社有企业投资决策。应建立社有企业投资管理制度和社有企业经营投资责任追究制度，以提高投资决策的科学性，有效防范投资风险，保证社有资产投资的为农服务方向，保障社有资产的保值增值。对于大规模项目类投资，需引入第三方专业投资团队进行充分论证，分析其投资的可行性，并加强事中的实施监督和事后的监督评估。五是要在发展上贯彻五大发展理念，壮大自身实力。党的十八届五中全会提出了“创新、协调、绿色、开放、共享”五大发展理念，供销合作社应以“五大发展理念”为引领，及时推动传统主业转型升级，重点围绕绿色环保、科技含量、要素优化等方面，对传统主业进行改造和提升。鼓励系统内龙头骨干企业打破层级界限，通过产权、项目、网络、品牌等途径，加强联手合作，建立新型企业联合体；鼓励系统龙头骨干企业与社会资本融合，积极与科技含量高、市场前景好的企业开展合作；鼓励社有企业与高等院校、科研院所开展产学研联合，组成战略联盟，实现优化发展。

（四）加快建设农村现代流通体系和农业社会化服务体系

根据网络组织理论，经济行为主体之间的联系链是网络组织优势的最重要体现。经过 60 年的发展，供销合作社在服务加工、流通周转等方面具有一定的优势。在市场经济体制中，供销社可以对现有的联系链加以整合拓展，在进一步发挥传统的商流、物流优势的前提下，构建包含资金流、信息流在内的农村现代流通体系和农业社会化服务体系。供销合作社必须在发展农村流通中担当重任，在农业服务体系中发挥重要作用，应加快建设高效顺畅、安全可靠的农村现代流通体系和功能完备、便捷高效的农业社会化服务体系。一是要进一步推进“新网工程”建设。继续把“新网工程”建设作为开拓农村市场、搞活农村流通的一号工程，抓住农村流通领域深刻变革、城乡发展一体化、“四化同步”带来的重大机遇，强化组织领导，加大投入力度，全面提升农资、日用消费品、农副产品、再生资源、烟花爆竹、农村金融服务六大网络建设水平。二是进一步提高网络运营质量。加快整合系统资源，以企业为主体，坚持市场运作与行政推动相结合，运用兼并重组、资产收购、业务对接、品牌合作等多种形式，推进网络资源跨层级、跨区域整合，促进“新网工程”建设向深度和广度发展。培育大型流通龙头企业，并充分利用城乡一体化建设的有利时机，积极引导其向县以下延伸经营网点，扩大经营规模，提升网络覆盖面。三是进一步推进农产品流通网络建设。加快现有农产品电子商务发展，推动网上经营与实体经营相结合，以信息化带动农产品流通现代化。四是要巩固强化传统业务。供销合作社传统主业只能巩固、不能削弱。要注重产品创新、品牌创新、商业模式创新，加快推进系统企业联手合作与兼并重组，培育一批大型企业集团，提高社有企业的市场竞争力和可持续发展能力。五是要积极开展新兴业务。调整业务经营结构，大力发展电子商务、连锁经营等新兴业态，拓宽服务领域，积极发展仓储冷链、担保拍卖、典当租赁、创投基金、农村金融、房产地产、电子商务、城市综合体建设等现代服务业，逐步提高新兴业务的比重，加快社有经济转型升级。加快推动供销合作社信息化建设，积极探索建立供销合作社电子商务平台，扩大网上销售规模，实现实体和网络互联互通。六是要积极参与农业产业化经营。坚定不移地培育龙头企业，不断壮大龙头企业集群。以龙头企业为引领，不断提高农户集约化生产、规模化经营水平，扶持联户经营、专业大户和家庭农场，培育发展多元服务主体，为农民提供全方位、低成本、便利高效的生产经营服务。七是要探索开展农村合作金融。要坚持社员制、封闭性原则，在不对外吸储放贷、不支付固定回报的前提下，因地制宜探索培育发展农村合作金融，开展农村互助合作保险。创办农信担保公司、小额贷款公司，开展典当、担保、融资租赁等业务，参与农信社股份制改造和村镇银行组建工作，提供多样化农村金融服务。试点地区要争取政策支持，加紧制定供销合作社开展合作金融业务的整体规划、具体路径和管理架构，稳步有序实施。采取多种方式，吸引和培养供销合作社金融人才。

（五）及时总结推广综合改革经验，扩大改革试点成效

在供销合作社综合改革中，试点省份采用了诸多措施，配套了大量资金，各级供销合作人员积极奉献、勇于创新，探索出了一批在全国有影响、可复制、可推广的服务新模式。如浙江省供销合作社构建供销合作、生产合作、信用合作“三位一体”农民合作经济组织体系，并设立农合联资产经营公司与农民合作基金；河北省供销合作社的组织体系、服务体系、经营体系、合作金融体系、管理体制五大创新和浅山区开展土地托管的模式；山东省供销合作社的“党建带社建村社共建”创新工程和“3 控 3×6+1”H 形双线运行机制；广东省供销合作社构建的社有企业为支撑的上下贯通、运转高效的经营服务体系。各试点省份供销合作社综合改革经验是科学的、成熟的、有规律可循的，其内涵和实质都符合中央精神、符合实际情况，具有一定的推广价值。因此，一是要及时总结试点省的改革亮点和改革经验。可通过召开现场工作座谈会、组织调研考察、利用网络与报刊开展改革试点专题系列报道等多种方式，把改革中发现的亮点和经验在供销合作系统内外加以推广，从而扩大改革试点成效，更好地发挥改革试点的引领示范作用，深化供销合作社综合改革。二是要加强基层的宣传发动工作。借鉴试点单位经验，选拔优秀的供销合作社干部，发动基层群众，培养群众骨干，加强对基层农民的社会动员与宣传工作，以唤醒农民的合作意愿和合作信念。同时，在推广成功做法和经验过程中，要注意提炼其背后所包含的政策支持框架和体制瓶颈突破等因素。三是要赋予试点省份供销合作社更多的权限。让试点省份在全面深化农村改革中先行先试，推动供销合作社综合改革，加快形成为农服务体系，促进中国特色农业现代化道路建设。

（六）加强合作经济理论研究、人才培养和供销合作社文化宣传

根据新古典经济学理论，在商品采购买方寡头垄断且具有空间性的

市场环境下，遵循净边际收益产品（NMRP）定价行为准则的合作社的竞争效应小于同规模但遵循净平均收益产品（NARP）定价行为准则的合作社。萨克斯顿阐明了在这样一个市场结构下，实行开放社员制度的合作社起到的促竞争作用。因此，加强供销合作事业人才队伍建设，加大对供销合作经济的理论研究，是推动供销合作事业持续发展的不竭动力。一是要建立专项基金，吸引专业人才。政府财政部门以及供销合作社的财务部门可设立专项基金，提高专业人才的工资待遇，吸引并奖励企业家人才、营销人才，以及大学生创业者、返乡创业者等加盟供销合作事业，以优化职工结构，给供销合作系统注入新的生命力。二是要加强教育培训，提高供销系统职工专业素质。加大对供销合作社系统机关干部、基层社职工、社有企业职工等知识更新、业务提高、能力提升等方面的培训力度，重点围绕农业专业化服务、电子商务、机械作业、普惠金融、合作社经营管理等为农服务新领域，提升广大干部职工的管理能力和业务能力，提高其市场化意识和为农服务自觉性，形成一支事业责任心强、改革落实效率高、创新能力突出的新型供销合作社系统干部职工队伍。同时要开展多种形式的企业经营管理人才、农民专业合作社带头人和农村实用技能培训，实现培训工作常态化。三是要建立人才激励和绩效考核机制。推广社有企业和基层社由职工持股制度，充分调动广大干部职工的积极性和主动性。推动省市级供销合作社优秀人才到基层挂职锻炼，支持基层社的发展。鼓励具有企业家精神的干部职工停薪留职、竞聘社有企业经营层领导。四是要加强合作经济理论研究。要充分发挥供销合作社系统院校的作用，对于合作社的本质规定性、如何发展合作社等合作经济基本理论问题展开深入系统的研究，为我国合作社实践提供理论基础与支持。五是要培育中国特色供销合作社的合作社文化体系。培育弘扬独具特色、内涵丰富的中国特色合作社文化精神，是推动供销合作事业持续发展的不竭动力。要不断优化合作社的发展环境，广泛宣传供销合作社为农服务和改革发展的新作用、新成就，大力弘扬供销合作社精神。积极开展供销合作系统法制建设和文明行业创建活动，继续加大供销合作社标识推广力度，树立供销合作社的良好社会形象。六是要加强国际合作与交流。与国际各类合作组织、港澳台地区合作组织沟通交流，学习借鉴一切有利于加强供销合作社理论建设的有益经验，丰富供销合作社理论的内容，提升我国供销合作社的国际竞争力与影响力。

（七）完善相关法律制度和配套政策

供销合作社综合改革以来，中共中央和国务院公布了关于深化供销合作社综合改革的决定，各级省委、省政府高度重视，出台了许多相关政策措施。然而，迄今为止，尚未出台针对供销合作社而设计的法律法规，这为供销合作事业的建设留下了很多不确定的因素，社属资产产权不清晰、政策性亏损挂账和不良贷款数额庞大、土地资产闲置浪费等历史遗留问题也仍未解决。所以，要完善相关法律制度和配套政策，以保障供销合作社综合改革顺利推进。一是要修改和完善改革过程中涉及的相关法律。如“农民专业合作社法”的修改与完善，“信用合作社法”的制定，以及需要加快“农合联立法”进程。二是要尽快出台“供销合作社条例”。“供销合作社条例”可以明确供销合作社的组织性质和特定法律地位，带动供销合作社的改革与发展，更好地发挥供销合作社在党和政府“三农”工作中，以及为农服务体系建设中的独特优势和重要作用。三是要积极争取并落实相关配套政策。如利用政策解决供销合作社的政策性挂账和职工社保金的欠缴问题，健全供销合作社办理土地使用权证的政策，探索如何突破原有利益格局，推进支农资金方式和渠道的改革，构建农业社会化服务政策新框架，以保障供销合作社的改革顺利推进。四是要有合理的顶层设计。改革中还应把“自下而上”和“自上而下”统一起来；把“政府”看得见的手和“市场”看不见的手统一起来；把眼前利益和长远利益统一起来；把供销合作社综合改革与现代化为农服务体系建设统一起来；把顶层设计和因地制宜、各具特色统一起来。只有与时俱进地完善相关法律制度和配套政策，供销合作事业才会健康发展。

参考文献

[1]《中共中央　国务院关于深入推进农业供给侧结构性改革　加快培育农业农村发展新动能的若干意见》（中发〔2017〕1 号）。

[2]《中共中央　国务院关于落实发展新理念加快农业现代化　实现全面小康目标的若干意见》（中发〔2016〕1 号）。

[3]《中共中央　国务院关于深化供销合作社综合改革的决定》（中发〔2015〕11 号）。

[4]《顺应农业供给侧结构性改革新形势　加快推进供销合作社综合改革——王侠在中华全国供销合作总社第六届理事会第四次全体会议上的工作报告》（2017 年 1 月 19 日）。

[5]《落实发展新理念　全面推进综合改革　打造服务农民生产生活的生力军和综合平台——王侠在中华全国供销合作总社第六届理事会第二次全体会议上的工作报告》（2016 年 1 月 16 日）。

[6]《王侠在全国供销合作社电子商务工作会议上的讲话》（2016 年 9 月 12 日）。

[7]《关于加大改革创新力度加快农业现代化建设的若干意见》（中发〔2015〕1 号）。

[8]《关于全面深化农村改革加快推进农业现代化的若干意见》（中发〔2014〕1 号）。

[9]《中华全国供销合作总社关于全面贯彻落实〈中共中央　国务院关于深化供销合作社综合改革的决定〉的指导意见》（供销合字〔2015〕22 号）。

[10]《国务院关于加快供销合作社改革发展的若干意见》（国发〔2009〕40 号）。

[11]《关于深化供销合作社改革的决定》（中发〔1995〕5 号）。

[12]《中华全国供销合作总社关于加快推进电子商务发展的意见》（供销经字〔2015〕1 号）。

[13]《交通运输部、农业部、供销合作总社、国家邮政局关于协同推进农村物流健康发展加快服务农业现代化的若干意见》（交运发〔2015〕25 号）。

[14]《关于深化供销合作社和农业生产经营管理体制改革　构建“三位一体”农

民合作经济组织体系的若干意见》(浙委发〔2015〕17号)。

[15]《关于加快推进“三位一体”新型合作社建设的实施意见》(黔供发〔2016〕69号)。

[16] 周加来、唐敏等:《中国供销合作经济发展研究报告》(2016年),中国商业出版社,2016。

[17] 周加来、唐敏等:《中国供销合作经济发展研究报告》(2015年),中国商业出版社,2015。

[18] 周加来、唐敏等:《中国供销合作经济发展研究报告》(2014年),中国商业出版社,2014。

[19] 唐敏、吴本银:《路径依赖、路径替代与基层供销社演进——关于基层供销社制度创新的制度主义分析》,《经济问题探索》2008年第5期。

[20] 苏志平、庞毅等:《合作经济学》,中国商业出版社,2006。

[21] 张晓山、苑鹏:《合作经济理论与中国农民合作社的实践》,首都经济贸易大学出版社,2010。

[22] 陈家涛:《合作经济的理论与实践模式》,社会科学文献出版社,2013。

[23] 郭红东、钱崔红:《关于合作社理论的文献综述》,《中国农村观察》2005年第1期。

[24] 苑鹏:《近年国外合作社理论的发展》,《中国社会科学院院报》2006年3月7日。

[25] 田诗豪:《制度变迁理论视角下供销合作社职能转型研究》,广西师范大学,2016。

创新篇

电子商务助推传统商业企业的变革*

黄　浩**

摘　要　电子商务已经成为经济活动中重要的交易手段，它推动了创业和创新，促进了宏观经济的增长，改变了人民群众的消费行为。本文分析了中国电子商务发展的现状与特点，深入剖析了电子商务推动传统商业变革的机理。研究发现，作为一种网络化的交易模式，电子商务改变了流通渠道的结构，增加了供给，优化了物流、资金流、信息流等经济要素的结合方式，催生了众多创新的商业模式。在此基础上，文章进一步指出了电子商务发展中存在的市场秩序、数据安全、假冒伪劣商品等问题，以及政府在引导电子商务发展过程中的认识误区，并提出了促进中国电子商务健康发展的政策建议。

关键词　电子商务；商贸流通；商业创新；产业升级

---

* 基金项目：中国社会科学院财经战略研究院2017年度创新工程“以供给侧结构性改革推进消费升级战略研究”（2017CJY01005）阶段成果和国家社会科学基金面上项目“互联网驱动的产业融合：测度、形成机理与政策监管”（16BJY090）阶段成果。

** 黄浩，中国社会科学院财经战略研究院副研究员，硕士生导师，主要研究方向：电子商务与服务创新。

自21世纪以来，短短十几年，电子商务已经成为市场经济中最主要的交易手段之一，在全球范围内展现出巨大的影响力，极大地改变了传统商品流通的模式，以及人民群众的消费行为。它大大降低了交易成本，提高了交易效率。2015年，超过25%的GDP通过电子商务的手段得以实现，目前，网络零售交易额超过了社会消费品零售总额的15%。由此可见，电子商务已经成为我国市场体系的重要组成部分，为了促进电子商务的进一步发展，国家相关部门出台了多部与电子商务相关的政策与条例，充分体现了政府推动电子商务发展的决心。与之对比，我国传统流通产业仍然处于粗放型的发展阶段，存在区域布局不合理、城乡发展不均衡、运营效率低等问题。更为严重的是，由于受到电子商务发展的冲击，传统商业企业面临着改革与发展的压力，不仅要解决传统流通体系中长期存在的痼疾，还要调整传统流通产业与电子商务之间利益的冲突，变革传统商业企业，适应电子商务的崛起，从而形成融合电子商务与传统商业产业的现代化流通体系。在这个过程中，迫切需要把握电子商务发展的趋势及其对于流通体系的根本影响，才能制定出科学合理的产业政策，促进流通产业的进一步发展，更好地释放居民的消费潜力，推动国民经济的发展。

一　电子商务对于传统经济的推动作用

（一）促进经济增长

流通产业作为国民经济中的基础性和先导性产业，它的发展可以促进宏观经济的增长。电子商务作为流通产业的一种业态，它的发展推动着流通业、制造业、网络基础设施、金融支付等产业的发展和兴起，带动了更多的就业，促进着社会的发展和进步。首先，电子商务能够有效聚合大量的需求方和供给方，拓宽了市场的交易范围，刺激了内需的扩张。其次，作为国家战略新兴产业的一部分，电子商务带动了企业在机器设备、厂房、仓储、运输工具、信息基础设施等固定资产方面的投资。另外，电子商务提供了新的服务和经济组织方式，打破了传统经济体系的均衡状态，促进了经济体系向更优的均衡状态发展。

（二）优化产业结构

作为经济要素优化配置的一种方式，电子商务提高了交易效率，降低了交易成本，通过消中介与再中介，改变传统经济的组织方式，推动产业结构的优化和调整。目前，网络零售交易额的社会零售额占比大约为15%，虽然交易体量相对不大。但是，由于其波及面广，对于传统商业、工业、农业的生产、流通、消费、服务等各个领域均具有广泛的影响力。因此，可以说电子商务具有强大的产业带动能力，它的发展能够推动传统经济的转型、升级。另外，长期以来，中国商品市场存在地区分割的问题。而电子商务具有跨地域的特点，它的发展能有效促进区域经济融合，加快全国性统一市场的形成。尤其是农村电子商务的发展，使得流通渠道在广大农村地区得以改善，促进了农产品流通和商品在农村的流通。电子商务所引发的跨地区交易，在一定程度上降低了区域经济发展的不平衡，推动了欠发达地区经济的发展。

（三）推动大众创业，万众创新

围绕网络平台已经出现了大量基于电子商务的创新、创业以及就业机会。数据显示，如果使用电子商务的中小企业增加1%，那么将产生大约4万多个新增的就业岗位。同时，电子商务具有较强的创造就业岗位的“杠杆效应”，一个直接的电子商务就业岗位平均可以带动约2.85个间接就业的机会。另外，电子商务冲击了传统产业，重构了产业链，为社会就业提供了新的选择和渠道。尤其是电子商务平台给普通人尤其处于社会底层的弱势群体提供了从事个体经营的创业与就业的机会，从这个意义上看，电子商务在服务弱势群体、缓解社会就业压力、提高居民收入、促进社会稳定方面也起到积极的作用。

（四）改善消费与生活方式

电子商务为消费者提供了不同于传统线下购物的消费方式，使得消费不再受到时间、地域的限制。另外，随着电子商务与通信、餐饮、旅游、零售等本地生活服务业的融合越发紧密，电子商务的应用领域不断拓展，通过互联网实现购物、订餐、娱乐、旅行预订、缴费变得越来越普及，网络化的生活和消费方式已经融入了消费者的日常生活。电子商务带来购物、消费方式的改变减少了人们外出购物的次数，有助于缓解大城市普遍存在的交通拥堵问题，对于建设绿色、低碳的城市起到积极的作用。

二　中国电子商务发展的现状与特点

（一）电子商务发展的基本情况

1. 交易规模持续增长

21 世纪以来，中国电子商务市场持续高速增长，近十年来，复合增长率超过 30%。2015 年，中国电子商务交易总额超过了 20 万亿元人民币，相比 2014 年增长率达到 27.0%（见图 1）。无论从交易体量还是影响力来看，电子商务都已经成为推动中国经济持续增长、促进产业转型升级的新引擎。

在网络零售方面，中国已经成为世界第一大网络零售市场。2015 年，网络零售市场交易规模达 38773 亿元（见图 2），占社会消费品零售总额（300931 亿元）的 12.9%，同比增长 33.3%，远高于同期社会消费品零售总额的增长速度（10.7%）20.9 个百分点。

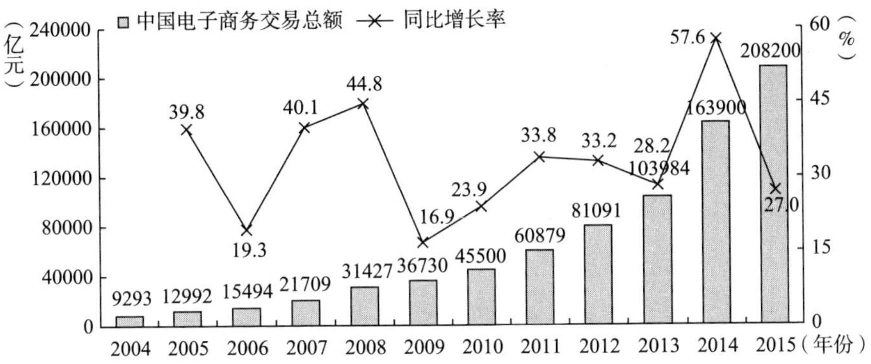

图 1　2004～2015 年中国电子商务交易总额及增长率

资料来源：历年《中国电子商务报告》。

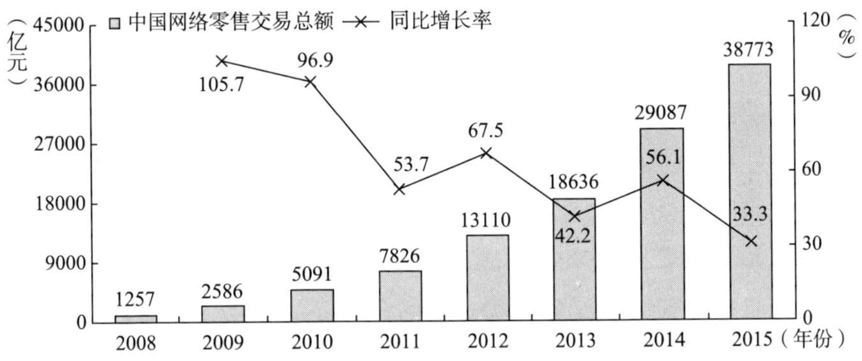

图 2　2008～2015 年中国网络零售交易总额及增长率

资料来源：历年《中国电子商务报告》。

2. 市场用户规模不断扩大

电子商务市场的发展离不开坚实的用户基础。自从互联网在中国出现之后，中国网民的数量逐步增长、CNNIC 数据显示，截至 2015 年 12 月，中国网络购物的用户规模已达 31325 万人，增长率为 14.3%；2013 年之后网民规模的增长进入平台期，互联网用户市场从广泛普及转为深入发展，网民对互联网的依赖程度日益加深，其中，网络购物应用的发展最为突出，它已经成为中国网民第一大电子商务应用，使用率达 60.0%，用户规模的增速远高于整体网民规模增速（见图 3）。

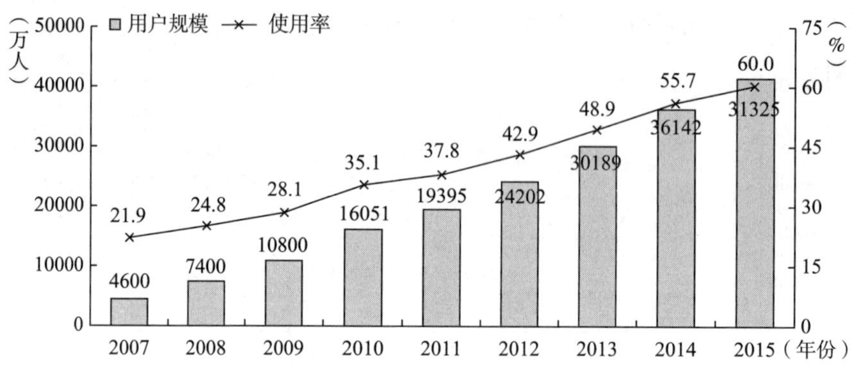

图3　2007～2015年中国网络购物用户规模和使用率

资料来源：CNNIC。

3. 电子商务的商品种类逐步丰富

在跨境电子商务、农村电子商务、“互联网+”的推动下，越来越多的商品品类通过电子商务的渠道实现销售。其中，农产品、化妆品、母婴产品和药品成为电子商务发展的潜力市场。统计显示，2015年，全国实物商品网上零售额达32424亿元，同比增长31.6%。其中，吃、穿和用类商品分别增长40.8%、21.4%和36.0%。

化妆品是受到电子商务影响较大的商品品类，由于化妆品行业品牌溢价高，主流化妆品品牌长期依赖线下专柜渠道。但是，借助电子商务，国产化妆品品牌迅速崛起。它们避开与国外大品牌在传统渠道中直接竞争，而是借助网络渠道，开展灵活营销。目前，25.9%的网购用户购买过化妆品及美容产品，在海淘市场中，化妆品及美容产品仅次于服装品类；2015年“双十一”全网化妆品交易额高达44.9亿元人民币，凸显了化妆品在电子商务渠道中的分量。

母婴商品也随着电子商务迎来了巨大的发展机遇。2015年，母婴类网络零售额达1157.2亿元，相比2014年同比增长26.0%。2015年“双十一”，母婴类销售额占全网比例为1.9%。在资本推动下，蜜芽、贝贝网等众多垂直母婴类电商不断出现，天猫、京东、苏宁等综合网络零售平台的母婴产品销售额也呈现爆发式增长。

电子商务将成为药品销售的重要渠道。2014 年 5 月，国家食品药品监督管理总局发布《互联网食品药品经营监督管理办法（征求意见稿）》以来，医药电子商务获得了巨大的发展契机，医药销售的渠道格局正在发生变化。药品在网络零售中的占比逐步扩大。国家药品监督管理总局发布的数据显示，2015 年中国网上零售药店数量已达到 342 家，同比增长 26%。

得益于农村网络基础设施的改善，大量农产品通过电子商务实现了全国范围内的流通。农民也能利用电子商务更加便利地销售农副产品，购买生产和生活用品，了解外界市场信息，寻找致富门路，从而促进了农民收入的持续增长。2015 年，农产品电子商务的市场稳步成长。农村淘宝已累计覆盖全国 22 个省 202 个县、建立了 9278 个村级服务站；全国共有淘宝村 780 个、淘宝镇 71 个，相比 2014 年分别实现 268%、274% 的增长。

总之，大量的商品品类已经涌入电子商务渠道，改变了电子商务的商品结构，促进了电子商务的发展。

4. 移动电子商务占比不断增加，线上线下融合模式大量兴起

CNNIC 数据显示，2015 年中国使用手机进行网购的网民用户规模为 33967 万人，在手机网民中的占比达到 54.8%（见图 4），增长率为 43.9%。与此对应，中国移动网购交易额达 2.1 万亿元，同比增长 123.2%。移动电子商务在网购总交易额中的占比首次超越 PC 端。随着移动电子商务渗透率持续提升，预计 2017 年将有超过七成的电子商务交易通过移动端完成。

（二）中国电子商务发展的主要特点及趋势

1. 网络零售逐步成为主流的流通渠道

从电子商务交易额占社会零售总额的比例分析，电子商务正在逐步成为主流的流通渠道。电子商务交易总额在 2006 年超过 1.5 万亿元，

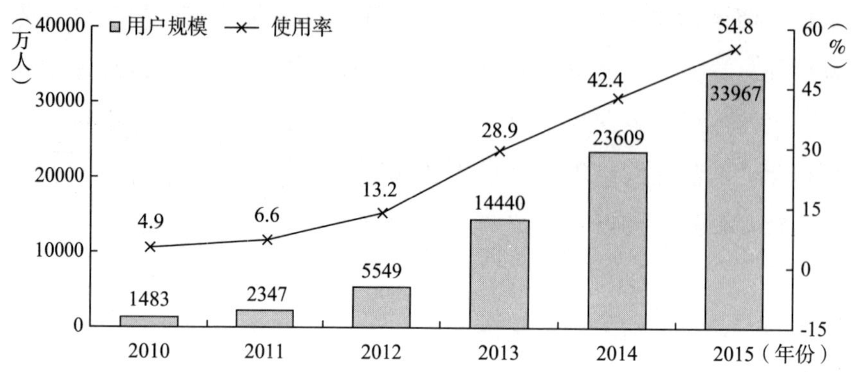

图4 2010～2015年中国手机网络购物用户规模和使用率

资料来源：CNNIC。

2007年达到2万亿元，2008年首次超过3万亿元，从而实现了中国网络零售三个“1”的突破，即网络零售总额突破1000亿元，参与网络零售的消费者突破1亿人，同时占社会消费品零售总额比例突破1%。从此开始，网络购物高速发展，从小众化、分散化的购买阶段进入大众化、普及化的购买阶段。即使在2007～2008年受到全球经济危机的影响，我国的网络购物依然取得了年均增长均超过30%的好成绩。2012年中国网络购物交易规模超过日本，2013年超过美国，成为全球第一大网上交易市场。2015年，网络零售的社零占比超过了15%。至此，网络零售已经成为中国消费品市场的重要流通渠道。

2. 网络消费得到消费者广泛认可

随着电子商务市场的稳定增长，网络消费已经成为中国企业与居民日常商务和生活重要的组成部分。这种消费形式已经获得了越来越广泛的认同。许多商品通过网络营销获得了巨大的市场关注，相比传统线下渠道，其产生的影响作用是前所未有的。通过早期对电子商务切实体验之后，越来越多的主流消费群体开始参与网络消费，他们有着较大的消费能力，会迅速放大网络消费的交易量。网络消费涉及的商品种类也越来越广泛，从图书、电子机票等标准化产品，逐步发展到品牌商品、个性化商品的购买。比如，钻石这种商品属于炫耀性消费，多数情况下的购买是通过线下渠道实现，并不适合网络销售。但是，通过网上渠道，钻石的销售不仅可以通过削减多层分销环节，从而大大降低流通渠道的成本，还可节省线下店面所产生的高额租金和装修费，大幅度降低了钻石的售价，使得网络消费的产品在价格上具有较大的竞争优势，增加了对于消费者的黏性。

3. 电子商务业务模式日趋多样化

经过多年的发展，中国的电子商务演化出各种不同的商业模式，如B2B、B2C、C2B和C2C等，这些不同的商业模式不再以孤立的形态出现，它们不断分化、结合，传统商业企业也会根据自身发展的能力融入各种不同类型的电子商务模式，它们的融合推动了传统商业的创新发展。目前，B2C模式的电子商务企业积极引入团购、商城模式，而许多C2C电子商务平台也引入了网络商城，推出团购业务，逐步发展B2C模式，这使得B2C和C2C的界限越来越模糊。无论电子商务模式如何变化，不同模式之间都在探索如何提升商品流通的效率，围绕最终消费者，提高附加价值。

4. 传统企业日益电商化

电子商务的发展冲击了传统的商业渠道，为了应对这种挑战，在拥有线下实体店的基础之上，大量传统商业企业试图构建自己的网络平台，扩大网络影响力，争取网络购物的消费群体。传统商业企业加大了对电子商务的投入，积极探索如何实现线上与线下的融合方式（O2O）。传统商城推出了网上商城，或由政府主导建立区域性的公共网上商城，纳入各类商贸企业，使得在实体店能买到的商品，大部分都将可以通过网络购买，从而实现传统商业企业向线上与线下融合的商业模式转型。近年来，电商企业之间或电商企业与传统企业不断掀起价格战，试图做大各自的规模，充分显示了电子商务的发展正在改变着商业领域的产业格局和竞争方式。未来，无论是传统线下商业企业，还是线上的电子商务企业，相互融合是必然的发展趋势。

三　电子商务对商贸流通渠道的冲击

（一）电子商务促进商贸流通渠道扁平化

由于空间、时间的制约以及物流体系的不完善，传统商品流通模式下，商品从制造商向最终消费者分销的过程中需要经过较多的环节，包括多级的批发商和最终的零售商，从而使得传统的商贸流通渠道呈现多层次的金字塔结构。这种渠道结构对于传统商品流通模式具有积极的作用，因为它帮助制造商克服了时空的障碍，扩大了渠道的覆盖范围，并在一定程度上实现了规模经济。但是，金字塔形式的流通结构同样具有自身无法克服的弱点。比如，流通渠道的中间环节过多会造成流通信息的失真，使得渠道无法有效实现供需双方的匹配，产生了需求不足或者供大于求的情况。生产者与消费者距离过远也放大了市场的风险。另外，过多的流通层次提高了商品流通的时间成本和资金成本，造成流通效率低下。

电子商务促进了供需信息的对称，配合交通和物流的发展，现代流通渠道呈现出去中介化的趋势。随着基于互联网的网络购物逐步成为商品流通的重要渠道，在制造商到消费者之间的商品流通链条上，信息传递和物流配送能力大幅提高，批发商、零售商等中介环节正在逐渐减少。制造企业甚至可以通过网络直销或利用电子交易平台直接面对消费者。现代流通渠道经过较少的层次就可以实现商品的销售。在电子商务的冲击下，中国传统商品流通网络正在经历着渠道结构的变化，在这个过程中，传统流通网络正在被重构，一种扁平化的商品流通渠道正在形成。因此，电子商务的出现减少了流通环节，提高了交易效率，降低了交易费用，规避了制造商的风险，同时也提升了消费者的满意度。但是，它的出现势必淘汰大量的中间商，造成了电子商务与传统商贸企业的利益冲突。

（二）电子商务拓宽传统商贸流通渠道

在传统的流通体系中，由于渠道容量有限，能够进入流通网络在全国范围内分销的商品数量相对较少。因此，传统渠道对于大多数厂商而言拥有强势的地位，尤其对于大量中小型企业。由于其规模和产量较小，行业份额不高，作为卖方的中小企业在与流通渠道的竞争中，往往只能是价格等因素的接受者。另外，由于缺乏资金自建流通渠道、开发市场，中小企业自销产品的规模也不经济，只能依靠传统的批发、零售等流通环节销售自己的产品。因此，中小企业不能与终端消费者建立直接的沟通与接触的关系，在当今买方市场情况下使自己陷入产品流通上的被动境地。

对于大量中国的中小企业而言，传统渠道居于主导地位是由渠道能力不够决定的。由于有限的渠道容量，只有相对少量的产品有机会进入主流流通渠道，从而使得渠道在产品流通的过程中具有较大的话语权。然而，作为一种流通方式，电子商务对传统流通渠道具有一定的替代效应。更为重要的是，电子商务平台能够容纳更多的产品进入流通渠道，并且使得消费者能够快速发现他们所需要的商品，这种能力大大增加了流通渠道的商品容量，使得大量中小企业都有机会以非常低的成本接触到终端消费者。传统厂商对于渠道的竞争随着渠道容量的扩大迅速瓦解，从而打破了传统渠道对于商品流通的垄断地位。而且，随着电子商务对于传统流通渠道容量的拓展，大量增加的商品品类也提高了流通渠道两端的供给和需求量。

（三）电子商务促进流通渠道“三流分立”

随着传统流通业与电子商务的不断融合，商贸流通的模式发生了重大变化，从商业企业的运作方式到组织形式都融入了电子商务的元素，电子商务被赋予了传统商业新的内涵。其中最重要的改变是，信息技术的介入促进了流通渠道三流分立的形成。从“三流合一”到“三流分离”，再到“三流分立”，是流通渠道专业化发展的必然趋势。现代商贸流通领域三流分离、分立使得物流、资金流、信息流在流通渠道中的地位发生了变化。传统流通渠道注重物的流动，物流在商品流通中居于主导地位。而以电子商务为代表的现代流通渠道则首先着眼于信息的传递和流动，并且以信息流规划、引导商品的流通。因此，三流分立改变了物流、信息流和资金流的相对地位，使得商品的流通由信息牵导，信息流效率决定了物流的效率。信息流在新型商贸流通网络中居于主导地位。

另外，根据交易费用理论，“三流分立”的形成需要有效而又低成本的外部交易作为发展条件。随着围绕电子商务形成的商业服务支撑体系逐步完善，各类市场服务组织的发育日趋成熟，快递公司、会计师事务所、报关服务公司、审计事务所、第三方支付企业等机构不断涌现，提高了商品流通的专业化与组织化程度。因此，完善的市场服务体系使得分立的信息流、资金流和物流可以实现高效整合，提高了流通渠道的效率和企业的经济效益。因此，在流通领域的经济要素重新分解与整合的过程中，流通产业链的结构及其商业生态环境也发生了改变。传统流通企业必须适应这种改变才能继续生存与发展。

（四）电子商务打破了中国市场的区域分割

电子商务在改变市场格局、促进全国统一市场形成方面的作用体现在两个方面。

一方面，电子商务有助于打破市场区域分割的局面。长期以来，中国的商品市场一直处于区域分割的状态，造成这种情况的原因主要有两个：一是由于交通运输不便和信息不对称造成的自然分割；二是各种形式的地方保护主义导致的市场分割。由于市场的区域分割涉及地方政府利益等深层次的体制问题，而且，传统的商品流通模式和渠道结构受制于买卖双方的时空距离，很难突破商品流通的地区壁垒。因此，市场的区域分割作为流通领域长期的痼疾不易克服，它是阻碍中国流通产业进一步发展的根本问题之一。但是，电子商务的发展极大地缓解了商品市场的信息不对称。并且，由于电子商务具有跨越时空的特点，无形中彻底打破了地区之间的市场壁垒，加速了全国性统一市场的形成。电子商务引起的市场整合和一体化是任何行政手段都无法干预的。数据显示，苏宁易购、京东商城、淘宝网等电子商务平台汇集了来自全国各地的商品。与此同时，这些电子商务平台也服务于全国市场的消费者。因此，电子商务的模式具有打破区域市场分割的能力，它的发展可以促进全国统一市场网络的形成。

另一方面，电子商务的发展促进了城乡流通市场的一体化，消除了城乡二元结构，有助于新型城镇化建设。传统的商品流通网络中，受制于投资回报率、人口聚集度和经营成本等因素，大中型商贸流通企业没有投资三、四线城市和农村市场的动力，直接造成了城乡商品流通网络的市场经营业态、发展程度和经营方式的巨大差距。相比一、二线城市，三、四线城市和广大乡村地区的商业基础设施建设严重滞后，现代化程度也不高，这与农村地区居民不断增长的消费需求极不适应。可喜的是，电子商务的发展提供了一个跨区域的商业平台，弥补了城市和乡村商业基础设施的不均衡，刺激了大量新增的消费。尤其值得注意的是，这些新增消费中，增量消费在实体商业欠发达的地区更为显著。由于这些地区的实体商业网络不成熟，所以消费者通过电子商务能够购买之前他们无法通过线下渠道获取的商品。因此，电子商务平台已经成为广大农村地区和三、四线城市居民释放消费潜力的重要流通渠道。电子商务弥补了城乡商业基础设施的差距，促进了城乡商业基础设施的均等化，在这个过程中，电子商务渠道填补了传统商业网络的空白，改变了流通渠道的结构，冲击了传统商业渠道的利益。

总之，随着互联网经济的不断深化，快速发展的电子商务已经对整个经济体系产生了巨大的冲击。在这样的背景下，流通产业作为经济循环的重要环节也不可避免地经历着巨大的变革，电子商务改变了流通领域的商业生态系统，传统流通渠道也必须积极变革才能适应现代流通体系的要求。在这个过程中，政府监管部门应该深刻理解电子商务对于传统流通体系的影响，把握由于电子商务出现而引发的新问题和新规律，采取适当的、有针对性的措施促进传统流通体系的转型升级。

四　中国电子商务发展中存在的主要问题及危害

电子商务在中国的超常规发展过程中也暴露出一些存在的问题，如知识产权保护、商品质量、偷税漏税等。随着电子商务从内贸发展到外贸，从城市扩展到农村，其影响范围也越来越广泛。因此，其引发的问题也无形中被放大，受到国内外各界的关注。主要问题表现如下。

（一）假冒伪劣商品，影响国家形象

长期以来，电子商务市场中存在的商品质量问题较为突出。2014年，国家质检总局对网络商品质量的抽查结果显示，电子商务商品销售中，质量合格率仅仅达到74%，远远低于线下传统市场的商品质量合格率。网络渠道成为假冒伪劣商品滋生的温床和传播的渠道，此外，电子商务市场中还普遍存在侵犯商标专用权的现象。除了商品的问题，电子商务的交易行为也较为混乱，如虚假宣传、违规促销等侵犯消费者权益的商业行为普遍存在，并且已经逐步发展成为社会性的问题。以上这些问题的危害主要体现在两个方面。

第一，影响了整体市场经济的健康发展。传统商业与电子商务正在不断相互融合，但是，网络上存在的非正规的交易行为和大量假冒伪劣商品已经严重影响了传统市场的交易秩序。另外，线下与线上监管的方式和力度存在差异，造成了市场竞争的不公平，从而阻碍了市场经济的健康发展。

第二，影响国家形象。由于产业升级的要求，中国正在从制造大国向品牌大国转变，这就要求我们的企业必须具备品牌意识，加强商品品牌的保护。而目前在电子商务领域中大量存在的冒牌产品和侵犯知识产权的行为，已经严重损害了国家的品牌形象，影响了中国产品作为群体品牌的国际声誉。因此，放任电子商务渠道中存在的假冒伪劣商品将不利于中国建设品牌强国的战略实施。

（二）有效监管缺位，影响市场秩序

为了鼓励创新、促进发展，在电子商务发展的早期阶段，政府采取了较为宽松的监管政策。但是，随着网络渠道交易量的扩大，参与主体不断增加，对于电子商务缺乏有效监管带来的危害逐步显现。目前，主要存在以下两个方面的监管问题。

第一，网络渠道中大量小微企业游离于现有的监管体系之外。与传统商业不同，电子商务的出现使得大量小微企业可以低成本地进入市场，一些电子商务平台上能够容纳的经营商家多达上百万户。但是，在这些众多的小微企业中，许多经营户没有工商登记、没有实名登记，也没有纳税登记，如此大量的小微企业未能纳入政府的监管体系，必然隐藏着众多的危害与风险。

第二，线下与线上两种商业形式的监管实行两套不同的体系，没有统一起来。监管方法和监管尺度也存在差异，人为造成了两种不同的市场环境，无形中形成了监管上的漏洞。对电子商务缺乏有效的监管直接影响着正常市场秩序的建立。首先，监管的不统一，造成了传统商业企业与电子商务企业的利益冲突；其次，缺乏监管，造成电子商务企业之间的恶性竞争；最后，网络渠道中大量中小企业没有纳入监管范围，造成了普遍存在的偷税漏税现象。统计数据显示，网络购物开票金额仅30%，70%的交易未缴纳任何税、费，全国范围内，平台型电商一年漏税达数千亿元人民币。

（三）丧失商业交易数据的掌控，影响国家安全

电子商务企业与传统商业企业不同，尽管其提供的也是一般的商业服务。但是，由于垄断的市场地位，以及巨大的交易量，几乎大部分电子商务企业都是大数据企业，诸如京东、阿里巴巴、当当等企业都具有相当大的市场份额，掌握着上亿中国消费者的交易数据和行为数据。这些数据背后隐含的是相互联系的各种人群信息，以及国家的宏观经济信息。电子商务企业掌握的大量国民数据直接关系国家的信息安全和社会稳定。但是，由于企业对数据具有所有权，国家统计局、政府监管部门也无法准确获知这些数据信息。从目前的发展趋势看，未来国家层面的竞争力将部分体现为一国拥有数据的规模，运用和处理数据的能力。国家的数据主权体现在对数据的占有与控制上。数据主权将是继空防、海防、边防之后，另一个值得高度重视的主权范畴。

但是，目前对国民数据资产的立法工作相对滞后，造成电子商务企业基于自身的利益，拒绝与政府共享、交流数据。这不仅造成了数据资源的巨大浪费，还影响了政府的知情权与合法的监管工作。更为严重的是，如果外资企业或者外资控股的电子商务企业掌控了大量的国民数据资产并洞悉民族的深层次信息，必将威胁到国家的经济与社会安全。虽然目前大多数外资控股的电子商务企业的运营与控制权属于中国公民，但是它带来的潜在安全威胁需要政府部门以及社会各界谨慎对待。

（四）忽视了电子商务对于传统产业的推动作用

在以城市为主体、推进电子商务发展的规划中，各地政府由于缺乏对于电子商务经济规律的深入理解，其促进电子商务发展的政策导向和政策着力点均发生了偏差，主要体现在过分强调电子商务服务业的发展，忽视了传统产业通过电子商务实现产业转型、升级的决定性作用。目前各地政府促进电子商务发展的政策未能抓住核心问题，违反了电子商务

发展的自身规律，主要有以下理由。

第一，传统产业通过电子商务实现产业转型、升级具有更加重大的经济意义。电子商务的发展主要体现在两个方面，一方面是传统产业应用电子商务的普及和成熟，另一方面是电子商务服务业的创新和发展。电子商务服务业包括了第三方电子商务平台、电子支付、仓储物流、代运营业等行业，它们主要服务于企业应用电子商务的主要业务需求。电子商务服务业作为战略性新兴产业，其战略意义主要体现在它作为经济要素优化配置的先进方式上，降低了交易成本，提高了交易效率，从而改变了经济的组织方式，推动国家产业结构的优化和调整。电子商务服务业体量相对不大，但是，电子商务服务业撬动着巨大的传统经济转型、升级。从这层意义上说，电子商务服务业是手段，而传统产业的转型、升级是目的。而且，目前传统产业在国民经济中依然占有较大的比重，传统企业在相当长的时间内仍然是推动经济增长的主力，而电子商务服务业在改善交易效率、加速区域经济融合、促进全国乃至全球范围内统一市场的形成中具有重要的推动作用，因此，电子商务的应用可以为传统企业提供更加广阔的市场，提高生存能力和效益水平，从而进一步释放传统产业的产业能级。从经济意义上说，大量传统企业应用电子商务比单纯电子商务服务业发展创造的经济价值更多。

第二，政府力量无力引导、推动电子商务服务业的发展。首先，电子商务服务业作为新兴的现代服务业，处于发展的早期阶段，业态变化多，创新快。学界、产业界对于电子商务服务业未来的发展方向都没有一个明确的认识。近年来，C2C 平台、团购网站等电子商务服务业的兴衰都说明了电子商务服务业创新、发展、衰退的不可预测性，而只有市场才是最终的引导和选择力量，尤其是处于发展早期的业态。因此，通过市场竞争任其自主发展，等到电子商务服务业产业轮廓清晰、趋势明确的条件下再进行政策引导和推动，才能顺势而为，起到更好的效果。其次，各地政府大多采用产业聚集的方式推动电子商务服务业的发展。

这种工业化的发展方式不适合电子商务服务业的特点，因为电子商务服务业不具有明显的链状结构，对地理位置也没有明显的依赖作用，聚集效应无法体现，所以目前的产业政策也不能起到有效的作用。最后，电子商务服务业，尤其是电子商务第三方平台，属于典型的寡头垄断市场结构，行业集中度高，企业经营的固定成本高，边际成本低，市场风险较大。而且目前 C2C、B2B 和 B2C 第三方平台的市场格局基本形成，如果各地政府盲目引导当地企业进入第三方平台服务业，容易造成全国范围内的重复建设，浪费经济资源。因此，无论政府的能力还是现有的政策都不能引导、推动电子商务服务业的健康发展。

第三，引导传统产业通过电子商务实现产业转型、升级是促进电子商务健康、快速发展的政策抓手。在电子商务服务业与传统产业应用电子商务两个方面，首先要明确以应用促进服务与以服务带动应用哪个政策效果更好。美国前十大网络零售商中，亚马逊（Amazon）是唯一一家纯粹的电子商务企业，而中国前十大网络零售商中，却只有苏宁电器一家传统零售商，对比中美两国，可以看出两国在传统企业应用电子商务水平方面的巨大差距。中国电子商务服务业发展相对较快，但是未能带动大批传统企业实现转型、升级，可见，目前的电子商务服务业带动能力不强，其战略性作用主要凸显在服务于传统产业的转型和升级，而这也是目前中国电子商务发展的短板。因此，以应用促进电子商务服务的创新、发展，而不是以服务带动应用，应当成为激发电子商务应用与电子商务服务业良性互动的政策着力点。因为以应用带动服务比以服务推动应用效率更高、成本更低、效果更好。

五　促进电子商务健康发展的政策建议

（一）统一电子商务的监管方式与监管政策

第一，统一各地区之间对于电子商务的监管方式。目前，各省、市对于电子商务的监管是分散、独立的。但是，由于电子商务的交易具有跨地域的特点，传统区域分割的监管体制已经不能适应电子商务的交易方式。因此，有必要进行顶层设计，通过以网管网的方式，搭建全国统一的电子商务监管平台，从而在全国范围内，实现对于网上商品“网上发现、源头追溯、属地查处”的监管机制。

第二，统一线下与线上商业的监管政策。线上的电子商务与线下的传统商业正在逐步融合，许多商业企业已经很难把它界定为电子商务企业或是传统商业企业。在这样的背景下，如果依然存在线下与线上两种不同的监管政策，必然造成冲突和不公平的竞争。因此，应该与时俱进，逐步统一线下与线上的监管政策。

第三，统一新旧监管体制和政策。电子商务是传统商业的进一步发展，其本质依然属于商务活动，它必须也遵循基本的商业规律。所以，对于电子商务而言，很多现有的法律、法规并非过时，它仍然具有较强的适用性，或者稍加修改依然具有很好的监管效果。因此，监管部门应当着力修订、清理现有法律、法规，使其适应电子商务的发展，做好新旧监管政策的衔接工作。

（二）大力推进电子发票应用

在信息经济发展的背景下，构建健康的市场秩序，离不开电子发票的应用。电子发票的推广有利于监管部门规范电子商务领域的纳税行为，有利于政府对于互联网交易行为的监管，有利于更好地保护消费者的合法权益。因此，需要做好以下三方面的工作。

首先，要加快电子发票的立法进程，赋予电子发票与纸质发票相同的法律效力。全面放开企业接收对公可报销电子发票，明确电子发票可以作为会计原始凭证。

其次，建立全国性电子发票交换的统一平台，提供网络开立、收取发票的服务，保留所有电子交易记录及相关的发票凭证。税务机关能够实时监控纳税人交易的全过程，并且使得政府可以全面、准确地掌握市场交易的大数据。

最后，应当广泛宣传应用电子发票的优势和好处，加快电子发票推广应用。启动电子发票在政府采购领域的试点工作。

（三）推动国民数据资产的立法工作

随着电子商务企业掌握越来越多的消费者数据和国家的宏观经济数据，政府应该积极推动企业数据资产的相关立法工作，界定数据主权，约束企业的违法行为，保护国家数据安全。明确国家对于本国消费者数据的主权地位，禁止在中国运营的电子商务企业向个人或国外组织提供敏感的商业数据。同时，在中国运营的电子商务企业有义务和责任向有关国家机关提供掌握的宏观经济数据。通过这些措施，逐步把电子商务企业收集中国消费者数据的行为，以及对于国民数据资产的使用，纳入政府有效的监控和管理范围。

（四）完善网络诚信体系，净化互联网商业环境

首先，需要完善电子商务的诚信评价机制。充分发挥社会化监管在促进电子商务健康发展中的重要作用，建设独立于电子商务平台的第三方信用评价体系。加强网络诚信度评级制度的推广，让诚信级别真正反映商户的诚信度。完善网络商户的诚信安全档案，定期向全社会公众发布商业诚信报告和电子商务消费指南，合理引导网民进行理性的消费。

其次，大力推行电子商务实名制，改善网络消费和经营的环境。电子商务的一些违法行为在一定程度上是由于网络本身的开放性和匿名性造成的。通过采取身份验证和实名注册的方式，可以让消费者和网络商家的身份具有一定的可追溯性，使其对自身的行为和言论负责，从而提高其违规、违法的成本。同时，通过网络诚信体系的建设，逐步培养全民诚信素质和信用消费的习惯。只有整个社会高度重视诚信、共同遵守

诚信，良好的互联网商业环境才能形成。

（五）通过促进电子商务的应用推动传统产业转型升级

第一，以促进传统产业转型、升级为目标，规范各地电子商务产业园区建设。目前各地的电子商务产业园区大部分是由工业园区、软件园区改建、扩建而成。入园企业业态、行业构成繁杂，很多企业打着电子商务的名头，做传统、低级的业务，失去了园区的示范作用。因此，要制定电子商务企业认定管理办法，严格区分电子商务应用企业和电子商务服务企业。入园企业应该以应用电子商务较好的传统企业为主，把电子商务产业园建设成为传统企业利用电子商务实现转型、升级的示范园区，服务于国家产业结构的优化和调整。

第二，以供应链协同为重点，组织开展制造型企业电子商务试点推进工作。对于制造型企业而言，要把应用电子商务提升供应链整体水平作为目标，着力解决供应链协同标准问题。通过电子商务优化供应链和价值链，增强产、供、销协同运作能力。鼓励骨干企业通过电子商务优化业务流程、扩充销售渠道，实现资源的有效配置和应用，通过国内外供应商、采购商之间的 B2B 电子商务无缝集成，为制造业上下游企业提供与生产相关的采购、预测、供应商库存管理和物流的全程电子商务应用，创新供应链服务的新思路。

第三，以模式创新为重点，推动传统商贸企业电子商务应用，形成线上与线下相互融合的产业发展格局。鼓励传统大型商场、购物中心、连锁超市、专业市场和老字号企业应用电子商务服务业，创新商业模式，实现产业优化升级。鼓励外贸企业加强与第三方电子商务服务平台合作，增强与商务、海关、税务、商检等部门的联网互通，提高电子商务应用水平，拓宽贸易渠道。

总之，推动传统产业应用电子商务要实施创新驱动战略，坚持以市场需求为导向，以企业为主体，以机制创新、模式创新与集成创新为动力，以改善民生、产业转型升级为重点，着力提升传统产业电子商务应用水平。

参考文献

[1] 李骏阳：《对“互联网+流通”的思考》，《中国流通经济》2015年第9期。

[2] 陈文玲：《互联网与新实体经济》，《中国流通经济》2016年第4期，第5~10页。

[3] 李景怡：《实体与网络零售协同演进下的商业模式构建》，《商业经济研究》2016年第12期，第27~29页。

[4] 郭燕、陈国华、陈之昶：《“互联网+”背景下传统零售业转型的思考》，《经济问题》2016年第11期，第71~74页。

[5] 郭沛廷、李昊源：《网络交易税收流失测度及治理路径的现实选择》，《经济问题》2017年第3期，第35~40页。

[6] 陆林平：《大数据环境下传统零售业商业模式创新发展研究》，《商业经济》2016年第5期，第58~60页。

[7] 梅洪常、杨艺、雷小华、张德海：《电子商务税收征管机制创新研究》，《西部论坛》2015年第9期，第37~41页。

[8] Nelson Granados, Alok Gupta, Robert J. Kauffman. Research Commentary: Information Transparency in Business-to-Consumer Markets: Concepts, Framework, and Research Agenda [J].Information Systems Research, 2010, 21 (2): 207 - 226.

[9] Andrea Pozzi. Shopping Cost and Brand Exploration inOnline Grocery [J].American Economic Journal: Microeconomics, 2012, 4 (3): 96 - 120.

[10] Peter C. Verhoef, P. K. Kannan, J. Jeffrey Inman. From Multi-Channel Retailing to Omni-Channel Retailing: Introduction to the Special Issue on Multi-Channel Retailing [J].Journal of Retailing, 2015, 91 (2): 174 - 181.

[11] Arezoo Davari, Pramod Iyer, Md Rokonuzzaman. Identifying the determinants of online retail patronage: A perceived-risk perspective [J].Journal of Retailing and Con-

sumer Services, 2016, 33 (11): 186 - 193.

[12] Norbert Beck, David Rygl. Categorization of multiple channel retailing in Multi - , Cross - , and Omni-Channel Retailing for retailers and retailing [J].Journal of Retailing and Consumer Services, 2015, 27 (11): 170 - 178.

[13] Alëna Iouguina. Retail in a Multichannel World: Beyond 'Online vs. Offline' Usability Research [J].Procedia Manufacturing, 2015, 3: 5611 - 5616.

市场扩张、交易效率与交易方式变革*

郑勇军　叶志鹏　孙松山**

摘　要　随着互联网经济的崛起和交易（流通）商在现代经济运行中地位的提升与控制权的增强，交易方式变革问题逐渐凸显并成为现代经济学分析中不可回避的重要焦点之一。交易方式变革本质上由市场扩张和交易效率决定，而后者又受到技术变迁和制度变迁两大因素的共同影响。本文从交易方式变革的外部环境（市场、技术和制度变迁）入手，剖析蕴含于其中的内在运行机理、交易方式变革的主要形式以及经济影响，并通过网络技术推动交易方式变革的数理模型做了进一步论述。最后，本文以全球化和网络化的时代背景作为案例研究，进一步剖析交易方式变革研究的理论与实践内涵。

关键词　交易方式；市场扩张；交易费用；电子商务

---

* 本文是教育部人文社科项目（10JJD790022）阶段性成果。

** 郑勇军，浙江工商大学现代商贸研究中心主任、教授，主要研究方向：市场理论与流通创新；叶志鹏，清华大学公共管理学院博士研究生；孙松山，杭州工商信托股份有限公司运营经理。

一 为何要研究交易方式变革?

交易方式是指交易过程中双方采用的各种具体做法，是交易双方联系的手段和方式（王心良、郑书莉，2013）。交易活动一直是人类经济活动的重要内容之一，伴随着人类早期偶然交易的发生、集市交易的出现以及大规模远程贸易的兴起，交易方式也一直在不断地变化并形成了一个复杂的构成体系。具体来说，交易方式可分为直接交易、间接交易，批发交易、零售交易，经销交易和包销交易，现货交易、远期交易，正式契约交易、隐形契约交易，实体交易、网络交易，等等。交易方式变革是一个逐步发展、逐步完善的过程，从单一到多样、从简单到复杂、从传统到现代，以与生产方式的变革过程保持协调。

但长期以来，西方主流经济学理论一直都将生产和生产方式变革作为经济学研究的主题，例如斯密提出的分工与专业化理论、萨伊提出的生产、分配和消费的经济学三分法等。自此以后，尽管穆勒曾试图将交换（也即交易、流通）纳入经济学分析体系并为后来的马克思所继承，但这一努力并未获得成功。新古典经济学创始人马歇尔创立了供求二分法并直接抽象掉了中间的交易过程，其后的阿罗—德布鲁一般均衡模型也延续了这一理论传统。事实上，交易作为现代经济学分析中的重要内容，主要得益于 Coase（1937）提出的“交易费用”概念以及新制度经济学的兴起。但美中不足的是，新制度经济学中的交易费用概念却是为研究“生产的制度结构”（Coase，1992）而服务的，科斯转了一个弯又重新回到斯密时代的经济学主题，这样一来，关于交易方式变革的研究就仍然是一个有待打开的理论黑箱。然而，深入研究交易方式变革对于推进现代经济学理论体系发展的重要意义不言而喻。

首先，交易方式变革是生产方式变革的重要前提。经济学家在论述经济学科的性质时，常常以资源配置的效率最大化准则作为其分析的首要前提。但资源配置的效率提升又有赖于资源配置的空间扩展（即市场扩张），由此才能最大限度地提高分工和专业化水平，这便是著名的“斯密定理”（Stigler，1951）。因此，以分工和专业化为代表的生产方式变革是资源配置效率提升的重要原因，但生产方式变革的顺利与否又直接与交易的空间范围扩张相关。而交易方式变革通过提升交易效率（即降低交易费用）从而得以消除阻碍交易空间范围扩张的因素。正如盛洪（1991）所指出的，“交易方式变革是生产方式变革的前提，单位交易费用的降低是单位生产费用降低的重要的但不易察觉的原因”。因此，只有交易方式发生变革以及相伴随的交易效率提升，才能为生产方式变革提供前提条件。在当代西方经济学流派中，只有以杨小凯为代表的新兴古典经济学将“交易效率”的研究视角纳入分工理论当中，但交易效率背后的交易方式变革仍然未受到足够的重视。

其次，交易方式变革成为主导经济运行和社会福利的重要经济因素。从经济学思想流派的发展历史来看，交易方式变革研究未受重视的重要原因在于传统主流经济学对流通理论的轻视。实际上，流通功能从生产部门独立出来以后一直处于快速发展阶段，并扮演着连接生产、促进消费和信息传导的重要角色。在中国经济学界，流通产业在国民经济运行中的功能和地位逐渐受到全方位的评估与再认识，流通产业被认为是国民经济的基础性产业（洪涛，2004；黄国雄，2005）、先导产业（刘国光，2001；程瑞芳，2002；张连刚、李兴蓉，2010）和战略产业（冉净斐，2005；刘子峰，2005），是少有的同时对吸纳就业和提升全要素生产率具有高贡献率的产业之一（王晓东，谢莉娟，2010；丁俊发，2011）。不仅如此，学术界对流通功能与地位的重新反思还源于这样一个实践性命题，即流通渠道的控制权和产业链的主导权已经由生产商向零售商（流通商）转移（晏维龙，2004；徐从才、盛朝迅，2012），而这一命题正是目前西方主流经济学研究视线之内的盲区。由此可见，流通功能和地位的提升将促使以商品的交易特征、交易方式和交易效率等论题为核心的交易方式变革命题成为理应重视的学术研究领域。

最后，交易方式变革将极大地影响流通组织创新和流通现代化进程。流通产业地位的提升与流通经济理论的逐渐升温揭开了交易方式变革这一理论命题，然而不容忽视的一点是，交易方式变革本身又将反作用于流通产业的各个环节。批发、零售、物流等流通产业也将在交易方式变革的大背景下沿着提升交易效率的原则发生诱致性变革，继而引发全方位的流通组织与流通业态创新，从而推动以流通体制、流通技术、流通管理、流通组织、流通基础设施以及流通人才培养为核心体系的流通现代化进程。而加快流通现代化进程建设、推动新一轮的流通革命，恰恰是中国激活内需、促进产业结构转型升级、摆脱中等收入陷阱并实现长期可持续经济增长的重要保障（郑勇军，2012）。因此，进行交易方式变革的理论探索还是推动中国经济结构转型的重要理论来源之一。

二　交易方式变革的内在机理分析

由于交易方式变革是生产方式变革的重要前提，因此先对生产方式变革的内在机理做一梳理是极有必要的。一方面，从历史上看，西方主流经济学在论述生产方式变革时往往将市场扩张和技术进步因素作为推动生产方式变革的重要前提。例如，分工与专业化的深入便是由于市场范围的扩张才使其成为可能，现代企业实现规模经济的重要前提也必须是不断扩张的市场容量，而恰是企业实现规模经济所形成的成本节约进一步诱使了新生产方式的采用。而另一方面，技术进步对于生产方式变革的影响效果则要明显得多，企业生产所需的机械设备更新、用于货物运输的通信技术和运输工具的改进，以及广泛应用于工商业的互联网平台，无一不是技术革新推动生产方式变革的例证。当然，市场扩张和技术变迁因素也同样是推动交易方式变革的重要动力。接下来，我们对其内在机理进行分析。

（一）市场扩张与交易方式变革

市场扩张是交易方式变革的长期影响因素。我们以集贸式市场组织的演进路径为例，当交易处于小范围的早期阶段，此时盛行的是间歇性集市，这种定期式赶集的交易方式迎合了小范围的交易需求。然而随着交易范围的进一步扩大以及市场需求的提升，交易方式开始从间歇性集市转向全日制集市，由此才能满足由市场扩张所形成的庞大市场交易需求。例如，以义乌小商品市场为代表的专业市场恰是为了满足国内外庞大的小商品交易需求所形成的全日制集市的交易方式。当然，随着交易空间范围的进一步拓展并开始发展远程贸易时，则又需要周期性交易会这种交易方式，从而通过交易空间上的高度集聚和交易时间上的高度集中来满足远程贸易的交易需求，例如目前较为著名的“广交会”、“京交会”等国际贸易的交易博览会便采取的是此类交易方式。从间歇性集市到全日制集市再到周期性交易会，随着交易范围的不断扩张，交易方式也随之通过调整交易时间配置和空间分布的组合而发生动态演变（郑勇军、邱毅，2006）。

进一步分析，市场扩张背后的决定因素无非是人口增长与人均收入的提高，但这些因素本身并不能解释市场需求变动如何影响交易方式变革。从本质上看，市场扩张之所以能够推动交易方式变革，实是因为市场扩张所形成的市场需求变动改变了交易规模和交易频率，而交易规模和频率又直接影响了交易效率，后者则直接决定了交易方式的选择。因此，交易方式变革的最终决定因素归根结底是交易效率的改变，而市场扩张因素只是间接地为交易方式变革提供了一个有利条件。但这就又带来了一个新的问题，那就是市场扩张必然会引发交易方式变革吗？换句话说，市场扩张是否为影响交易效率的唯一因素？答案显然不是。例如，历史上的中国无疑是一个庞大的交易市场，却未因此带来交易方式的持续变革并先于西方发生技术革命，因为交易方式变革是生产方式变革的前提条件。因此，决定交易效率的绝不仅仅是市场扩张这一单一因素。

（二）交易效率与交易方式变革

由上可知，市场扩张只是决定交易效率进而影响交易方式变革的间接因素，那么决定交易方式变革的直接因素是什么？技术变迁能够直接影响生产方式变革，因而也必然能够影响交易方式。除此之外，一个十分重要但又容易受到忽视的影响因素便是制度变迁。由于制度变迁因素常被假设为外生变量而被斥之于西方主流经济学的理论体系之外，因而也难怪很少有人能够注意到制度变迁对生产方式变革和交易方式变革所产生的重要影响。如此来看，技术变迁和制度变迁都应当是决定交易方式变革的重要影响因素。那么，其中的作用传导机理又是怎样的呢？

首先，技术变迁对交易方式变革具有直接的影响。技术变迁所引发的技术进步能够为市场交易活动提供更低的交易费用和更好的交易环境，进而诱发交易方式变革（郑勇军、李婷，2009）。例如，铁路、航运等交通运输工具的出现与成熟，极大地提高了贸易运输量和交易量进而改变原有的交易方式；电话、传真机和手机等通信设备的发明，又促使电话交易、手机支付等新型交易方式的兴起；电子商务技术的成熟与发展则直接推动了线上贸易（B2B）和线上零售（B2C）的井喷式增长；以支付宝、财付通为代表的新型金融结算工具的诞生，使得基于移动互联网的手机支付成为可能；而近年来又涌现出一些诸如大数据、云计算和数据挖掘的新型技术，势必又将引发新一轮的交易方式变革。与市场扩张对交易方式变革所具有的长期影响有所不同，技术变迁对交易方式变革的影响更为直接且频繁。在目前电子商务和大数据时代的大背景下，频繁的技术变迁将极大地降低采用新型交易方式的交易费用，进而推动新型交易方式得以采用并快速地复制和扩散。

其次，制度变迁对交易方式变革具有根本的影响。与市场扩张和技术变迁对交易方式变革的影响有所不同，制度变迁对交易方式变革的影响更为长期且根本，对交易效率的提升效果也最为明显。例如，以贸易集市为代表的市场组织和市场交易制度的出现，直接将人类经济活动的交易形式从偶然交换转到固定场所的市场交换；货币和货币制度的出现，则将简单的物物交换升级成复杂的市场等价交换；现代企业制度的出现与成熟，则极大地将产品市场交易转化成为要素市场交易；除此之外，法律制度和经济制度的变迁则从根本上改变了交易方式，法律制度明确了合理的交易方式，而经济制度的转轨（例如从计划经济向市场经济转轨）对交易方式变革的影响则更为根本。制度变迁贯穿于整个人类历史，制度创新降低了人类经济活动采用新型交易方式的交易成本，由此也润滑了交易方式变革的过程。

我们发现，技术变迁和制度变迁都是通过降低采用新型交易方式所产生的交易费用，即通过提升交易效率来推动交易方式变革的。市场扩张为交易方式变革提供了便利条件，但与此同时也有可能会提高交易费用，而技术变迁和制度变迁恰是通过降低此过程中的交易费用来推动交易方式变革。因此，交易方式变革是在市场扩张、技术变迁和制度变迁的共同推动下发生的。图 1 很好地描述了其中的传导机理关系。市场扩张在推动交易方式变革的过程中将影响交易效率，而良性的技术变迁和制度变迁能够在极大程度上降低交易费用、润滑采用新型交易方式的变革过程，最终共同推动交易方式变革。

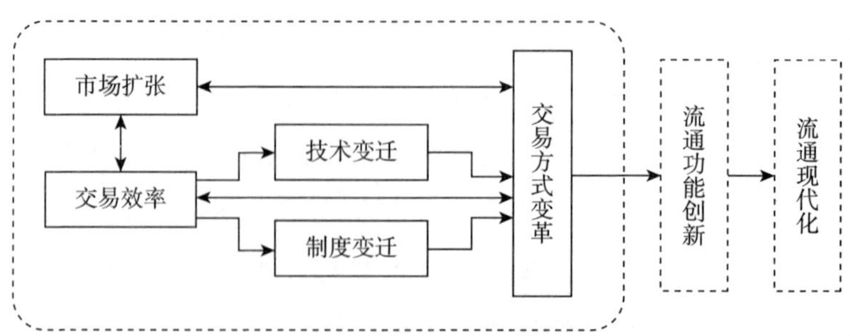

图 1　交易方式变革的机理分析

（三）交易方式变革的影响效应

上文很好地揭示了市场扩张、技术变迁和制度变迁三大因素对交易方式变革所产生的单向影响作用，但现实情形并非如此简单。实际上，市场扩张、交易效率和交易方式变革形成了一个拥有复杂双向作用关系的经济系统。如图 1 所示，市场扩张不仅会影响交易效率，交易效率也会反向影响市场交易空间的扩展。与此同时，交易效率的提升在推动交易方式变革的同时，新型交易方式的采用和普及也会反过来影响交易效率和市场扩张。在更为复杂的经济系统中，交易方式变革将通过交易规模的扩张、交易协作能力的增强以及交易效率的提升，继而推动经济运行中的分工与专业化发展（郑勇军、李婷，2009），并引发生产方式变革。

不仅如此，交易方式变革还将对流通产业的各个环节产生影响，并引发一系列的流通功能创新。流通产业功能与地位的提升还将增强流通在促进产业结构转型升级（宋则等，2010；赵凯等，2009）、激活内需（罗永华，2010；赵娴，2010）、掌握产业链主导权（徐从才、盛朝迅，2012）、抑制通货膨胀（宋则，2011）、打破国内区域贸易壁垒（宋则、蔡胜勋，2008）、提升食品安全控制水平（叶志鹏等，2013）等方面所发挥的重要作用。由此看来，由交易方式变革所推动的流通功能创新，将快速推进我国的流通现代化建设进程，将我国从“制造业大国”转向“贸易流通大国”。

三　网络技术与交易方式变革

自 20 世纪 90 年代以来，互联网的普及和电子商务的快速发展成为对人类历史影响最为深刻的经济现象之一。作为一次前所未有的重大技术变迁，互联网革命重新塑造了人类经济活动的交易方式，并催生了一系列的网络交易方式。就中国电子商务行业发展现状来看，2016 年中国电子商务交易额达26.1万亿元，同比增长19.8%，网民规模达7.31亿，普及率达到53.2%，网络购物用户规模达到4.67亿，占网民的比例为63.8%，较2015年底增长12.9%，中国稳居全球规模最大、最具活力电子商务市场地位（国家商务部《中国电子商务报告（2016）》）。

从网络零售的交易方式来看，最早被广泛接受的是以淘宝网为代表的C2C模式（消费者对消费者），但随着不少网络商家规模的扩张，开始出现以京东、亚马逊为代表的B2C模式（商家对消费者），最新较为流行的交易方式则是以苏宁为代表的O2O模式（线上线下相结合），这种交易方式综合了实体零售的渠道和配送优势与网络零售的搜索和导购优势。可以预见的是，云计算、数据挖掘等网络技术的进一步普及和应用，还将继续不断地推动零售和批发的交易方式变革。

网络时代下的交易方式变革还大大提升了传统零售的交易效率。据估计，网络零售的交易效率达到实体零售的4倍[①]。正如前文所强调的，交易方式变革助推了流通功能和组织创新，电子商务的快速发展还有助于刺激内需、提升居民消费率[②]并促进中国经济结构转型。除此之外，网络时代下的交易方式变革还体现于国际贸易领域。张希颖等（2006）认为，借助于交互式网络运行机制的国际贸易方式突破了传统贸易以单向物流为主的运作格局，建立了以资金流为形式、信息流为核心、商品流为主体的全新物流体系，提供全方位、多层次、多角度的互动式服务。最后，需要强调的是，网络时代下的交易方式变革无疑是多行业、全方位的，电子商务对传统行业的冲击越强，由此所导致的交易方式变革的速度就越快。

（一）网络技术带来的交易扩张

互联网所具有的互动性、虚拟性、开放性特点，使得交易环节成为

---

① 阿里研究中心：《新基础：消费品流通之互联网转型》，2013年12月2日。

② 麦肯锡预测到2020年，网络零售有望为中国个人消费带来4%～7%的增长。资料来源：《中国网络零售革命：线上购物助推经济增长》，麦肯锡全球研究院，2013年3月。

受互联网革命影响程度最大、渗透面最广的经济领域。网络交易的兴起突破了交易活动的时间和地理空间限制，大大拓展了交易活动的辐射半径，正在改变着人类社会的市场交易方式。

首先，交易对象虚拟化、服务化和定制化，交易的外延大大拓展。互联网有效地降低了交易成本，并使交易方式更加便利化，原先不可分割、不可交易、不可流动的以无形形态存在的资产和服务将广泛地进入市场交易领域。在互联网经济时代，交易不再简单地被看作有形商品交易，其还将承载更多的无形资产和服务的交易，交易对象呈现从“有形商品”到“无形商品”的广泛延伸。

其次，交易在线化和线上线下融合，大大拓展了交易活动空间。在互联网经济时代，商流、信息流、资金流在线化、大数据化是大势所趋。当前，交易已开始进入线上线下融合发展新阶段。一方面，随着互联网与经济活动的全面结合，百货店、大卖场等传统流通业态不断加快互联网化步伐，电子商务渗透率进一步提高。实体门店与在线商店的多渠道、全渠道零售模式已经成为全球零售业发展的趋势。连锁店利用网点优势，大规模发展 O2O，进行全方位的线上线下交互融合，提高顾客忠诚度。企业通过线上到线下模式有机整合实行销售策略、营销战略、服务方式等方面的精细化管理，开拓金融等新业务，打通物流、信息流、资金流，提高供应链效率。另一方面，移动互联网和物联网的发展，加上各种社交网络的扩大，使产品的使用环境和情境融入交易的全过程，数据的情境感知性、实时性和交互性将带来交易方式的革命性变化，进一步大大减弱交易双方的时空限制，交易活动空间得到进一步的拓展。

最后，互联网经济特别是跨境电子商务快速发展，助推无国界交易兴起。在网络经济时代，交易活动的地域性将被打破，生产企业可以全球采购、全球销售；消费者可以全球购买、全球消费、跨境结算。互联网经济时代的全开放流通发展，必将进一步促进世界经济全球化、区域经济一体化发展。尤其是在跨境电子商务模式下，国际贸易供应链更加扁平化，一些重要的中间环节被弱化甚至替代，实现了订单与需求的直接对接，简化了国际贸易流程，拓宽了贸易渠道。随着涵盖国际贸易的营销、支付、物流和金融服务的完整跨境电子商务产业链的形成，以及跨境电子商务基础设施的不断完善，无国界交易将成为常态。

（二）网络交易与市场扩张模型分析

本文重点借助经过拓展的 Salop 空间竞争模型，描述在互联网经济背景下，网络交易技术的应用如何促进搜寻成本下降，进而拓展交易活动空间，推动交易活动线上化，并最终实现线上交易与线下交易的市场均衡。

1. 基础假设

假设市场是环形的，实体店和消费者均分布在市场的边缘。为简单起见，假设环形市场周长单位化为 1。

假设有 m 个消费者，每个消费者仅消费 1 单位的商品，商品给消费者带来的总效用为 U。消费者后期的谈判、支付等成本是 0。在购物过程中，消费者仅考虑与实体店空间距离所形成的搜寻成本（部分文献定义为运输成本），且消费者对空间距离的偏好程度为 t，与实体店的空间距离为 x。叶小梁（2006）曾指出，搜寻成本是边际递增的①，因此模型中将搜寻所形成的搜寻成本表示为 $t^x x$；从网店处购买商品无须空间成本，但由于空间距离的真实存在，消费者需要花费一定时间成本等待商品，假设消费者对时间的偏好程度为 T，与网店的时间距离为 d，由此搜寻网店所形成的搜寻成本可表示为 Td。假设消费者是风险中立的，只有当他们预计到购买总成本小于或等于消费者剩余 CS 时，他们才会进行购买。

假设市场中只进入一家网店 W，位于市场的外部②，市场部分或全

① 叶小梁认为，仅进行有限搜索时使用的是碎片化时间，这些时间的机会成本很低，如果要扩大搜索范围，则需要整段时间，而整段时间的机会成本较高。

② 网店从空间位置上看和实体店一样，均匀分布在环形市场上，但为了与实体店相区别及更好地展示网店与实体店的配送时间圈，因此，在不改变网店竞争原理的情况下，在图形中将网店表示在环形市场的圆环外。

部被网店覆盖，网店在与消费者订立合约后直接将商品送到消费者手中，运费包含在商品价格中，消费者只需花费时间成本，网店 W 受配送能力影响，配送时间呈圆形从网店 W 所在地向外扩散，离网店最近的环形区域可以在第一单位时间（如第一天）内完成商品配送，再外层的区域在第二单位时间内完成商品配送，依此类推。消费者均在第 n 个单位时间收到货物①。网店的位置关系如图 2 所示，其配送时间以网店为中心呈同心圆状向外扩散。

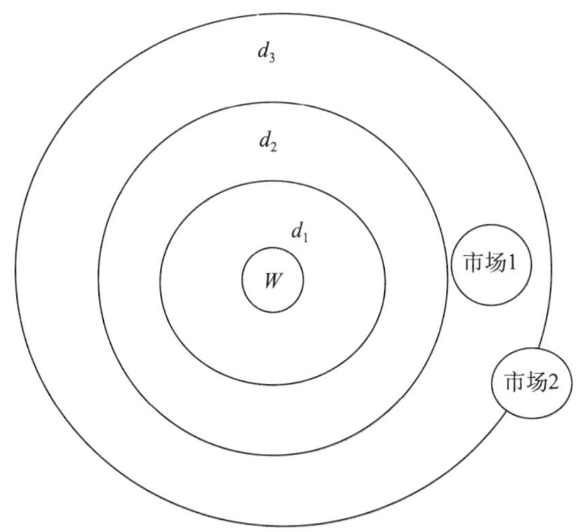

图 2　网店覆盖下的网络市场与传统市场位置关系示意②

假设有 n 家实体店，那么相邻两家实体店之间的距离为 $\frac{1}{n}$。实体店与网店分别向消费者提供同质商品，二者进行价格竞争，其中 P_i 表示实体店 i（$i=1, 2, \cdots, n$）的价格，P_n 表示网店的价格。

假设两家相邻的实体店 i 与实体店 j 之间的消费者与实体店 i 的距离为 x，则与 j 的距离为 $-x$。

① 即处于同一环形区域覆盖的消费者拿到商品的时间是一致的。

② 由于网店的特殊属性，并结合实际情况不难发现，同一个实体市场覆盖下的消费者往往处于相同的搜寻时间距离内，即相同的 d，因此接下来的分析遵照这一假定。

消费者剩余（CS）为：

$$CS=\begin{cases}U-P_i-t^a x & \text{消费者在实体店 } i \text{ 购买商品}\\ U-P_j-t^a\left(\frac{1}{n}-x\right) & \text{消费者在实体店 } j \text{ 购买商品}\\ U-P_W-Td & \text{消费者在网店 } W \text{ 购买商品}\end{cases}$$

实体店 i（$i=1, 2, \cdots, n$）与网店 W 的生产者剩余可以用成本函数衡量。假设实体店与网店的固定成本为 F 和 F_w，边际成本为 C 和 C_w。则实体店和网店的剩余分别为：

$$\begin{cases}PS_i=(P_i-C)Q_i-F\\ PS_W=(P_W-C_W)Q_W-F_W\ (\text{其中 } i=1,2,\cdots,n)\end{cases}$$

传统空间竞争即网店进入之前的市场均衡为：

$$P_i^*=P_j^*=\frac{t^a}{n}+C$$

$$Q_i^*=Q_j^*=\frac{m}{n}$$

即当实体店和消费者均匀分布在环形市场的边缘且不存在网店时，市场均衡的条件为实体店制定相同的价格，每个实体店的市场需求均为 $\frac{m}{n}$，实体店获得相同的利润。

2. 出现一家网店后的市场均衡

网店 W 进入后，同样在长度为$\frac{1}{n}$的圆弧上，正如前文假定所有消费者到网店购物成本是一致的，其搜寻时间成本均为 Td，但到实体店 i 和实体店 j 购买的搜寻距离成本是不同的，距离实体店越远的消费者，越有到网店购买的可能性。因此，靠近实体店 i 的消费者到厂商 i 处购买商品，靠近实体店 j 的消费者到厂商 j 处购买商品，每一段$\frac{1}{\mathrm{n}}$长的圆弧中间段的消费者到网店 W 购买商品，即存在两个均衡位置，使得

$$U - P_i - t^a x = U - P_w - Td$$

此处，消费者到实体店 i 和网店 W 购买商品是无差异的。

$$x_i = \frac{P_w - P_i + Td}{t^a}$$

同样，$U - P_j - t^a\left(\frac{1}{n - x}\right) = U - P_W - Td$。

此处，消费者到实体店 j 和网店 W 购买商品是无差异的。

$$x_j = \frac{P_j - P_w - Td}{t^a} + \frac{1}{n}$$

这样，两家实体店和一家网店所面临的需求函数分别为：

$$Q_i = 2x_i m$$

$$Q_j = 2m\left(\frac{1}{n} - x_j\right)$$

$$Q_w = mn(x_j - x_i)$$

两家实体店和一家网店的利润函数分别为：

$$\pi_i = (P_i - C)2x_i m - F$$

$$\pi_j = (P_j - C)2m\left(\frac{1}{n} - x_j\right) - F$$

$$\pi_w = (P_w - C_w)mn(x_j - x_i) - Fw$$

由利润最大化条件 $\frac{\partial \pi_i}{\partial P_i} = 0$、$\frac{\partial \pi_j}{\partial P_j} = 0$、$\frac{\partial \pi_W}{\partial P_W} = 0$ 得出均衡价格和均衡需求。当市场处于均衡时，实体店 i 和网店 W 的无差别消费者位置为：

$$x_i^{**} = \frac{1}{6n} + \frac{Td}{3t^a} - \frac{C - C_W}{3t^a}$$

实体店 j 和网店 W 的无差别消费者位置为：

$$x_j^{**} = \frac{5}{6n} - \frac{Td}{3t^a} + \frac{C - C_W}{3t^a}$$

网店 W 的市场份额为：

$$x_j^{**} - x_i^{**} = \frac{2}{3n} - \frac{2Td}{3t^a} + \frac{2C - 2C_W}{3t^a}$$

此时，均衡价格为：

$$P_i^{**} = P_j^{**} = \frac{t^a}{6n} + \frac{Td}{3} + \frac{C_W + 2C}{3}$$

$$P_W^{**} = \frac{t^a}{3n} - \frac{Td}{3} + \frac{2C_W + C}{3}$$

均衡产量为：

$$Q_i^{**} = Q_j^{**} = \left(\frac{1}{3n} + \frac{2Td}{3t^a} - \frac{2C - 2C_W}{3t^a}\right)m$$

$$Q_W^{**} = \left(\frac{2}{3} - \frac{2nTd}{3t^a} + n\frac{2C - 2C_W}{3t^a}\right)m$$

3. 线上交易方式生成的条件

由网店进入后的市场均衡模型分析，仅当网店 W 的市场份额大于零，并且需求量大于零的时候，网店才可能存活，彼时，新的交易方式出现。即 $Q_W^{**} \geqslant 0$。

此时，$Td < \frac{t^a}{n} + C - C_W$，且 $Td < \frac{t^a}{n} + t^a(C - C_w)$。

当 $C - C_W > 0$，即传统企业边际成本高于网店时，网店生成的条件应符合 $Td < \frac{t^a}{n} + C - C_W$；

当 $C - C_W < 0$，即实体店边际成本低于网店时，网店生成的条件应符合 $Td < \frac{t^a}{n} + t^a\ (C - C_W)$。

在消费者时间偏好强度 T 一定的情况下，如果实体店边际成本高于网店，网店的配送时间 d 应小于$\frac{t^a}{n} + C - C_W$；如果实体店边际成本低于网店，网店的配送时间 d 应小于 $\frac{\frac{t^a}{n}+t^a(C-C_0)}{T}$。

由上文公式亦可知网店产生之前市场的均衡价格为 $\frac{t^a}{n}+C$，网店产生之后的均衡价格为 $\frac{t^a}{6n}+\frac{Td}{3}+\frac{C_W+2C}{3}$，在网店与实体店交易成本相同的情况下，消费者通过网店购买商品的搜寻成本（主要是时间成本）为 $d<\frac{5t^{\partial}}{2nT}$ 时，传统市场的均衡价格高于网店产生后的市场均衡价格。在单一网店能够进入的情况下，销售不同商品的网店将以同样的方式进入网络市场，网络市场逐渐形成，而这种新的市场组织形式源于网络时代时间和空间成本的协同，即时间成本相对于空间成本下降，空间成本相对于时间成本上升，消费者在搜寻成本的制约下，按照效用最大化的目标选择零售商，零售商自发向网络市场集聚，最终，导致网络交易方式迅速崛起。

四　结语

本文的讨论可以简要概括为以下几点。(1) 随着流通功能和地位的逐渐提升，促使关于交易方式变革的理论研究成为一个值得关注的研究领域。交易方式变革不仅是生产方式变革的重要前提，还是现代经济中主导宏观经济运行和社会福利的最重要的经济因素之一；(2) 市场扩张和交易费用是决定交易方式变革最重要的影响因素，且交易费用的降低往往是由技术变迁和制度变迁综合作用的结果；(3) 交易方式的变革不仅会反向作用于市场扩张和交易费用，而且会推动流通功能创新和流通现代化进程。尤其是电子商务革命的兴起及与此伴生的云计算、大数据等技术进步，促使人类经济活动的交易方式以更为频繁、更为深刻的特征发生变革。

当然，交易方式变革的影响和意义不仅仅体现在理论研究层面，更为重要的是对流通业发展的实践和政府职能创新带来的新机遇和重要启示。首先，交易方式变革将不断地淘汰一批落后的交易方式，其结果是传统行业的市场规模不断萎缩以及大量传统企业的倒闭，但交易方式变革也将创造新型交易方式以及相伴生的盈利机会。在这种机遇与危机并存的商业时代背景下，企业更应加强对交易方式变革内在规律的认识和把握，从而在行业竞争中把握先机、保持企业核心竞争力。其次，全球化和网络化时代下的交易方式变革将以更频繁的方式进行，这就意味着适用于传统交易方式的政策措施与法律法规将不断受到挑战，而新型交易方式则亟须适当的交易规则和交易制度予以政府规制。因此，交易方式变革时代下的政府功能管理和职能创新能力必须得到有效提升，政府只有提升其危机应变能力和政策反应能力才能适应持续不断发生的交易方式革命。

参考文献

[1] 程瑞芳：《发挥商品流通先导性的对策研究》，《财贸经济》2002 年第 8 期，第 64～67 页。

[2] 丁俊发：《中国流通业的变革与发展》，《中国流通经济》2011 年第 6 期，第 20～24 页。

[3] 洪涛：《流通基础产业论》，经济管理出版社，2004。

[4] 黄国雄：《论流通产业是基础产业》，《财贸经济》2005 年第 4 期，第 61～65 页。

[5] 刘国光：《推进流通改革加快流通业从末端向先导性行业转化》，《商业经济研究》1999 年第 1 期，第 1～11 页。

[6] 科斯：《论生产的制度结构》，盛洪、陈郁译，三联书店上海分店，1994。

[7] 刘子峰：《论流通产业的战略性地位》，《财贸研究》2005 年第 2 期，第 39～45 页。

[8] 罗永华：《广东省流通业发展对居民消费支出影响的实证研究》，《商业时代》2010 年第 18 期，第 22 ~ 24 页。

[9] 邱毅、郑勇军：《交易效率，运输成本，产业集群与中心市场生成》，《商业经济与管理》2010 年第 7 期，第 11 ~ 17 页。

[10] 冉净斐：《流通战略产业论》，《商业经济与管理》2005 年第 6 期，第 10 ~ 15 页。

[11] 宋则、常东亮、丁宁：《流通业影响力与制造业结构调整》，《中国工业经济》2010 年第 8 期，第 5 ~ 14 页。

[12] 盛洪：《市场扩张，交易费用和生产方式变革》（上），《管理世界》1990 年第 6 期，第 107 ~ 119 页。

[13] 盛洪：《市场扩张，交易费用和生产方式变革》（下），《管理世界》1991 年第 1 期，第 134 ~ 145 页。

[14] 王心良、郑书莉：《交易方式变革视角下流通业现代化发展问题探讨》，《商业时代》2013 年第 16 期，第 28 ~ 29 页。

[15] 王晓东、谢莉娟：《论流通产业结构调整与就业增长——基于中部地区流通业对就业吸纳的贡献分析》，《财贸经济》2010 年第 2 期，第 98 ~ 103 页。

[16] 向欣：《电子商务与流通革命》，中国经济出版社，2000。

[17] 徐从才、盛朝迅：《大型零售商主导产业链：中国产业转型升级新方向》，《财贸经济》2012 年第 1 期，第 71 ~ 77 页。

[18] 宋则：《构建现代商贸流通体系相关问题研究——基于通货膨胀治理的视角》，《广东财经大学学报》2011 年第 2 期，第 4 ~ 8 页。

[19] 宋则、蔡胜勋：《铲除不合理的体制性成本建立高效快捷的绿色通道》，《北京工商大学学报》（社会科学版），2008 年第 5 期，第 1 ~ 4 页。

[20] 晏维龙：《生产商主导还是流通商主导——关于流通渠道控制的产业组织分析》，《财贸经济》2004 年第 5 期，第 11 ~ 17 页。

[21] 叶志鹏、吴珊、熊满红：《商贸流通业发展如何影响食品安全控制：一个文献述评》，《广西财经学院学报》2013 年第 2 期，第 80 ~ 85 页。

[22] 张希颖、王恒书：《电子商务环境下的国际贸易方式创新》，《商业时代》2006 年第 30 期。

[23] 张连刚、李兴蓉：《流通产业定位研究进展及趋势》，《商业经济与管理》2010

年第3期，第11～16页。

[24] 郑勇军、邱毅：《时空协同视角下的义乌中国小商品城演进历程分析》，《商业经济与管理》2006年第7期，第15～21页。

[25] 郑勇军、李婷：《技术创新，交易效率与专业市场制度演化》，《科技进步与对策》2009年第4期，第1～4页。

[26] 郑勇军：《中国需要一场流通革命》，《联商网》2012年7月25日。

[27] 赵娴：《发展流通产业实现消费促进和结构升级》，《中国流通经济》2010年第11期，第35～37页。

[28] 赵凯、宋则：《商贸流通服务业影响力及作用机理研究》，《财贸经济》2009年第1期，第102～108页。

[29] 中华人民共和国商务部编《中国电子商务报告（2012）》，清华大学出版社，2013年5月1日。

[30] Coase R H. The Nature of the Firm [J].Economica, 1937, 4 (16): 386 - 405.

[31] Coase R H. The Institutional Structure of Production [J].The American Economic Review, 1992: 713 - 719.

[32] Stigler G J. The Division of Labor is Limited by The Extent of The Market [J].The Journal of Political Economy, 1951: 185 - 193.

[33] 叶小梁、李东旻：《搜寻理论模型与网络搜寻行为探析》，《情报科学》2006年第11期，第1691～1695页。

数据化时代下电商新模式与全渠道变革*

陈海权**

摘　要　互联网、社交网络和大数据普及提供了改善的工具和平台，但大部分传统企业的互联网转型，还处在1.0的“+互联网”阶段，还是卖货思维、成本导向，将互联网看作新增的渠道，组织方式和商业模式都没有发生根本性的改变。C2B是基于数据时代下的一种主流商业模式，定义客户需求价值流，匹配供需，每一个人的特定需求因而才能够得到满足。尚品宅配是C2B+O2O模式实践的中国样本，尚品宅配的探索发现C2B模式是O2O营销模式成功的引爆点；两者的融合需要形成相对封闭的价值网络；数据驱动的运营流程和业务组合，可以有效提高生产效率，消除库存，降低生产及运营成本。研究发现，C2B和O2O的结合，不管是商业模式

* 本文是2015年度阿里巴巴青年学者支持计划“互联网+制造”的阶段性成果，同时得到教育部人文社科项目“现代分销批发组织的生成与新兴中间流通商培育的理论与实证研究”（11YJAZH009）、广东人文社会科学重大攻关项目“促进广东现代服务业发展的制度空间与路径选择”（2012ZGXM_0004）的支持。

** 陈海权，暨南大学教授、博士生导师，广东亚太电子商务研究院院长，主要研究方向为流通创新与战略行为、物流与供应链管理、电子商务。

的创新还是构建高效供应链方面，都需要强化系统变革以及加强网络整合与协作。

关键词 C2B；O2O；组织变革；大数据；尚品宅配

一 问题的提出

（一）传统B2C电商进入成长换挡期

京东和21世纪经济研究院联合发布的《2016中国电商消费行为报告》显示，2016年，我国电子商务交易市场规模稳居全球第一，预计电子商务交易额超过20万亿元，占社会消费品零售总额的比重超过10%。一线城市电商消费已经超越发达国家，形成自己独特的模式，二线城市消费理念逐渐走向成熟，中西部地区的新兴消费阶层也在不断崛起。经过十余年的发展，从2012年开始中国电子商务进入了一个全新的阶段，电商B2C领域呈现三大变化。

第一，B2C电商告别粗暴成长阶段步入成长换挡阶段，电商企业由粗放式增长向精细化发展转变。“双十一”辉煌战绩的背后却恰恰呈现我国电商发展面临转折点的迹象：需求预测与供给之间存在较大差距、供应链能力受到严重的挑战。优化供应链、提升客户体验成为众多电商企业的课题。

第二，电商竞争从价格竞争时代走向品牌竞争时代。消费者越来越理性，越来越重视品牌。经过近几年的调整，传统品牌拥抱互联网逐步获得新生，2016年“双十一”购物节，细分品类中销售排名靠前的基本为传统品牌，而部分淘品牌日渐式微，销售额被传统品牌超越（见图1）。

第三，电商企业成长进入新阶段，游戏规则发生变化，行业集中度越来越高。从2014年开始，B2C领域的收购兼并成为一种趋势，电子商务以资本力量加速并购整合，集中化趋势更加明显。例如，2014年2月

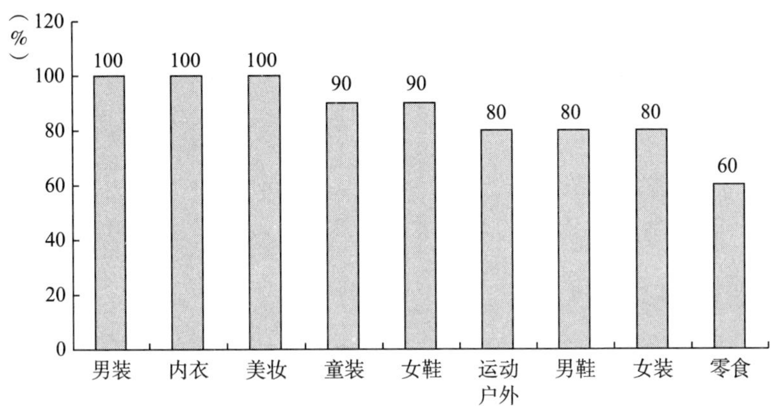

图 1　传统品牌在 2016 年“双十一”销售前 10 名的比例

资料来源：根据阿里巴巴“双十一”资料制作。

14 日，唯品会与乐蜂网共同宣布达成联姻，唯品会投资 1.125 亿美元收购东方风行集团旗下子公司乐蜂网的 75% 股权。另外，阿里巴巴同年以 53.7 亿港币战略投资银泰商业。近年来，阿里巴巴不断加大对实体商业的投资，私有化银泰商业、参股苏宁云商与三江购物等。显然，这与过去自建网站、平台的做法不同，通过投资兼并做大做强电商企业成为一些有一定规模或者资本能力的企业的战略行为，电商行业的游戏规则和行业结构正在被改写。

（二）传统 B2C 标准模式的痛点

传统 B2C 标准模式是工业经济时代大规模、流水线、标准化、低成本的运作模式，存货是其中绕不过去的一个致命点。在传统模式中，供应链需要以“猜”市场需求的方式进行库存和生产，然而经过层层的供销体系之后，猜测的准确率非常低，即“牛鞭效应”[①]。在实体零售业

① 牛鞭效应，指的是供应链上的一种需求变异放大现象，是信息流从最终客户端向原始供应商端传递时，无法有效地实现信息的共享，使得信息扭曲而逐级放大，导致了需求信息出现越来越大的波动，此信息扭曲的放大作用在图形上很像一根甩起的牛鞭，因此被形象地称为牛鞭效应。

里，畅销的商品往往缺货，滞销的商品却堆满货架和仓库，既错失销售机会，又积压资金。其中，呆滞库存正是传统商业中“猜”的最大风险，因为市场真实需求难以预测，采购及生产又需要提前做，导致必须压低成本、追求高毛利，才能承担猜错的风险和损失。从系统思考来看，成本导向的思维也会让“批量”变得更大。

长期以来，众多企业强调以消费者为中心，但多数是有心无力，没有技术手段来实现。互联网、社交网络和大数据普及确实提供了改善的工具和平台，但大部分传统企业的互联网转型，还处在 1.0 的“+互联网”阶段，还是卖货思维、成本导向，将互联网看作新增的渠道，组织方式和商业模式都没有发生根本性的改变。产品或服务从原材料到最终递交客户手中的所有环节和过程是价值流，而价值流的起点，是客户定义价值而非企业，只有满足特定用户需求，产品和服务才有存在的意义，价值只能由最终用户来确定。数据驱动时代的产业转型，追求的是流转而不是成本，价值流能够快速周转才是商业制胜之道。

但是，众多传统企业的商业模式是以预测市场为出发点的，是基于对市场需求的预测来研发新产品，安排产能、做仓储布局。不过，市场需求是变幻莫测的，以预测市场为基础的商业模式存在极大风险。即使有大数据，其实也很难准确预测市场。因此，建立一种具弹性且能快速满足市场需求的能力十分重要，即通过测试市场而不是预测市场来决定生产，根据实时的市场需求数据快速生产、配送和销售，不理会生产物流配送的成本高低，在更高的折扣区间把商品销售出去。

二　电商竞争的新焦点和取胜的关键

（一）消费者主权的时代来临

电商时代是前所未有的消费者维权意识崛起的时代，从单纯的规模、低价竞争，向产品和服务的竞争转变，进入顾客体验时代。从某种意义上看，电子商务正掀起一场消费与流通领域的民主化运动，消灭信息不对称，实现价格的透明性和快速的知晓性。

电商企业最大的竞争对手就是消费者，从消费者需求出发来思考问题，而以顾客体验为核心也是互联网思维的核心内涵。在互联网经济时代，“用户至上”已成为生态系统的硬性要求，使用户体验达到极致、为产品赋予情感成为商家的必修功课。这需要提升供应链效率，正如小米手机每周迭代一次，微信第一年迭代开发 44 次。事实上，对消费者需求的把握就是一个测试的过程，要求产品创新是一个精益求精和迭代的过程，根据需求反馈而成长。

总之，基于顾客视角开发商品和服务，优化供应链管理和提升客户体验成为中国电商竞争的新焦点，电子商务的创新发展正在回归商业的本质。

（二）线上与线下融合发展的 O2O 模式受到关注

电商模式创新发生新变化，一人一店的时代即将来临，O2O 模式被广泛关注和应用。在移动互联网技术、定位技术、大数据等推动下，线上与线下融合发展的 O2O 模式受到广泛的关注和应用。《埃森哲无缝零售研究(2015)》显示，消费者期待通过全渠道（Omni-Channel）获得无缝式购物体验。实体店、网店、移动商店和社交媒体的线上线下、全渠道融合是主流，一人一店的时代即将来临。事实上，Walmart 就曾提出“One Customer，One Walmart”的战略，即建立一个统一的 360 度的顾客视图。任何时刻，无论顾客在全渠道的实体店、网店，还是移动商店、社交商店或微店，只要是同一个顾客都能够获得一致性的购物体验，统一的积分和独一无二的营销。

（三）数据是打通全价值链的关键

中国社会科学院评价中心主任、著名电商专家荆林波教授（2013，2016）认为，“互联网 +”时代的主宰者是数据的掌握者，主宰者从资本家到知本家转移，最重要的是信息和知识。在互联网时代，数据有可能全链条低成本地打通，加速价值流更快地流动、变现。如果企业能够通过有效的价值流管理，让价值更快速地传递，经营业绩就更卓越，所以流动性就是赚钱的速率，可以直观地反映为企业的库存周转率、资金周转率等指标。

事实上，高周转供应链需要企业系统性思考自身在价值链中的薄弱环节，聚焦在能提高整体产出、牵一发而动全身的瓶颈节点上。以服装为例，价值流包括从棉花种植、纺纱织布、面辅料流通、设计打样、裁剪、缝制、分销零售，直到顾客购买的全流程。

三　C2B——顾客驱动模式：本质及其生意逻辑

（一）互联网正在改写传统商业组织架构

互联网加速推进信息经济的到来，在商业领域带来两个显著变化。一个是需求端，消费者首先被信息高度赋能，导致价值链上各环节权力发生转移，消费者第一次处于经济活动的中心；另一个是供应端，互联网大大提高了信息的流动性和穿透性，削减交易费用，极大地促进了大规模社会化分工、协作，根据市场需求，快速集聚资源，通过在线协作完成项目任务的模式大行其道。

互联网作为基础设施的普及应用正在改变传统的商业组织架构，平台+个人（创客、小组）的新型组织模式正在崛起。组织的职能也在发生变化：管理转向服务，控制转向协同，激励转向赋能，金字塔架构转向细胞式协作。商业模式也从 B2C 转向 C2B（Consumer to Business），即顾客驱动的商业模式。

一个完整的价值流涉及生产、配销和销售全部环节，运用价值流的方法一定要超出企业边界，否则下游销售终将受制于上游工厂的柔性化、快反能力；而工厂的快速交货能力又受制于更上游的面辅料供应商；面辅料供应商又受制于印染厂的生产周期和批量情况。因此，让价值流不要停滞下来，需要产供销各环节打通整合才能实现。产供销一体化的转型意味着产业链上下游所有环节都要为适应互联网而改变。

服装企业如要适应互联网时代的市场需求变化，必须抛开单一款式大批量生产、长生产周期和订货会销售模式。改为零售端用多品种、小批量、快速交货来捕捉市场需求，供应链端根据不同单品畅销、平销、滞销的实际需求情况进行柔性化生产，连续补货；即使爆款也是多批次、小批量的连续生产补货，保证产品全生命周期内不断货，同时只有浅库存。C2B 作为互联网时代的主流商业模式正在逐步形成。

（二）C2B 模式是一场消费革命

传统的 B2C 模式，实际上是生产者占据主导地位，大规模地生产同质化的商品，形成单向“推式”的供应链体系、广播式的营销、被动的消费者。这样一种模式，消费者和生产者都处于被动地位，双方缺乏直接的传播通道，而且传播过程漫长，生产者无法生产消费者真正满意的商品，消费者的诉求也很难真正传导到生产者一方，市场信号失灵。

C2B 是以消费者或用户为中心的商业模式，其基本特征是：以消费者为中心，个性化和定制化生产与销售，满足市场消费者多样化的需求，大规模的社会协同实现多种小批量的快速生产。消费者和生产者之间的壁垒被打破，建立了畅通、快捷的信息沟通渠道，从而生产者就能快捷地感知和了解消费者的需求，适应快速的市场变化。

这与美国辛辛那提大学李杰教授在其最新出版的《工业大数据（2015）》中对工业 4.0 的理解非常接近。李杰教授认为，工业 4.0 的革命性在于：不再以制造端的生产力需求为起点，而是将用户端价值作为整个产业链的出发点，改变以往的工业价值链从生产端向消费端、从上游向下游推动的模式，而是从客户端的价值需求出发，提供客制化的产品和服务，并以此作为整个产业链的共同目标，使整个产业链的各个环节实现协同优化。这基本上与C2B的精神内涵是一致的。可以说，C2B完全是一场消费驱动的革命，连接力就是核心所在。

（三）C2B模式是用户改变企业的革命

2015年3月，阿里巴巴创始人马云在德国汉诺威IT博览会（CeBIT）开幕式的演讲中指出，“未来三十年，因为数据经济，人类社会将真正进入巨大的变革时代”。“未来的世界，将不再由石油驱动，而是由数据驱动；生意将是C2B而不是B2C，用户改变企业，而不是企业向用户出售——因为我们将有大量的数据；制造商必须个性化，否则他们将非常困难。”曾鸣教授认为C2B模式是一种消费者驱动的大规模定制模式，有三大核心：一是消费者驱动；二是定制方式增加独特的客户价值；三是柔性化的供应链协同平台。阿里研究院的游五洋（2016）也认为，C2B由个性化营销捕捉碎片化、个性化需求，以数据低成本、全流程贯通为基础实施拉动式配销、柔性化生产快速满足市场需求。

（四）数据驱动时代下C2B模式的核心

目前很多人对C2B最大的误解是界定为定制和预售模式。C2B的要点在于“顾客驱动”，这一点与阿里研究院定义的“客户定义价值+SNS营销+拉动式配送体系+柔性化生产”不谋而合。大规模定制与C2B工作原理是相通的，即内部部件的标准化和模组化，通过有限的组合来应对外部需求个性化。

不过，并非所有的商品和服务都可以内部模组化。在消费品领域，大多数时候，消费者只是表达喜欢和不喜欢，并没有能力也没有需要直接参与设计研发，因此并不需要定制化生产。C2B不是看批量的大小、品类的多少，而是注重商业逻辑。只要是以消费者需求为中心，以更多包含设计创意的商品品种去测试市场，然后根据市场的即时需求反应，来决定实际生产什么、生产数量、补货配销方式，配以柔性生产驱动和拉动式配送体系的商业模式就是 C2B 模式。

也就是说，有别于传统只着眼于降低采购成本，C2B 模式衡量价值的标准将聚焦在最终成果，也就是将满足客户需求的效益最大化之上，通过掌握客户需求，合理配置存货数量，并以实际销售驱动供应链补货或生产，让资金积压减少，库存周转率提高。互联网将细分市场的个性化需求汇聚成一定规模，在云计算和大数据的支持下，通过前述 C2B 营销模式，从市场调研到商品规划，再到小量测试，实时掌握客户需求变化，拉动大批量快反，让再小的细分市场，都有机会形成小而美的品牌。事实上，电商企业通过平台的支持，先天就具备 C2B 能力，只差把自身的商品规划、销售模式和供应链，插上这个平台，让数据来驱动全价值链。

当然，C2B 的实现基础是价值网络，是社会化的、开放的、基于互联网的实时在线协同网络，而不是单一的工厂或某条价值链。引起这一革命性改变的基础是云计算作为基础设施、大数据作为生产要素的实现。当商业活动的产生数据是海量、非结构性，并且是实时产生的时候，分工协助就越来越像互联网一样，要求网状、并发、实时协同。

总之，定义客户需求价值流，匹配供需，使每一个人的特定需求都能够得到满足，才是互联网 + 产业、数据驱动时代真正的 C2B。也就是说，C2B 是互联网经济时代新的商业模式，这一模式改变了原有生产者和消费者的关系，是用户主权时代来临的一种重要体现。

四　三大 O2O 融合模式与成功变革的关键

（一）三大 O2O 融合模式

电子商务的核心是商业模式的创新和服务的创新，线上（Online）与线下（Offline）的融合发展就是一种商业模式和服务模式创新的综合体现。目前，O2O 主要包括三种模式（见图 2）：一是仓库融合，即同品牌线上线下销售渠道共用仓库，使网络销售可以达到就近发货，更好地发挥品牌多仓多点的优势；二是门店融合，即线下店铺与线上店铺相辅相助，达成共享资源、同步销售、融合管理，从而提高市场份额；三是服务方式融合，即融合线上线下客户数据、多样化的售后服务方式，提升用户体验，完善整个服务流程。

图 3 是 O2O 业务流程各个阶段的技术创新和应用实践示意图。不过，在电子商务发展迅猛的今天，发布产品不难，获得一定的初期用户也不难，后续的运营和服务能力才是电商企业生存的关键。服务和运营仍是形成品牌核心竞争力的关键所在。

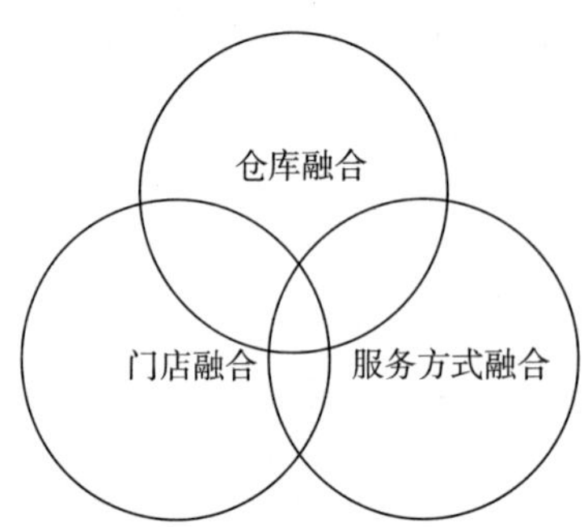

图 2　O2O 的三种模式

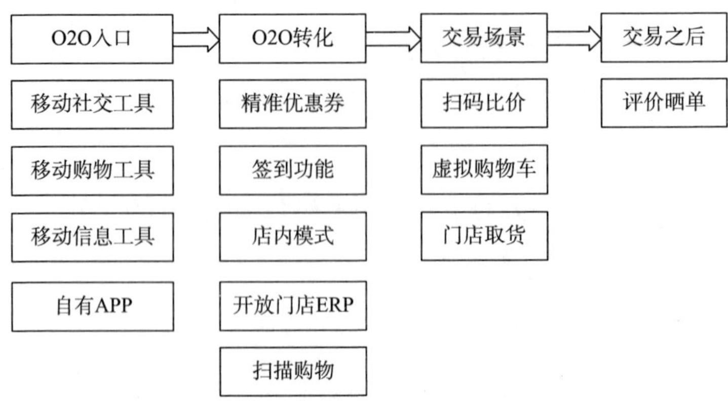

图 3　O2O 业务流程各个阶段的技术创新和应用实践

（二）O2O 模式的价值

O2O 模式的价值，简而言之就是 1 + 1 = N，充分释放价值倍增效应。消费者将需求传递给 O2O 平台，进而通过平台传递到线下商家，实现多方共赢（见图 4）。O2O 模式的价值主要体现在以下三点。

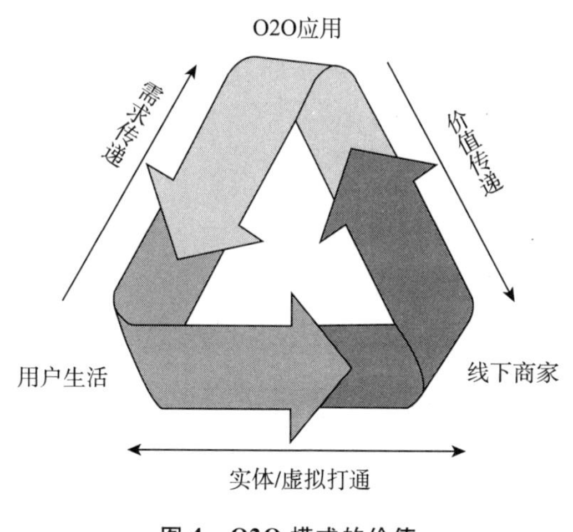

图 4　O2O 模式的价值

一是有效锁定消费价值链。O2O 模式提供了丰富、全面、及时的商家及产品信息，能够帮助消费者快捷筛选并订购适宜的商品或服务，提供全面的、个性化的购物体验。

二是让线下消费信息传递更及时、更准确。信息不对称是对商家和消费者最大的困扰。90% 的消费者希望促销信息更准确、更及时，且有更精准的便民购物服务。然而，尽管商家每年度会根据销售等因素对产品推广及品牌传播进行重新规划，但依旧没有明确的效果评估。线上线下一体化的 O2O 模式能够使消费者实时获取信息，从而迅速提升产品知名度和品牌形象。

三是带来线上交易增量。对于线上商家而言，O2O 模式在减少对选址的依赖、大幅度降低运营成本的同时，有助于经营者掌握用户消费轨迹，持续深入地进行“客情维护”，实现精准营销（团购、信息发布、优惠券、营销推广、签到、消费拼单），为消费者创造节约型购物惊喜体验，使高黏度顾客成倍裂变。不仅如此，本地化程度较高的垂直网站借助O2O模式，能够争取更多的商家资源，为商家提供更多增值服务。

综上所述，O2O服务提升的路径为线上销售—线下消费—线上反馈—线下提升（见图5）。而O2O模式依托的关键资源离不开大用户、大信息和大数据，迫切需要解决窜货、物流配送、供应链和顾客服务等问题。随着电商的发展，零售商与供应商的关系经过了三个阶段，从传统的供应商强、零售商弱阶段，到零售商地位加强、供应商实力削弱，到现在，则进入了零售商、供应商合作联盟的新阶段，供应链的协同、价值链的充足、信息的共享使消费者足不出户就可以享受一切（荆林波，2016）。

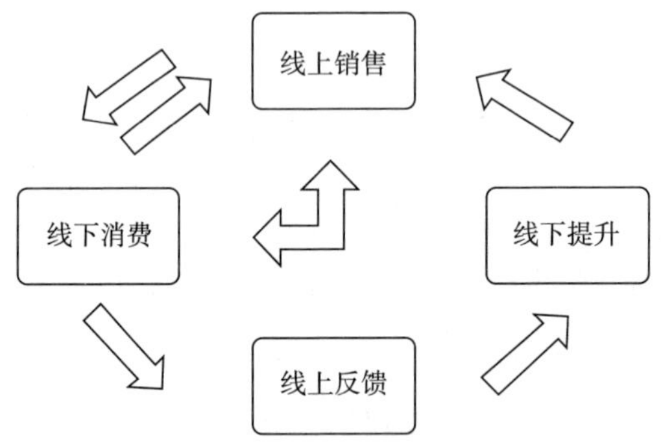

图5　O2O服务提升的路径

（三）O2O模式的核心和成功的关键

不过，需要指出的是，O2O这一战略要地，既是机会点，又是盲点。

第一，需要深入认识O2O模式的核心：精准营销。精准营销的核心主要有两点：一是分析用户消费行为，对其习惯、爱好进行梳理；二是群体需求，即通过相似群体消费行为的对比，提示用户产生新的需求。到目前为止，我国O2O领域的几乎所有平台都无法准确掌握用户消费行为，完成后续的营销迭代，把信息准确送达用户。在移动互联网时代，O2O 模式与移动技术结合，APP 已成为各企业抓住顾客消费行为“最后一公里”的营销利器。

第二，深入理解 O2O 模式成功的关键点是什么。O2O 模式是否成功的关键在于系统化思考：该模式能否同时满足商户、用户和平台运营商的自身需求；能否同时有利于快速推广、整合到所需资源，包括商户、用户以及其他第三方服务商；能否同时建立良性的运营系统；能否同时以最小化投入，将运营导入良性循环中去。用价值和体验统领 O2O 至关重要，O2O 模式成功的关键可以概括为：一是数据流，二是商业模式。

五　C2B + O2O 的样本企业：尚品宅配的实践与探索

（一）尚品宅配的发展概况及多元业务的形成

尚品宅配是一家强调依托高科技创新而迅速发展的著名定制互联网家具品牌企业，其商业模式被誉为 C2B + O2O 中国样本、互联网 + 工业 4.0 应用典范，公司于 2017 年初成功在创业板上市。2014 ~ 2016 年，尚品宅配实现营业收入分别为 191223.82 万元、308773.08 万元和 402600.18 万元，年复合增长率为 45.10%，实现归属母公司净利润分别为 13012.99 万元、13953.45 万元和 25551.07 万元，年复合增长率为 40.13%。

1. 始创于家具软件设计业务

尚品宅配的前身是圆方软件公司，在进入家具制造业之前，创始人李连柱和他的团队致力于家具、室内装饰、建材的图形图像软件和应用软件的开发推广与应用。当时圆方软件公司开发了三维家具终端销售展示软件，将装修方案或家具定制方案做成三维图，销售给装修公司、家具企业，让后者为消费者出具装修设计效果图。

2. 开启家具定制生产与网络直销

2004 年，尚品宅配成立，依托圆方软件，开启了家具产品的定制化商业模式转型。尚品宅配依托圆方软件，借助圆方软件提供的全流程家居信息化技术，在国内创造性地提出数码全屋定制家具概念，一举成为行业中的服务标杆企业。2007 年，尚品宅配旗下的新居网成立，定位是尚品宅配网上直销平台，凸显网上展示、体验、吸引流量的优势，弥补了尚品宅配运营闭环中缺失的一环，成为企业整体化、集团化运作的一个重要组成部分。

3. 打通线上线下相结合的营销模式

2009 年，尚品宅配在 C2B 模式的基础上，利用互联网和信息技术，打通了线上和线下环节，拓展了 O2O 模式。2011 年至今，尚品宅配的个性化定制不断深化。基于互联网和大数据的 C2B + O2O 商业模式，中国家居业走出了一条 C2B + O2O 相结合的数据驱动运营之路。

从诞生之初，尚品宅配便打破了传统家居企业的思维局限。尚品宅配瞄准体验式、情景式这两个痛点，围绕客户设计了十几个环节——从推广到在线导购、客服，再到直销设计师亲自上门量尺寸、进店看方案，然后到工厂生产、上门安装等，通过多次的 O2O 用互联网思维去创新服务。这不但降低了售前服务成本，也提高了十几个环节的协同效率和质量。

4. 多元业务结构的组合

尚品宅配的核心服务由多个业务组合构成。其中，圆方软件主要从事家居行业设计软件及信息化整体解决方案的设计、研发和技术服务；佛山维尚主要从事“尚品宅配”品牌定制家具的生产，以及“维意定制”品牌定制家具的生产和连锁销售；新居网主要从事“尚品宅配”和“维意定制”两大品牌定制家具的 O2O 营销；尚品宅配主要从事“尚品宅配”品牌定制家具的连锁销售（见图 6）。

为发挥定制家具业务的协同效应，尚品宅配于 2009 年 11 月先后收购圆方软件、新居网和佛山维尚100%的股权。上述收购完成后，尚品宅配由“尚品宅配”品牌家具销售企业变更为从事全屋板式家具的定制生产及销售、配套家居产品的销售，并向家居行业企业提供设计软件及信息化整体解决方案的设计、研发和技术服务的综合性家居企业。

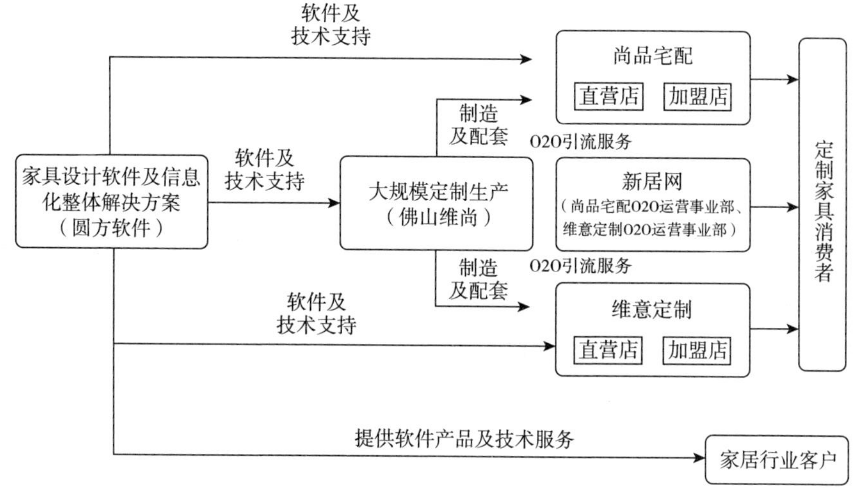

图6　尚品宅配的核心服务单元

（二）尚品宅配的商业模式与大数据的应用

尚品宅配秉持以信息化技术、云计算、大数据应用为驱动，依托O2O互联网营销服务平台，以大规模定制柔性化生产方式，实现“尚品宅配”和“维意定制”两个品牌的全屋板式定制家具的个性化设计、规模化生产的“C2B＋O2O”商业模式（见图7）。公司于2017年成功在创业板上市，模式受到业界认可。其中，尚品宅配获得《二十一世纪商业评论》颁发的2013年度最佳商业模式奖、入围《快公司》杂志评选的2014年中国最佳创新公司50强，佛山维尚入选《快公司》杂志颁发的2015年中国最佳创新公司50强，同时被评选为工业和信息化部2016年智能制造试点示范项目。

1. C2B模式

尚品宅配的C2B模式是以消费者需求为核心，根据消费者的个人偏

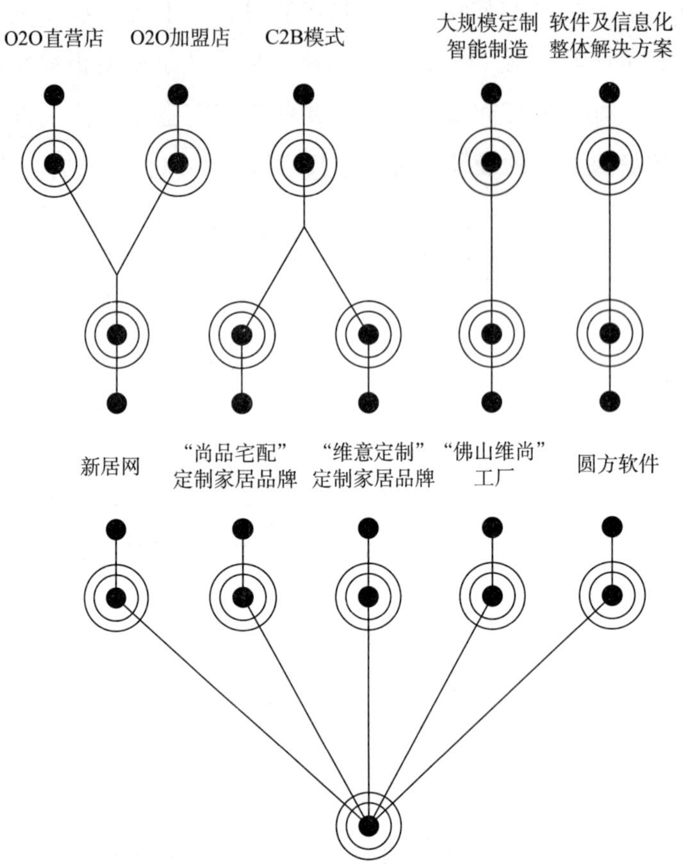

图7 尚品宅配“C2B+O2O”模式的形成

好、期望风格、户型尺寸等众多需求因素，通过方案互动设计、上门量尺、柔性化生产工艺、配送以及上门安装等为消费者提供家居产品的个性化定制生产及服务，消费者可以亲身参与产品设计，按需定制。随着消费者个性化需求的不断涌现、云计算应用于产品的海量展示，消费者开始根据自身需求主动参与产品设计、生产和定价，生产企业进行定制化生产（C2B 模式）。在定制家具领域，消费者通过互联网或专卖店参与设计平面布局、体验全屋空间及家居产品模拟。特别是依托信息化技术和柔性化生产工艺，尚品宅配突破了“C2B”商业模式难以规模化生产的难题，实现了消费者个性化家具的“多品种、大批量”的规模化生产。

首先，通过云设计和大数据技术，尚品宅配在销售设计端能够快速实现消费者的个性化设计需求。经过十多年对不同区域的上万个楼盘、数十万个房型的数据积累，以及多年生产销售积累的数字化定制家具产品和配套家居产品 3D 模型，尚品宅配建立了庞大的“房型库”和参数化“产品库”，应用虚拟设计系统，形成海量的“空间解决方案库”。

其次，基于图形图像的房型搜索和云匹配技术，通过与客户的互动沟通，设计师能够快速从空间解决方案库中搜索到匹配的设计方案，并融入客户个性化需求，经过再设计得出客户满意的个性化空间解决方案，实现了消费者自主设计家具的消费体验，使家具消费由过去的客户被动选择模式转变为以客户需求为导向、主动参与设计的 C2B 商业模式，促进了家具行业由传统的制造业向现代服务业转型。

最后，通过信息化与工业化的深度融合，践行智能化制造思维模式，尚品宅配在家具生产领域实现了全屋板式家具大规模定制的生产模式。公司运用自主设计的软件及信息化技术对数控设备进行技术改造升级，通过虚拟制造技术、订单处理中心对订单进行审核、拆单、排产，将一定数量同类板材的订单合并成一个加工批次并形成加工、分拣、分包、入库等指令，按照批次而不是按照订单组织生产，使公司实现了大规模定制的柔性化生产工艺，解决了定制家具个性化与规模化生产矛盾的难题。

2. O2O 营销模式

尚品宅配的 O2O 营销模式是将线下的商务机会与互联网结合，让互联网成为线下交易的前台，构建了实体连锁经营模式和线上线下相结合的 O2O 营销模式。随着电子商务消费习惯逐渐形成，消费者花费更多时间在互联网浏览挑选产品，但由于定制家具非标准化产品的特性，线下实体店仍然承担着重要的体验中心、区域售后服务平台的职能，为消费者提供真实的产品体验展示，使消费者实现放心购买。

经过多年实体连锁店的建设和快速扩张，2016 年 6 月末公司已开设了上千家实体连锁店，为线上营销提供了有力的支撑；依靠十多年积累的互联网运营经验和信息技术优势，公司建立并成功运营 O2O 网络营销平台，进一步推动“尚品宅配”、“维意定制”两大品牌的快速传播和品牌价值的提升。随着移动互联爆发式增长，新居网移动端流量导入快速增长，已经超越了 PC 端流量导入，成功从 PC 互联网企业转型成移动互联网企业。

（三）尚品宅配的模式评价与优势分析

尚品宅配成功的核心之一就是将信息化和工业化进行深度融合，实现了数据驱动的个性化需求分析、数据驱动的前端设计和数据驱动的后端运营，这完全符合“互联网 +”背景下商业模式的特征。

1. 致力于满足消费者个性化需求的 C2B 模式

尚品宅配从事的全屋板式家具的定制以消费者的需求为核心，运用多年经营累积的海量“房型库”、“产品库”、“空间解决方案库”三大数据库，并基于图形图像的房型搜索和云匹配技术，通过与客户的互动沟通，设计师能够快速从空间解决方案库中搜索到匹配的设计方案，并融入客户个性化需求，经过再设计得出客户满意的个性化空间解决方案。

同时，尚品宅配应用虚拟现实技术，通过自主开发的 I-Scan 家居体验系统将传统单调的产品展示方式，转变为以消费者体验为中心的全新 3D 数码展示方式，使消费者在虚拟空间中体验不同的板材、地板、墙纸、沙发等全屋家居环境的配搭效果，增强消费者家具定制过程中的真实体验，实现了消费者自主设计家具的消费体验，使家具消费由过去的客户被动选择模式转变为以客户需求为导向、主动参与设计的 C2B 商业模式，促进了家具行业由传统的制造业向现代服务业转型。目前尚品宅配已经形成了“尚品宅配”和“维意定制”两大定制家具品牌的 C2B 商业模式。

2. 基于信息化与工业化深度融合的大规模柔性化定制

尚品宅配对生产流程进行持续改造和升级，在仓储环节引入自动化立体仓库，在提高出入库效率的同时节约了仓储空间，实现了同等面积下二维平面仓库数倍的储存量。

3. 线上和线下相结合的销售网络布局

目前，尚品宅配已建立起“直营店+加盟店”的线下实体店与新居网运营的O2O互联网营销平台的线上渠道，线上营销和线下销售的有机结合，大大增强了公司的竞争力，为保障公司的快速扩张奠定了营销网络基础，在渠道建设和维护的过程中，销售网络还承担着树立品牌形象、售后跟踪服务的功能。

（1）以“新居网”为网络营销平台，扩大客户的覆盖范围。尚品宅配早在2000年就进入互联网行业，具有丰富的互联网运营能力和经验，于2007年创设新居网，从事“尚品宅配”和“维意定制”两大品牌的线上营销。通过新居网O2O营销平台，尚品宅配有效地将线上消费者引流至实体店进行体验，并最终实现销售。同时，新居网将线上营销平台由PC端扩展至移动端，其运营的“尚品宅配”微信粉丝超过800万，“维意定制”微信粉丝超过500万。互联网营销平台与线下实体店相结合的销售模式，促进了公司的快速发展。

（2）重点城市建立直营店，加强实体店销售渠道的掌控能力。为加强对销售渠道的掌控能力，尚品宅配在北京、上海、广州、南京、佛山等重点城市的购物中心开设直营店，实行直营销售。在北京等重点城市开设直营店有利于公司定制家具产品面向更多的终端消费者，有利于提升公司的销售规模和整体盈利能力，有利于提升公司的品牌知名度，也为公司更好地开展加盟模式奠定了基础。截至2016年6月底，“尚品宅配”及“维意定制”两大品牌的直营店合计已达74家。

（3）其他城市发展加盟店，有利于公司业务规模快速发展。为扩大公司业务规模，公司在一线城市以外的其他地区通过加盟方式进行市场开拓。加盟商的开拓对公司快速建立营销网络、扩大品牌市场影响力、带动公司销售增长起到重要作用。截至 2016 年 6 月底，公司已发展“尚品宅配”及“维意定制”两大品牌加盟店 1016 家。

4. 产品和服务的持续创新

（1）从软件设计和互联网行业跨界进入家具制造业的成长路径创新优势。尚品宅配一直致力于软件研发和互联网运营，并跨界进入了定制家具行业，以其信息化技术能力和互联网基因将公司打造成为以智能化生产为手段、以消费者为中心的“C2B + O2O”商业模式的现代化定制家具服务企业。尚品宅配创始人多年软件设计的创业经历为公司产品和服务的持续创新提供了强大的技术支持，从而使公司在经营过程中具备持续创新的竞争优势。

（2）产品及服务模式创新优势。运用信息化技术、云计算、大数据应用等多方面的能力，尚品宅配通过海量数据库和 3D 数码展示等技术，在定制家具设计端实现了消费者自主设计家具的消费体验，在生产端通过柔性化生产工艺实现了个性化定制家具的规模化生产，并实现了定制家具的 C2B 商业模式，促进了家具行业由传统的制造业向现代服务业转型，使公司的产品和服务根据消费者的需求不断创新。

5. 构建两大定制自主品牌

尚品宅配通过持续提升产品质量及设计等服务的水平，加强直营及加盟终端店面形象的标准化管理，通过聘请著名影视明星等方式加大广告宣传投入，加大线上引流营销等措施，不断提升“尚品宅配”、“维意定制”这两大品牌的知名度和美誉度。经过多年发展，尚品宅配“全屋家具、定制专家”的服务理念赢得了消费者的认可，“尚品宅配”、“维意定制”这两大品牌形象得到市场的认可，成为我国定制家具领域的知名品牌。

总的来说，尚品宅配的 C2B 模式是 O2O 营销模式成功的引爆点。同时，尚品宅配在发展过程中，形成了相对封闭的价值网络，分别是提供个性化定制技术的圆方软件，打通 O2O 模式的互联网平台新居网，开拓个性化市场营销的尚品宅配，以及实现规模化生产的佛山维尚。数据驱动的运营流程和业务组合，有效提高了生产效率，彻底消除了库存，降低生产及运营成本。

六　数据驱动时代下“C2B + O2O”模式的创新之道

互联网时代，大量分散的个性化需求，正在以倒逼之势，推动企业在生产方式上具备更强的柔性化能力，并将进一步推动整条供应链乃至整个产业，使之在响应效率、行动逻辑和思考方式上逐步适应快速多变的需求。在大规模实时协作的供应链平台上，可以完成以消费者为中心的社会化分工与协同。同时，生产体系的柔性化，将得到进一步的加速。

未来能真正以消费者体验为中心，调动一切技术手段做到线上与线下资源整合，才能最终从这轮无缝零售大战中胜出。O2O 正在启动，Online 与 Offline 的结合，创造了许多新的消费方式、商业模式，为传统行业带来了新的春天。目前，除了酒店、餐饮、旅游等，其他行业（包括 B2B 领域）都在尝试 O2O 模式变革。C2B 和 O2O 的结合，需要强化以下创新。

第一，强化系统变革。企业是一个系统，由研发、采购、生产、营销等多个部分组成，局部优化不一定能推动系统的改善，需要突破企业边界，按照整个产品来系统性思考。事实上，企业采用 C2B 模式，需要改变的重点是供应链系统，即由“推式供应链”改为“拉动式供应链”。即用更多品种、小批量生产的商品去测试市场，然后根据市场实际需求，来决定生产什么、生产多少。

第二，加强网络整合和协作。无论线上线下，商业的本质其实是一样的。数据驱动时代传统产业的转型之道在于思考以互联网、云计算、自组织、大数据为代表的新一轮技术和商业模式革命到底如何系统性改变产品价值流，建立与自组织的新型网络整合与协作。从平台、品牌/商家，再到供应链，将形成一个利益共同体。商业社会的资源投入产出比将因此被极大化，而盲目的生产导致供给过盛的浪费也将最小化。

参考文献

［1］张得红等：《互联网＋制造：发现工业4.0时代微蓝海》，人民邮电出版社，2015。

［2］许正：《工业互联网＋时代的产业转型》，机械工业出版社，2015。

［3］连玉明：《从IT时代到DT时代》，中信出版社，2015。

［4］曾鸣：《C2B是新的商业生态》，《IT经理世界》2012年第13期。

［5］《广州尚品宅配家居股份有限公司首次公开发行股票并在创业板上市的招股说明书（申报稿）》，2016年9月。

［6］〔美〕李杰（Jay Lee）：《工业大数据：工业4.0时代的工业转型与价值创造》，邱伯华等译，机械工业出版社，2015。

［7］王晓锋、张永强、吴笑一：《零售4.0时代》，中信出版社，2015。

［8］游五洋：《C2B——互联网时代的商业范式》，阿里研究院，2016。

［9］陈海权：《中国电商竞争的新焦点与O2O模式变革》，暨南大学EMBA讲堂——管理研究，2015。

［10］荆林波：《电子商务是新的生产力》，《赢周刊》2013年8月8日。

［11］荆林波：《互联网是经济发展新动力》，《人民日报》2016年7月29日。

［12］荆林波：《电商模式将向C2B＋O2O全渠道发展》，“2016中国电商消费行为报告发布会”演讲，21世纪经济研究院、京东联合主办，2017年1月。

我国零售业发展趋势和供给侧结构性改革

李骏阳*

摘　要　当前实体零售业发展面临困难，与此同时网络零售快速增长。本文通过数据分析发现，每年的网购额正在超过社会消费品零售总额的增额，实体零售业在总量上面临增长的限制，结构调整压力增大；电子商务导致省市间发生消费净流入和净流出，消费的地区格局发生变化，零售领域的供给侧结构正在发生各种变化，这一切都将引发零售业供给侧改革的深入。

关键词　零售业；网购；供给侧改革；电子商务

近年来，互联网和电子商务迅速发展，网络购物平台不断发展壮大，呈现一片繁荣景象，而与此同时，我国实体零售行业销售额下降，利润骤减，经营萎缩，关门歇业不断发生。电商和实体商业出现巨大反差，零售业动荡加剧。宏观经济方面，国民经济进入新常态更加速了零售业的调整步伐，零售行业正在发生前所未有的巨大变化。本文从分析零售

* 李骏阳，上海大学经济学院副院长、教授，主要研究方向为产业经济、商业流通和国际贸易。

行业的数据出发，揭示零售业动荡的原因，剖析零售业结构变化，提出零售业进行供给侧改革的方向。

一 网购比重提高压制实体零售业发展

近年来，随着网络购物的高速发展，网购额占社会消费品零售总额的比重不断提高，2014 年全国网络零售交易额占社会消费品零售总额的 10.7%，2015 年占社会消费品零售总额的比重达到 12.88%，其中，网络实物商品交易额占社会消费品零售总额的比重达到 10.8%。网购比重的不断提高产生了一个值得注意的现象，2014 年和 2015 年网购额已经与当年社会消费品零售总额的增量持平甚至超过。2016 年前 10 个月，全国网络零售额 39288 亿元，同比增长 25.7%，网购占社会消费品零售总额的比重达到 14.57%。其中，实物商品网上零售额 31740 亿元，同比增长 24.9%，占社会消费品零售总额的比重达到 11.8%，而同期社会消费品零售总额的增速只有 10.3%，总额增量为 25242.2 亿元（见表 1、图 2）。网购额大大超过社零总额增量。

表 1 全国社会消费品零售总额和网购额比较

单位：亿元

年份	全国社会消费品零售总额	全国社会消费品零售总额增量	全国网络零售额
2010	158008	24959.8	5141
2011	187205.8	29197.8	8019
2012	214432.7	27226.9	13205
2013	242842.8	28410.1	18851
2014	271896.1	29053	28211
2015	300931	29034.9	38085
2016（1～10 月）	269601	25242.2	39288

资料来源：①中华人民共和国国家统计局网站，http://data.stats.gov.cn/easyquery.htm? cn = C01。

②中国电子商务数据库，http://www.drcnet.com.cn/www/Ecommerce/Channel.aspx? uid = 750908&version = ecommerce。

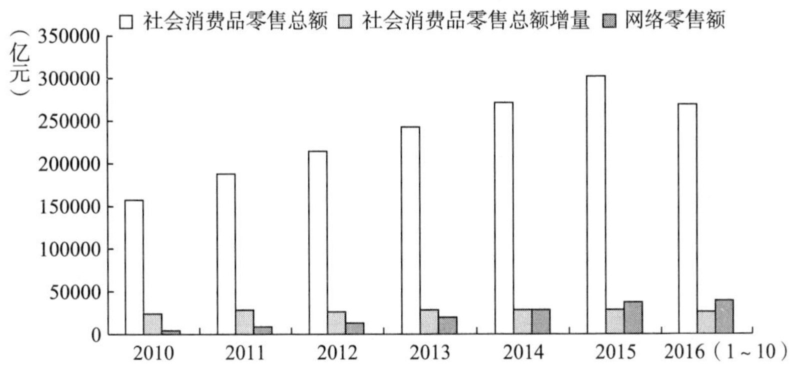

图 1　全国社会消费品零售总额和网购额比较

资料来源：同表 1。

北京是电子商务发达的城市，网络零售额从 2013 年起就超过了社会消费品零售总额的增量，而且这个差额越来越大（见表 2、图 2）。

表 2　北京社会消费品零售总额和网络零售额

单位：亿元，%

年份	社零总额	社零总额增量	网络零售额	网络零售额占社零总额比
2011	6900.3	671.0	298.7	4.3
2012	7702.8	802.5	596.8	7.7
2013	8375.1	672.3	926.8	11.1
2014	9098.7	723.0	1456.8	16.0
2015	10338.0	1239.9	2016.9	19.5
2016（1～8 月）	6783.7	280.1	1092.9	16.1

资料来源：《北京市国民经济和社会发展统计公报》（2011～2015 年）；月、季度商业数据，北京统计信息网，http://www.bjstats.gov.cn/tjsj/。

这个状况在上海表现得更为明显。2012 年上海的网络零售额超过了社会消费品零售总额的增量，从 2013 年起，上海每年网络零售额的增量也超过了当年的社会消费品零售总额的增量。上海网购额中商品类销售占社会消费品零售总额的比重 2015 年为 22.4%，2016 年 1～10 月为 25.8%，增量达到 601.7 亿元，已接近同期社零总额的增加额了（见表 3、图 3）。

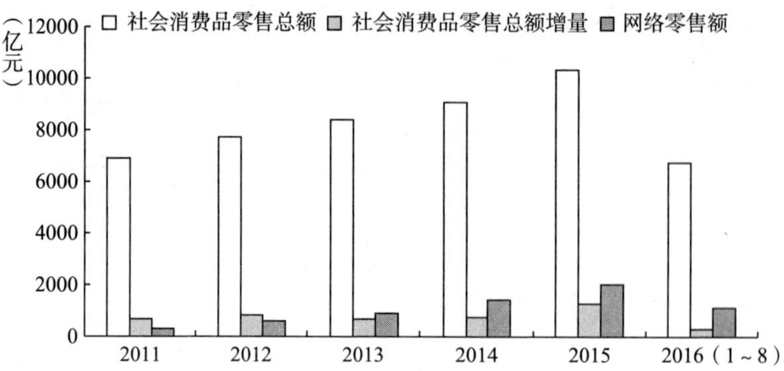

图 2　北京社会消费品零售总额和网络零售额

资料来源：同表 2。

表 3　上海社会消费品零售总额与网购额的比较

单位：亿元

年份	社会消费品零售总额	社会消费品零售总额增量	网络零售额	网络零售额（商品类）	网络零售额（商品类）同比增量
2011	6815	744	692.4		
2012	7412	597	1105		
2013	8052	640	1928.28		
2014	9303.49	1251.49	2904	1655.14	
2015	10055.76	752.27	4140	2251	595
2016（1～10 月）	9001.91	651.34	4420.7	2325.6	601.7

资料来源：①《2015 上海统计年鉴》，上海统计网站，http://www.stats-sh.gov.cn/index.html。
②上海市统计局：《2015 年上海市国民经济和社会发展统计公报》，上海统计网站。
③上海电子商务促进中心：《电子商务动态》（2011～2016 年）。

浙江省是电子商务大省，亦是网购发达的省份，从 2013 年起，浙江省的网络零售额增量就和社零总额的增量不相上下了（见表 4、图 4）。

表 4　浙江省社会消费品零售总额和浙江省网络零售额比较

单位：亿元

年份	浙江省社零总额	浙江省社零总额增量	浙江省网络零售额	浙江省网络零售额增量
2010	10387			

续表

年份	浙江省社零总额	浙江省社零总额增量	浙江省网络零售额	浙江省网络零售额增量
2011	12533	2146	1069.7	
2012	14200	1667	2027.4	957.7
2013	15971	1771	3821	1793.6
2014	17835	1864	5641.6	1820.6
2015	19785	1950	7611	1969.4
2016（1～7月）	11955.38	1362	4760.06	1255

资料来源：《2015年浙江省国民经济和社会发展统计公报》，浙江统计信息网。

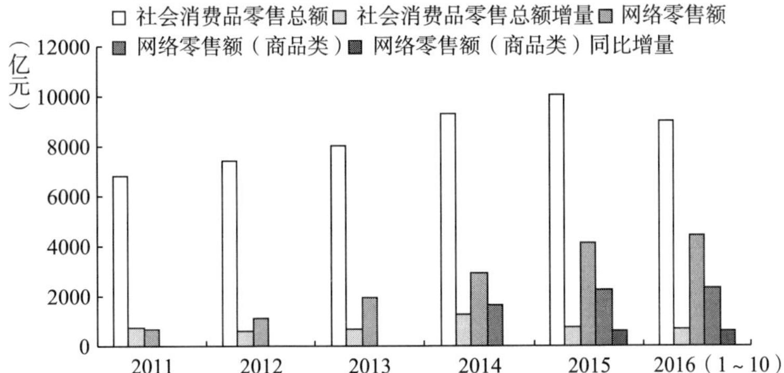

图3　上海社会消费品零售总额和网络零售额比较

资料来源：同表3。

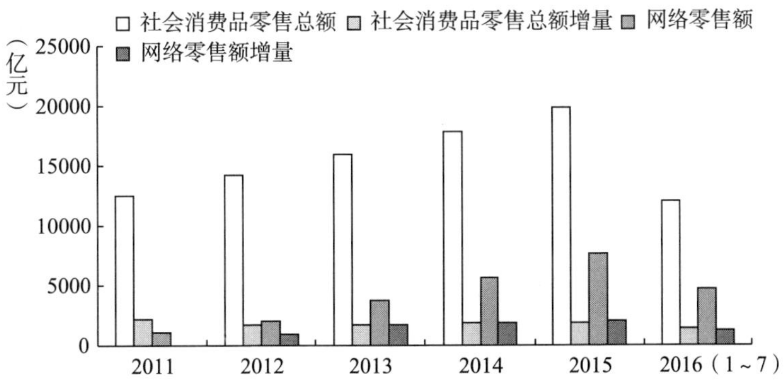

图4　浙江省社会消费品零售总额和网络零售额比较

资料来源：同表4。

当每年的网购额超过当年社零总额的增量时，将形成对实体零售业发展空间的制约，如果原先实体零售业已经出现过剩，这种状况无异于对实体零售业釜底抽薪，从理论上讲，每年实现的网购额就可以全部吸收当年新增社会消费品零售总额，实体零售业的增长受阻。

上海和浙江每年网购的增量也接近甚至超过了社零总额的增量，使得实体零售业不但增长受到限制，而且存量也受到网购的侵蚀，实体零售业面临更大的压力，预示其面临总量上增长的极限。

二　实体零售业面临供给过剩

2015 年底，上海商业网点总建筑面积是 6700 万平方米，人均超过 2.8 平方米。2016 年上海预计有 88 个大型商业项目投入使用，建筑面积 525 万平方米，这样到 2016 年底全市商业建筑总面积将达到 7225 万平方米，人均超过 3 平方米。

2016 年初武汉有 1033.8 万常住人口，按已登记的 2100 多万平方米商业面积计算，人均零售面积达到 2.09 平方米，远超发达国家的人均占有商业面积 1.2 平方米的标准，也超过香港人均 1.52 平方米的商业面积。①

截至 2016 年上半年，成都商业整体供销下跌，处于 2012 年以来最低位，但存量却高达 1338.3 万平方米，去化时间超 10 年。其中，成都购物中心总体量超 700 万平方米，在建面积超过 250 万平方米，已经成为全国商业地产在建规模最大的城市。②

同策咨询研究部发布的《2014 年 35 个大中城市商业地产投资价值

---

① 《武汉购物中心达 45 个，人均零售面积赶超香港》，中国商业信息网，http://www.cncic.org/index.php? option=com_content&task=view&id=41903&Itemid=57，2016 年 2 月 23 日。

② 《2016 年成都关店潮延续　老牌百货逐渐成为商业记忆》，赢商网，http://www.winshang.com，2016 年 11 月 29 日。

研究报告》指出，35 个大中城市人均商业面积中，有 19 个城市人均商业面积已经面临饱和或过剩的状态。银川、呼和浩特、沈阳人均商业面积已在 4 平方米以上，此外，天津、重庆、杭州、南京、成都、大连、厦门、宁波、青岛、合肥、长春、哈尔滨、贵阳、长沙、南宁、昆明等 16 个城市人均商业面积超过 1.5 平方米。①

国家统计局数据显示，截至 2014 年 10 月，中国已开工的商业总面积超过 18 亿平方米，按照城市 7 亿人计算，人均拥有的商业面积为 2～3 平方米，体量严重过剩。② 这个水平也已经超过美国了。美国人均商场面积为 24.5 平方英尺③，相当于 2.27 平方米。

物业机构莱坊的统计数据显示，2015 年底，全国主要城市商业综合体存量面积将达到 3.6 亿平方米，2016 年以后更将突破 4.3 亿平方米。2014 年国内主要城市综合体个数达 885 个，较 2013 年增长 24.47%；2015 年主要城市的综合体数量将突破 1000 个；至 2018 年，商业综合体的年供应量将达到 1200 个。④

近年来，实体店大量关门，2014 年上半年，中国的品牌服装店关门潮开始，七匹狼关店 347 家，九牧王关店 73 家，卡奴迪路关店 53 家，希努尔关店 46 家，艾格已相继关店 88 家，美特斯邦威减少门店 300 家。⑤

据统计，2015 年中国百货关店席卷了 17 个省区市、14 个品牌、63 家百货门店。⑥ 万达 2015 年宣布将陆续关停全国 45 家百货门店。

---

① 《全国 19 城市过半商业面积过剩》，《时代周报》（广州），2014 年 7 月 11 日。

② 《购物中心体量过剩　城市人均商业面积已达 2～3 平方米》，赢商网，http://sh.winshang.com，2014 年 11 月 26 日。

③ 《美国零售业关店潮来袭，几乎每家美国主流百货品牌都在关店》，界面新闻，http://m.jiemian.com/article/1047339.html?from=timeline，2017 年 1 月 1 日。

④ 《商业地产面临严重过剩　2015 年底全国存量面积将达 3.6 亿 m^2》，赢商网，http://sh.winshang.com，2015 年 5 月 29 日。

⑤ 薛景梅等：《电子商务环境下实体商业模式研究》，《商业经济研究》2016 年第 17 期，第 69～72 页。

⑥ 《中国迎来倒闭潮　还有哪些实体店能撑过 2016?》，搜狐科技，http://www.ebrun.com/20161209/205730.shtml?from=timeline，2016 年 12 月 9 日。

2016年上半年，在单体百货、购物中心以及2000平方米以上大型综合超市中，22家公司共关闭41家店铺。其中，百货商店与购物中心15家，大型超市26家，总面积超过60万平方米。①

普华永道的统计表明，中国每天有19.6%的消费者通过网上购物。②北京2015年两成左右的社会消费品零售额来自网店，限额以上批发零售企业网上零售额占社会消费品零售总额比重为19.5%。③网购的快速增长不仅由于其本身的优势，而且在于吸引消费者产生额外需求，国家统计局发布的《2015中国网购用户调查报告》显示，2014年网购用户线上消费的78%是对传统线下消费的替代，剩下的22%是由网购刺激所新产生的。④

现实中，网购的繁荣对实体商业的冲击已经很明显，贝恩与凯度消费者指数统计，2014年中国家庭光顾大卖场的次数同比减少5%，而且单次购物的件数也有所下降。

在上海，与居民生活最为密切的业态中超市和大卖场销售额都呈下降趋势（见表5），超市下降尤其猛烈。2015年刚开张的上海最亮丽的新世界大丸百货首年经营巨亏，吞噬掉母公司上海新世界股份有限公司大部分利润，净亏损4亿多元。

表5　2016年6月上海三大业态销售额和网点数同比变化

单位：%

业态	销售额同比增长	网点数同比增长
超市	-9.0	-9.9
大型综合超市	-0.5	-2.2
百货商店	-11.8	—

资料来源：《上海连锁经营》2016年第4期，第16、53页。

① 《2016年主要零售企业关店统计》，《上海商业》2016年第10期。
② 普华永道：《88%中国消费者通过手机购物》，《南方日报》2016年6月8日。
③ 《2015年北京网上零售额达2016.9亿元　7年扩大28倍》，《北京晨报》2016年1月29日。
④ 国家统计局：《2015中国网购用户调查报告》，环球网，http://tech.huanqiu.com/news/2015-09/7676597.html，2015年9月30日。

然而，当前实体零售业销售额和网点数的下降不能仅归咎于电商的冲击，还在于多年以来自身发展的失控。

商贸领域产能过剩的原因一方面是商业房地产投资过热，另一方面是各级政府主导下的大量重复建设，一些市、区、县政府喜欢高大上，把原有商业推倒重来，建大型商业中心、购物中心，不顾当地购买力实际，提出要引进多少家世界著名品牌、多少家国内外零售巨头等。商务部要求各地制定商业规划本是为了商业的科学发展，却被一些地方政府作为商业政绩工程的工具，商业规划使政府的意图得以科学的包装，商业面积大大超过了实际需要。许多城市的商业规划在房地产热的影响下，夸大了居民人数，把周边地区的居民购买力全都纳入本地的商业规划中，把商业的盘子做得很大，而且各城市制定的商业发展规划基本上都没有考虑网购快速增长的因素。

商业设施的猛增使得很多城市零售物业空置率超过 6% 的警戒线。2015 年，上海市大型商业设施空置率在中心城区为 5% ~7% ，非中心城区高达 25% 。

RET 睿意德中国商业地产研究中心的数据显示，截至 2015 年 12 月，全国商业地产库存达 2.66 亿平方米，写字楼平均空置率为 18% ，商业营业用房空置率高达 30% 。①

在总量过剩的前提下，部分业态已严重地偏离了居民的消费需求，最为突出的是百货商店，定价虚高，生意清淡，经营成本居高不下，形成恶性循环。近年来，百货商店是关门歇业最多的一个零售业态。许多百货商店顾客寥寥、入不敷出。由于百货商店一般都实行场地出租，进场的经销商分担了商场的亏损，从而使其仍能勉强支撑，但是缺乏人气，一旦租约到期，租户迁出，关门概率很大。

流通领域存在严重的供给过剩，这些过剩产能中是否有些属于“僵尸

---

① 《21 世纪经济报道》，中商情报网，http://www.askci.com/news/chanye，2016 年 5 月 5 日。

企业”？中国人民大学国家发展与战略研究院发布的首份“僵尸企业”研究报告指出，“僵尸企业”比例最高的5个行业中商业贸易类企业位列第四，“僵尸企业”占该行业企业的28.89%。①

三　零售业结构调整加剧

零售业的总量过剩导致结构性问题更加凸显，业态之间的竞争更趋激烈，零售业面临较大的结构性调整，主要体现在以下几个方面。

1. 百货商店购物中心化，购物中心去百货化

在当前零售业总体环境不景气的情况下，购物中心和百货商店两大业态呈现截然相反的发展态势，购物中心仍保持快速增长势头。目前全国已拥有近4000家购物中心，数量位居世界第一，而且，购物中心的建设热潮远未结束，根据中国购物中心产业咨询中心预测，从现在起到2025年，中国还会有7000家购物中心建成开业，届时中国内地的购物中心将超过1万家。②

2015年上海购物中心总量已达到148家。商业面积尽管过大，但是新的商业设施还是不断在建造。2016年全市预计有88个大型商业项目投入使用。

在零售业其他业态受到巨大冲击的形势下，作为集购物、餐饮、休闲娱乐为一体的购物中心具有较大的灵活性，可以根据市场需求变化进行业态结构调整，具有包容性发展的优点，也成为当前时尚生活方式的一个载体。但是，购物中心的过热已引起专家的注意，不排除今后几年出现严重过剩的局面。

2015年全国百货上市公司营业收入下降的占60%，净利润下降的占

① 中国人民大学国家发展与战略研究院课题组：《扫描中国僵尸企业全貌》，《社会科学报》2016年9月1日。

② 《商业店铺面临淘汰潮》，《北京日报》2016年9月8日。

69%。2016年全国百货上市公司营业收入和净利润继续双降，分别达到75%。[①] 百货业态整体处于下降趋势，各地大百货商店关店消息频传。作为百货整体，不管怎样搞促销，不管怎样推广会员制，都难以挽救其颓势。

百货商店的困境导致其寻找出路，向购物中心转型被视为最好的选择，一大批百货商店升级成为购物中心。数据显示，在全国范围拓展的百货企业转型购物中心的比例高达42%，[②] 如王府井百货、天虹商场、新世界百货、久光百货、上海百联。而新建的购物中心不再规划百货主力店。百货商店购物中心化、购物中心去百货化是当前零售业结构调整的一个特点。图5反映了零售业中的结构性问题。

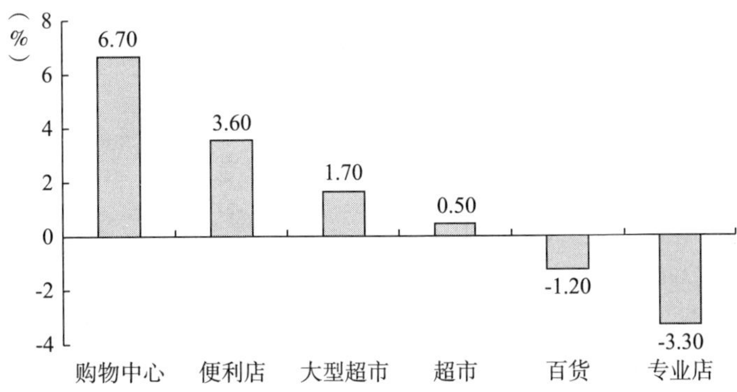

图5　各业态样本店铺2013～2014年两年平均销售增幅的对比

资料来源：中国连锁经营协会，德勤分析。

图5显示，负增长最大的是专业店，由于专业店量大面广，运营成本较低，多年来许多专业店无序发展，导致严重过剩，如服装、鞋类、小商品、家电、建材装饰、家居等。根据中国人民大学国家发展与战略研究院的报告，建材装饰在“僵尸企业”比例最高的5个行业中排名第

① 《2016年上半年零售业上市公司营收百强榜》，联商网，http://www.linkshop.com.cn/，2016年9月10日。

② 赵萍：《线上线下融合发展进入实质阶段》，《中国流通经济》2015年第12期，第24～29页。

三，“僵尸企业”占该行业总数的31.76%。[①]

上述状况反映了当前流通领域结构性调整的艰巨性，调整业态结构是零售业去产能和适应消费者新的购物需求的重要方面。

2. 大型企业发展趋缓，中小企业数量增加

2015年，连锁百强销售规模2.1万亿元，同比增长4.3%，增速继续放缓。门店总数达到11.1万余家，同比增长4.7%。百强企业销售规模占社会消费品零售总额下降到6.9%（见图6）。

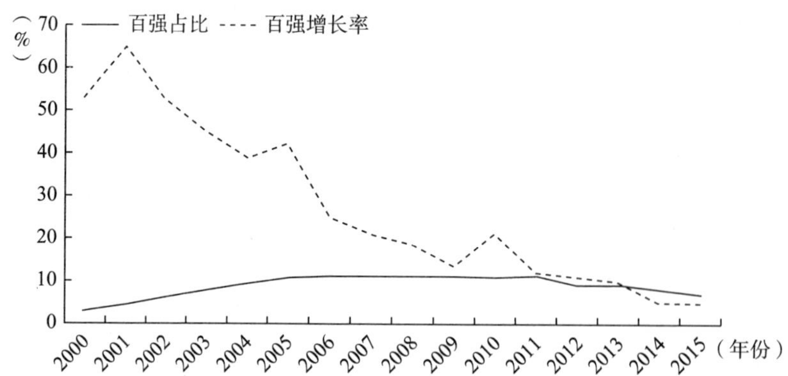

图6　中国零售连锁百强企业占社会消费品零售总额比重及增长率

资料来源：根据中国连锁经营协会历年公布数据整理。

中国零售业的集中度本来就很低，近年来又不断走低。大型零售企业集中度下降说明零售业的规模结构在发生变化。它一方面反映了实体大型企业的规模扩张受挫，另一方面反映了中小零售企业有了更多的发展机会。这两方面都和电商的崛起有关，天猫、京东等大型零售网站为中小企业创造了销售的平台，挤压了大型实体连锁企业的发展空间。

2016年上半年，全国百家重点大型零售企业零售额累计同比下降3.2%，增速与上年同期相比，回落了3.8个百分点。[②] 这进一步显示了

① 中国人民大学国家发展与战略研究院课题组：《扫描中国僵尸企业全貌》，《社会科学报》2016年9月1日，第2版。

② 中华全国商业信息中心7月18日发布，中国电子商务研究中心网站，http://b2b.toocle.com/detail——6357374.html。

大型零售企业的销售比重下降。

“互联网 +”使中小企业有了广阔的用武之地，在市场营销、产品销售、仓储物流等环节运用互联网平台以及云计算、大数据、物联网等技术，创新销售方式，出现了众创、众包、众扶、众筹等新模式，它们提高了产品销售效率，形成市场优势。淘宝村的出现也是中小企业创新销售方式的一个成功模式。在移动社交平台发展基础上衍生的电商形态——微商如雨后春笋般成长，2015 年微商行业总体市场规模达到 1819.5 亿元，预计 2016 年将达到 3607.3 亿元，增长率为 98.3%，2015 年全国微商从业规模为 1257 万人，预计 2016 年将达到 1535 万人，增长率为 22.1%。[①] 微商是基于社会媒体所开展的去中心化的新型电商模式，是一个值得关注的具有高成长性的新兴业态。

电商的发展使零售业结构更加多元化，小零售企业、小型卖家更加容易生长，未来零售业的市场集中度可能进一步降低。需要说明的是，天猫作为网络销售平台不能视为零售企业，而京东演变为开放平台后，也不能将整个平台的销售视为京东一家企业的销售。

3. 传统业态增速下降，新兴业态成长布局

中国百货商业协会部分会员单位（80 家）2015 年销售统计数据显示，2015 年百货店销售总额为 4397.6 亿元，比 2014 年上涨了 9.3%，但利润总额仅 46.1 亿元，比 2014 年下降 12.1%。[②]

2015 年国内 A 股上市公司超市板块营业收入比上年增长 6.8%，但是利润大幅度下滑，比上年减少 79.4%。[③]

传统业态在减少，实体零售业不能完全固守过去已有的业态，而要

① 温济聪：《〈2016 中国微商行业发展研究报告〉正式发布》，中国经济网，http://finance.china.com.cn/roll/20160623/3780062.shtml，2016 年 6 月 23 日。

② 梁咏玑、林诗慧主编《中国百货行业发展报告》，载中国百货商业协会编《中国商业发展报告（2016～2017）》，社会科学文献出版社，2017，第 208 页。

③ 《2016 年中国超市行业现状分析及发展趋势预测》，中国产业信息网，http://www.chyxx.com/industry/201608/443856.html，2016 年 8 月 31 日。

关注新业态，特别是线上企业到线下开设的实体店，要与线上企业合作发展。

首家支付宝会员店盒马鲜生于2016年1月15日推出后受到各界广泛关注。盒马鲜生是“生鲜超市+餐饮”的模式，4500平方米的门店主营食品，采用线上线下全渠道商业模式，承诺顾客无论是在店内购买还是在线上APP下单，都能享受5公里内30分钟送达，店内只能使用支付宝付款，门店融合销售展示、仓储以及分拣线上订单功能为一体，店内开设了曦牛海鲜餐厅，用户选购海鲜后可以现场制作，可以堂吃。盒马鲜生带着众多亮点出现，围绕用户体验为中心的经营模式改变了现有的O2O模式，目前盒马鲜生已经在上海开出5家门店，单店一天的营业额在几十万元，并很快将在北京、宁波开店。盒马鲜生模式与大型综合超市、标准超市、菜市场都存在竞争关系，它的出现将在业界掀起波澜。

从2016年2月起，小米开始在线下开店，截至11月5日，小米之家已经在全国开设了40家店，并且预计三年内会开到1000家。

聚美优品开设极速免税体验店，电商企业当当网、亚马逊开设实体书店，推出便利店。与此同时，一些线下传统零售企业，也在往线上延伸，如永辉超市联合京东布局O2O，宜家家居在上海试水电商。

四　网络销售导致零售业地区发展不平衡

网络销售平台的发展导致零售业地区发展不平衡，产生地区之间消费的净流入和净流出，以浙江省为例。

浙江是电子商务发达的省份，网络零售额占社会消费品零售总额比重很高，已接近40%，但是这个比例不仅是浙江本省居民在网上的购买，还包括外省居民在浙江网络平台上进行的消费，而浙江本省居民的网购只占到社会消费品零售总额的约20%（见图7）。

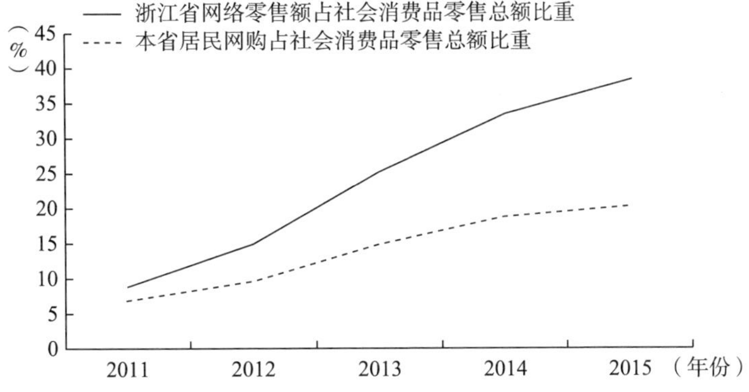

图 7　浙江省网络零售额占社会消费品零售总额比重

资料来源：①浙江省统计局、国家统计局浙江调查总队：《浙江省国民经济和社会发展统计公报》（2010～2015 年），浙江统计信息网；

②浙江省统计局编《2013 年浙江经济发展报告》，http://www.jinhua.gov.cn/art/2014/1/20/art_3097_303587.html；

③《2014 浙江省互联网发展报告》，浙江在线，http://zjnews.zjol.com.cn/system/2015/06/29/020717128.shtml；

④《2012 年浙江省网络零售数据新鲜出炉》，浙江在线，http://ec.zjol.com.cn/system/2013/03/11/019200792.shtml；并根据以上数据计算。

可以看到，浙江省网络零售额占社会消费品零售总额比重与本省居民网购占社会消费品零售总额比重有很大的差额，形成图 7 中的缺口。

网络零售的出现使得消费者的消费不受地区约束，通过网购可以在全国实现购物消费。省市与省市之间由于电子商务发展的不平衡，消费发生流入和流出，电商平台和电商企业强大的省市，省内居民购买省外产品少于省外居民购买省内的产品，发生消费净流入；反之，电商平台和电商企业弱小的省市，发生消费净流出，这就如同国际贸易中的出超和入超。浙江省作为电子商务发达省份，网络零售强大，不仅惠及本省，而且辐射全国。网络零售额对本省社会消费品零售总额的贡献增大。

图 8 从比较浙江省网络零售额占全国比重和浙江本省居民网络零售额占全国比重反映了浙江省网络零售净流入。

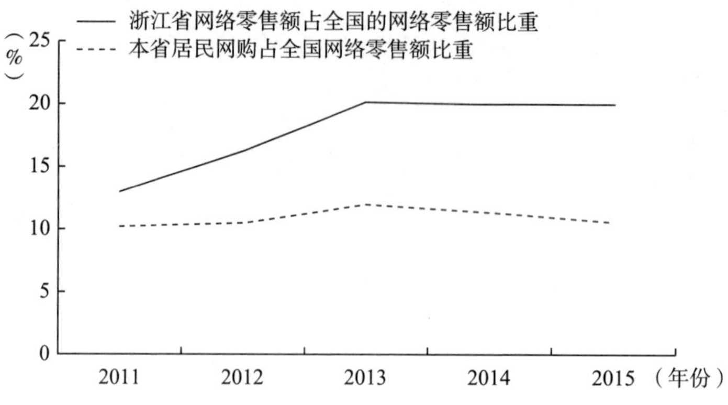

图 8　浙江省网络零售额占全国的网络零售额比重

资料来源：①同图 7；

②中华人民共和国国家统计局，年度数据，http://data.stats.gov.cn/easyquery.htm? cn = C01。

从图 8 看到，浙江省网络零售额占全国的网络零售额比重维持在 20% 左右，而本省居民网络零售额占全国比重只有 10% 多一点，缺口体现浙江省网络消费的净流入。图 9 显示了浙江省网络零售净流入的程度。

浙江省作为电商平台发达的省份发生消费净流入，反之，电商平台不发达的省份则发生消费净流出，省和省之间如此，市和市之间也是如此。这种现象对消费净流出的省市实体商业产生了负面影响，尤其是对中西部地区三、四线城市的实体商业冲击较大。

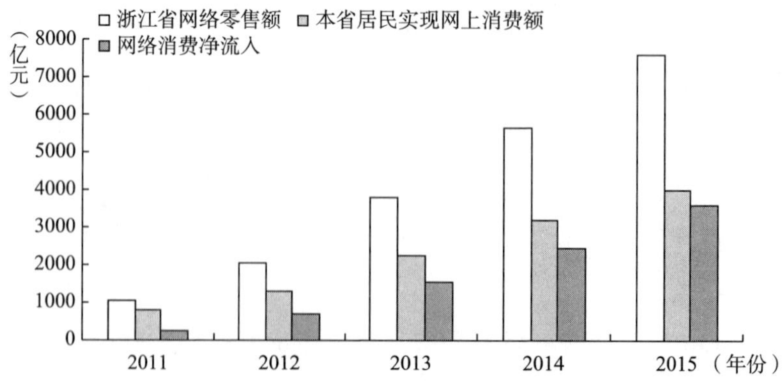

图 9　浙江省网络零售额及网络消费净流入

资料来源：同图 7。

表 6　浙江省社会消费品零售总额和网络零售额对比

年份	浙江省网络零售额（亿元）	本省居民实现网上消费额（亿元）	网络消费净流入（亿元）	网络零售额占本省社零总额比重（%）	本省居民网上消费占本省社零总额比重（%）	网络零售额占全国的网络零售额比重（%）	本省居民网上消费占全国网络零售额比重（%）
2011	1069.7	820.3	249.4	8.96	6.87	12.99	10.2
2012	2027.4	1305.5	721.9	14.96	9.63	16.22	10.45
2013	3821	2262	1559	25.2	14.9	20.2	11.99
2014	5641.6	3192.8	2448.8	33.3	18.8	19.99	11.3
2015	7611	4012	3599	38.4	20.2	19.98	10.53

资料来源：同图 7。

作者注：本表为图 7 ~ 图 9 中数据汇总。

五　零售业的供给侧结构性改革

随着“互联网 + 流通”和电商的不断深入发展，商品流通的地方保护主义壁垒逐渐被冲垮，网购的盛行使得地方政府不能再阻止居民购买外来商品，所有网上商店都是面向全国消费者的，网上销售也打破了原先按行政区划分割社会消费品零售总额的地区格局，形成了统一的国内大市场。

网上的第三方购物平台使大量中小生产企业和零售企业加入，形成了新的庞大的供给侧，这个新的供给侧意义在于它的构成不仅仅是零售企业，还包含了大量生产企业，生产企业实现了大量的直销。网购冲击了原来的生产—批发—零售的层级制流通体系，出现多元化的渠道模式，网购时代生产者直接面向最终消费者，结合高效供应链和大数据运用，新的供给侧具有极大的供给潜能和市场活力。

各省市的社会消费品零售总额将不再完全和当地的人口或 GDP 成正比，在一定程度上和当地的网络平台及电商企业发展状况有关，一些著名购物网站所在地或电子商务平台发达的省市卖出商品，它们的社会消费品零售额会增加，虽然它们销售的也不完全是本地的产品；电子商务发展落后的省区和城市的居民从外省的网络平台买入商品，这些地区的社会消费品零售额会下降。未来在社会消费品零售总额统计上会出现复杂的情况，除了传统的统计口径外，还要统计本地居民通过网络平台和电商企业的消费额，而网络平台和电商企业又分为本地和外地的，本地居民在非本地的网购消费计入其他省市的社零总额。这种情况使各地的社会消费品零售总额失真的程度加大，省市之间的不平衡会加剧，一个地区的社会消费品零售总额可能并不代表该地的真实消费水平。

根据零售业存在的问题，零售行业供给侧改革可以从以下五个方面着手。

一是控制总量。一、二线城市要加强对实体零售业经营面积的总量调控，谨慎审批新增商业用地。要根据城市人口规模、结构、分布、消费升级以及流动人口的特点，在充分研究电子商务和网购发展趋势及对消费行为影响的基础上，合理确定本地区商业总体规模，使实体零售业的规模、业态与未来消费需求相匹配。避免大量用地的粗放式发展方式，注重盘活存量、提升能级、空间置换的集约式发展，推动城市实体零售业创新发展和升级换代。

二是补齐短板。不同城市实体零售业“补短板”的重点有所不同，一线城市重在补好商业的“高端”，要打造对国内外游客有足够吸引力和品牌影响力的消费环境，探索引进国际知名免税品经营商开设免税店，建立国际一流的奥特莱斯，使国内游客出国采购的购买力回流。二、三线城市重点在于推广高效率的生鲜超市和标准化菜场建设，提高社区商业建设的品质，引导新建成的非中心城区的商业设施融入社区商业，改变非中心城区和郊区的商业面貌。四、五线城市要以适应城镇化发展为基础建立配套的商业设施，做到便民利民。

三是调整结构。未来零售业的结构首先是实体商业与电子商务（网络零售）的结构，各地应将电商和实体商业纳入统一考虑范畴，研究电子商务与网络零售的发展趋势，积极培育基于互联网、移动互联网等技术载体的新型商业模式；运用云计算、大数据、物联网等技术，创新销售方式，扩大面向国内外的网上销售平台。互联网时代的商业已没有区域界限，二、三、四线城市的商业要抓住电子商务发展的机遇，推进本地商业创新发展和结构升级。

对于实体零售业，要引导其加快业态结构调整步伐，对于供给过剩的业态要支持关停，支持其转型升级，如百货商店可升级为购物中心，标准超市可改造为生鲜超市。对于需求上升的业态应予以扶持，推进国资国企中闲置商业资源的转型升级。支持实体零售业实践 O2O 模式，鼓励线下企业向线上发展，探索体验式商业，鼓励线上零售企业落地。

四是去除过剩。供给过剩已经成为实体零售业的风险源。各地应把握供给侧结构性改革的契机，系统推进实体零售业去产能的各项工作。重点引导实体零售业功能置换，支持趋势性下滑特征明显的百货商店等业态优化调整，引导供给过剩的零售业业态及时关停或转型升级，对于经营困难、业绩大幅下降、勉强支撑的“僵尸商业企业”应予以退出零售行业。做好商业落后产能的破产重组，盘活存量商业资源。

五是降低成本，“让市场决定资源配置”，现在也有一些成功的尝试。值得一提的是零售企业的联合采购。典型案例如下。

（1）2015 年 7 月，永辉超市联合武汉中百、上海联华、香港牛奶国际 3 家年销售总额超过 1000 亿元的上市公司发起进口食品的联合采购。

（2）2015 年 10 月 12 日，山东家家悦集团公司联合中国超市联合采购交易联席会议 100 多家年销售总额超过 3000 亿元的成员企业发起韩国进口商品联合采购。

（3）2015 年 11 月 5 日，湖南步步高超市联合上海城市超市等 23 家年销售总额超过 2300 亿元的超市企业组建全球联采众筹平台，其目标是降低进口产品价格，让利消费者，倒逼国内层层加价的流通渠道进行改革，使消费者不出国门也能购买到价廉物美的外国商品。

电商和网络销售平台的发展形成新的供给侧，它打破了原先按地域销售的零售格局，加剧了市场竞争，将重塑流通业和零售业的地区格局。新的供给侧也将改变零售业的业态结构，淘汰零售业过剩产能，对流通业和生产消费体系产生深远的影响。

参考文献

［1］赵萍：《线上线下融合发展进入实质阶段》，《中国流通经济》2015 年第 12 期，第 24 ~ 29 页。

［2］李骏阳：《电子商务对贸易发展影响的机制研究》，《商业经济与管理》2014 年第 11 期，第 5 ~ 11 页。

［3］中国人民大学国家发展与战略研究院课题组：《扫描中国僵尸企业全貌》，《社会科学报》2016 年 9 月 1 日，第 2 版。

［4］李骏阳：《对“互联网 + 流通”的思考》，《中国流通经济》2015 年第 9 期，第 6 ~ 10 页。

［5］丁俊发：《推动流通业的供给侧改革》，《经济日报》2016 年 2 月 16 日。

案例篇

广东快递物流业与制造业融合发展及其创新实践*

王先庆**

摘　要　广东在商贸流通领域的创新一直走在全国的前列，在现代物流领域更是如此，其中快递物流业就是一个典型代表。多年来，广东快递物流业顺应电子商务尤其是跨境电子商务等发展趋势，服务于“工业4.0”时代的智能化生产、定制化生产、柔性化生产等需要，从产业链、供应链、价值链等不同方向，创新出仓配一体化、区域供应链、入厂物流、订单末端配送、嵌入式电子商务等多种模式，有力地推动了物流体系创新与制造业转型升级，值得深入研究和借鉴。

关键词　快递物流业；电商物流；仓配一体化；区域供应链；广东省

一　研究背景

广东是全国第一人口大省、经济大省、制造大省、内贸大省、进出口

* 本文为广东省商贸物流与电子商务决策咨询研究基地2017年重点委托课题“推进广东现代物流业与先进制造业深度融合发展研究”（GDSD201704）的阶段性成果。

** 王先庆，广东省商业经济学会会长，广东财经大学流通经济研究所所长、教授。

大省。2016年年末，广东常住人口10999万人；全省实现地区生产总值79512.05亿元；2016年广东全年社会消费品零售总额34739.00亿元，全年进出口总额63029.47亿元。广东省在电子信息、电子机械、石油化工、纺织服装、食品饮料、建筑材料、医药、汽车等制造业发展基础雄厚。2016年，广东人均GDP达到72787元，按平均汇率折算为10958美元，已经达到中等收入水平。

正是如此大的经济总量和发展需要，为商贸流通业的发展提供了强劲动力。比如，广东是全国几乎所有大型电商平台最大的货源地，进而也直接带动现代物流，尤其是快递物流业的发展。2016年，全省快递业务量76.50亿件，近五年年均增长50%以上，快递业务收入近1000亿元。广东快递业务量和快递业务收入分别占全国的1/4和1/5。而快递业务的飞速发展，又推动了区域竞争和创新发展，从而使广东快递物流业的创新热潮一直高涨。

广东快递物流业创新的一个重点领域就是促进快递服务业与制造业的深度融合。调研表明，广东快递业经过二十多年的培育和飞速发展，已经度过了粗放发展阶段，进入“中年期”，其产业链正趋于成熟，发展瓶颈也日益显现。而世界快递业发展的规律表明，在快递业发展的中后期，快递服务从侧重传统的生活性服务向生活性和生产性并重转变是各国快递业发展的必然过程。显然，广东作为改革开放的前沿和快递发展的前沿，具备快递产业结构调整和服务重心转移相应的先决条件和必要条件，因此，只有率先进入快递业发展的高端领域，尤其是顺应“互联网+”背景下生产制造业自身转型升级的大趋势，深度服务和融入制造业，抢占制高点，才能赢得未来，提升自身在全行业中的地位、影响力和价值。

那么，在产业结构处于急剧变动的广东制造业体系中，有哪些可供进入和掌控的快递业需求，如何分析快递服务业的重点领域？广东制造业长期依赖“两头在外，三来一补”的发展模式，在这一模式已经基本走到尽头的背景下，其物流业务需求在未来如何发展？主要在哪些环节？以顺丰、德邦等为代表的广东本土快递物流企业形成了哪些服务制造业的业务模式？效果如何？各自有哪些内容？它们各有哪些特点？如何创新？这些问题都是本文需要关注和研究的重点。

二 广东快递物流业与先进制造业融合发展的基本现状

根据我国《快递服务标准》，快递是指快速收寄、分发、运输、投递单独封装、具有名址的信件和包裹等物品，以及其他不需储存的物品，按照承诺时限递送到收件人或指定地点，并获得签收的寄递服务，具有时效性、准确性、安全性和方便性的特点[①]。广东快递业起步早、分布广、规模大、业态全，因此，在服务制造业以及与制造业融合发展方面也走在全国的前列。

（一）广东快递物流业与先进制造业融合发展的基本现状

总体而言，广东快递物流业与先进制造业融合发展仍然处于起步阶段，不仅涉足的快递物流企业比重不大（虽然大部分快递物流企业都有所涉及，但主要业务重点集中在广东邮政、顺丰速运等几家代表性企业），而且整体经营规模也不大，据初步估算，约120亿元到130亿元[②]。以下几方面，既反映出当前的基本现状，也能从中看到其特点。

---

① 与最常见的邮政普遍服务相比，快递的主要运输对象为信件以外的文件和包裹；相比邮政普遍服务由国家统一定价，与一般货运相比，快递侧重运送50公斤以内的轻小件，具有“门对门”的便捷性、“手对手”的安全性，服务附加值高于一般货运，属于物流业中的中高端领域。

② 目前还缺少专业的分类统计，到底有多大比重的业务收入是源于服务制造业，还无法系统统计，这只是根据相关业务收入的一种估计。

1. 快递与制造业融合发展的范围非常广泛，重点集中于纺织服装、陶瓷建材等行业

广东地区的制造业百花齐放，但大多属于传统制造业，尤其是陶瓷建材、纺织服装、电子产品等。从我们调研的情况看，目前广东快递服务的制造业（见图 1），主要是食品、陶瓷建材、家具、金属制品等，分布区域主要是珠三角，尤其是广州、深圳、佛山、东莞等城市。

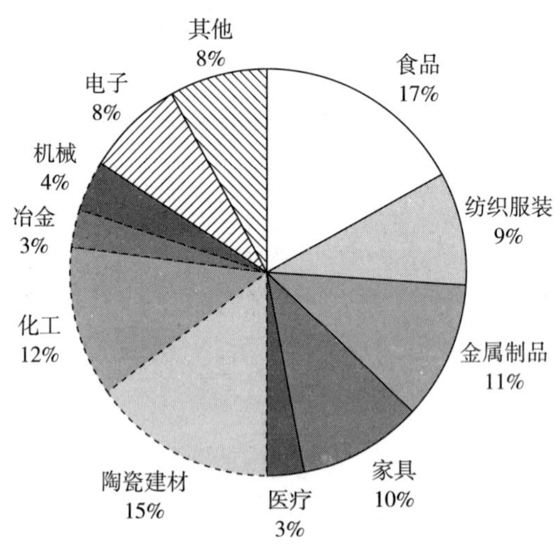

图 1　广东快递物流业与制造业融合发展的主要行业分布

从调研情况看，大多数快递物流企业服务制造业企业时，都是以产业集群和专业镇为业务发展对象，如广东新塘、东莞虎门、中山小榄、南海大沥等，从而呈现出明显的集中服务特点。当然，不同的快递物流企业各自服务的制造业对象又有差异。比如德邦佛山分公司主要服务的制造业企业比较分散，涉及十多个不同的行业，包括服装、家具、家电、建材、食品等。

2. 快递物流业主要服务于中小制造业企业

从广东快递业服务的对象来看，大部分是服务于中小企业（见图 2）。例如，东莞的速尔等快递公司服务于虎门的中小企业集群。这些制造业企业的年销售额规模大多在 5 亿元以下。只有极少数大型企业，如

华为、步步高等。

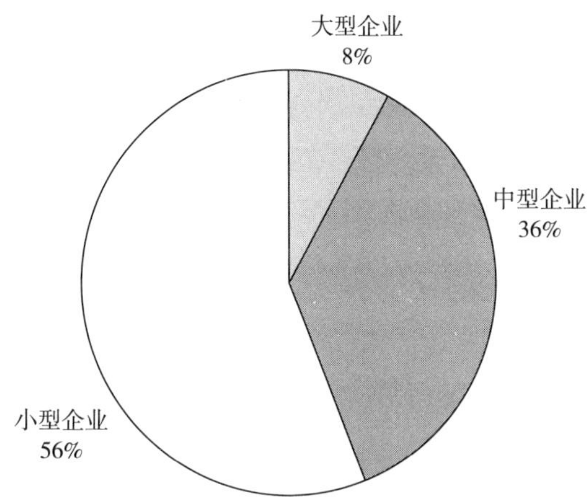

图 2　广东快递物流业与制造业融合发展的企业规模分布

尽管快递与制造业融合发展牵涉到大量的服务内容，专业性要求也较高，但从一般情形看，由于中小制造业企业的竞争压力大、抗风险能力弱，因此，在选择快递物流企业时，对快递服务关注最多的，仍然是收费和配送的安全性问题。而服务能力、效率等，往往不是最主要的选择依据。

3. 制造业企业选择快递物流服务的主要动因是降低成本

近十年来，广东制造业成本急剧上升，生存压力空前加大，因此，对于珠三角数十万传统制造业企业来说，首要的任务，是降低产品成本和经营成本。而这也成了制造业企业选择快递服务的最主要动因。从调研的情况看，大多数制造业企业选择快递服务是源于降低成本和专注于核心业务，其次是提高物流速度和借助社会化网络资源（见图 3）。

当然，不同的行业对选择快递物流企业的原因有所差异。比如，陶瓷建材、家具等行业，对货物在物流过程中的损耗问题特别关注，更希望快递物流企业的服务介入能降低物流过程带来的损耗和损失。

4. 当前广东制造业企业对快递服务的满意度不高

从调研的实际情况看，除了顺丰与步步高等制造业企业有着长期的战略合作关系外，大多数快递物流企业与制造业企业仍然处于一种初级

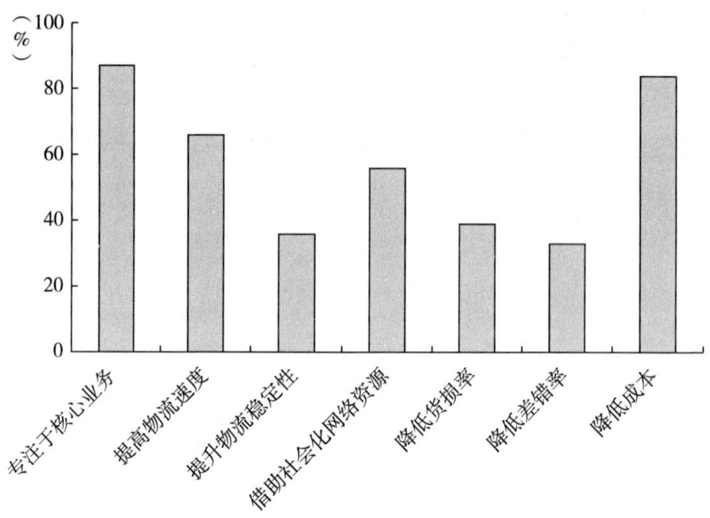

图 3　广东制造业企业选择快递服务的主要动因

的松散式合作状态。也就是说，大多数制造业企业选择的是多家物流服务供应商，而不是与某一个快递物流企业全面合作。当前广东制造业企业对快递物流服务的满意度并不高。可能是由于利益关系、合作模式、服务水平、沟通方式等多种原因，除极少数外，制造业企业对快递服务都存在这样那样的不满意。这也是制造业企业普遍还不太放心将商品分销和配送服务交给快递物流企业，以及不愿意进行全面合作的主要原因。从被调查的企业情况看，目前对快递服务不太满意主要集中在三点，即价格高、临时需求难以满足、服务质量低（见图 4）。

5. 广东快递物流企业服务制造业的能力差异较大

目前，广东 30 多家快递物流企业中，直接为制造业企业提供服务的有 10 家左右，主要是广东邮政快递、顺丰、嘉诚、速尔、德邦等①。随着物流技术的进步，广东全省快递物流企业的技术和服务水平普遍得到提升。全行业正在加大现代信息技术在企业管理、市场服务、行业监管

① 从调研的情况看，大多数快递服务与制造业企业发生业务关系，并不纯粹是供应链服务能力等因素，而大多是因为电商业务的需求而发生了关联。这种比重接近 80%。

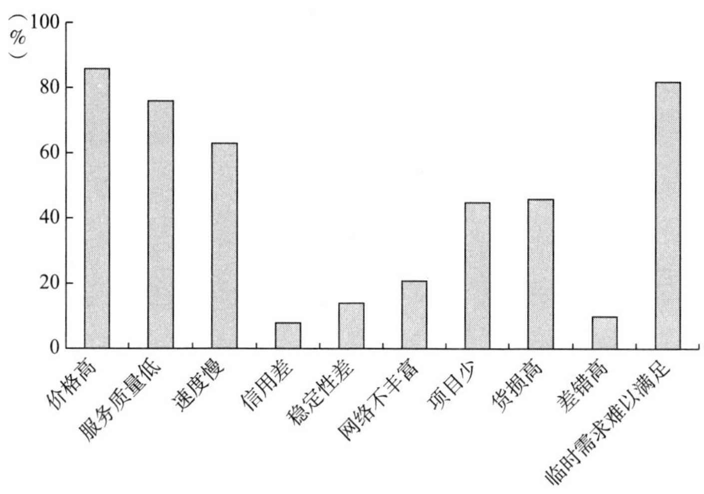

图 4　广东制造业企业对快递服务的满意度

中的应用，打造信息标准化、管理精准化、应用智能化的管理环境、服务环境和监管环境。在信息技术方面，大数据服务、云服务、智慧仓储、电子签名、电子身份认证等技术将陆续推广应用；在快递装备方面，自动化分拣、机器人、智能快件箱、冷链快递等开发应用力度将持续加大；在绿色环保方面，绿色快递理念将逐步形成，绿色包装、绿色化的装载工具、节能减排技术在各个生产环节各个领域的应用将不断提升。此外，随着 RFID、车载系统、软件即服务（SaaS）、云平台、移动互联、商业智能等先进信息技术的兴起，企业与客户之间物流服务交流的障碍正在被突破（见表 1）。

表 1　广东快递物流企业服务制造业企业的基本情况对比

类别	主要品牌	主营市场	价格特点	管理与服务
龙头企业	邮政 EMS、顺丰	中高端快递市场	价格较高、定价规范、运营稳定	全国网络干道健全，产品服务类型多元，并有自己的全货机，在速度上占据明显的优势
三通一达	中通、圆通、申通、韵达	电商市场	价格中端、定价相对规范、运营稳定	加盟为主，管理较为规范，既能提供较高水平的电商快递，又能在中高端领域提供部分服务

续表

类别	主要品牌	主营市场	价格特点	管理与服务
非三通一达的全网型企业	宅急送、天天、百世汇通、优速等	电商市场	价格中低端、定价相对规范、运营稳定	加盟为主，管理方式较为粗犷，面对的客户多为价格敏感型的散户或小商户
区域性快递公司	东莞世纪同城、联昊通	某一地域市场，专门做落地配等业务	价格很低、定价缺乏规范、运营稳定性较差	以专业快速作为企业生存砝码，但缺乏资本实力和渠道铺设能力，融资较难
外资公司	FedEX、UPS、DHL、TNT、大和运输等	商务件	价格很高、定位规范、运营能力较稳定	凭借雄厚的资本、先进的管理水平，占据国际市场的绝对优势

从服务的深度和广度来看，顺丰速运最值得关注。顺丰速运（集团）有限公司（以下简称顺丰）由王卫于1993年成立，总部设在广东省深圳市，是一家主要经营国内、国际快递及相关业务的服务性企业。目前，顺丰速运拥有38家直属分公司、5间分拨中心、近200个中转场、逾7800个基层营业网点，覆盖所有31个省（自治区、直辖市）、近300个大、中城市及逾1900个县级市或者城镇。顺丰有29万多名职员，1.2万多台运输车辆，36架自有货机以及遍布中国大陆、海外的9100多个营业网点。此外，顺丰在中国香港、中国澳门、中国台湾、韩国、日本、马来西亚、新加坡及美国都设立了营业网点，或者开通收派业务。

2015年广东快递物流企业的业务收入规模中，顺丰明显处于领先地位。目前顺丰与佛山的家具、陶瓷和家电行业的合作较多。顺丰的业务中有80%与制造业相关，顺丰为其客户量身定制物流解决方案。例如，顺丰速运佛山区南庄分部，位于陶瓷名城佛山禅城区，辖区内陶瓷企业总部汇集。通过与辖区内2000多家陶瓷企业合作，南庄分部快递业务占当地快递业务的70%以上。目前服务项目主要为传统的取件、包装、运输和配送，未来有望进一步服务于陶瓷企业仓储及物流。

此外，在快递与制造业融合发展方面做得比较有特色的还有广州嘉诚物流。广州市嘉诚国际物流股份有限公司成立于2000年，主营全程供应链一体化服务业务，包括采购物流、生产物流、销售物流等。公司推行全程供应链一体化管理的物流运营模式，物流服务嵌入制造类企业原材料采购、产品生产、配送、销售及售后服务各个环节，与制造业企业深度联动，通过合理的全程供应链一体化物流流程设计，集成供应链的各个环节，提供“一站式”全程物流服务。公司在十多年的发展历程中，积累了大量优质客户资源，截至2015年底，与公司有业务往来的客户达200多家，其中与公司保持长期业务关系的客户超过150家，主要是日系跨国企业在华投资的制造业企业和中国知名大型制造业企业以及知名电器经销企业。

（二）广东省快递物流业与制造业融合发展面临的主要问题

尽管广东快递物流业与制造业融合发展的创新实践，取得了较好成效和经验，但从调研情况看，仍然处于起步阶段，还存在一系列深层次的问题，主要体现在四个方面。

1. 地方行政管理协调机制仍不够完善

快递业服务制造业发展涉及政府的许多部门，需要政府部门之间积极协调。以税收为例，一项有利于快递业服务制造业发展的税收政策，经过层层审批环节，最后到广东省税务部门报批时，可能因为有关部门不理解快递业或者对快递税收认识程度不足，而导致该税收政策的“流产”。此外，在政府行为方面，政府不依法行政会给企业带来高昂的体制性成本。快递业服务制造业发展是一个有机整合、协同推进的过程，制造业企业与快递物流企业的交流平台还不够完善，协调管理力度有待进一步加强。

2. 制造业企业物流外包的开放度不够

大多数制造业企业对现代物流的内涵和作用认识不够到位，没有把物流管理上升到战略层面，企业物流管理仍处于分散状态。在实践过程中也主要是将产成品的运输业务外包，至于供应物流、生产物流仍倾向于自营，与物流企业合作的迫切性、自觉性还不够。虽然近年来，越来越多的制造业企业开始进行物流资源整合，加大物流外包的力度，但从整体来看，制造业企业物流外包的开放度仍然不够。一方面，受传统制造业企业“大而全、小而全”运作模式的影响，大多数制造业企业很难认识到现代物流的发展对企业发展的战略性作用；另一方面，部分制造业企业由于经营管理经验不足、手段落后，缺乏对物流外包风险进行控制的有效手段，对物流社会化外包存在心理障碍。此外，企业自营物流退出成本高，使得制造业企业对物流外包可望而不可即。虽然制造业企业存在物流社会化的动机，但由于政府政策在物流外包上缺乏扶持和引导，缺乏出台行之有效的主辅分离政策，企业物流业务很难从原有的系统中剥离。

3. 快递业与制造业供需不畅，缺乏沟通和衔接

快递业与制造业缺乏沟通和衔接，导致供需不畅，是广东省快递业服务制造业发展中存在的一个重要问题。制造业企业担心第三方物流企业难以为其提供性价比高于其自营物流的服务，更进一步，担心将物流业务外包给第三方物流企业后，导致制造业企业对自身业务的控制能力被削弱，或者机密信息被外泄；而快递物流企业又因为制造业企业所给信息的局限性而不能提供满足制造业企业需求的物流服务，这样就形成了“有效需求不足→供应能力不足→有效需求不足→……”的恶性循环，快递业服务制造业无法取得进展。

4. 快递企业与制造业融合发展的核心能力亟待加强

我们注意到，广东主要快递物流企业正加快转型升级，传统的区域性快递提供商向综合性的全球性快递物流运营商跨越加快转型，然而，由于快递企业与制造业融合发展刚刚起步，各快递物流企业在核心能力方面还有待提升和加强。比如，华为、小米等企业对于新兴市场拓展具有迫切需要，快递物流企业在海外的服务能力与之尚有差距；又如，创维就明确提出希望提供延伸至村的服务，而康佳则强烈需要逆向物流，

特别是已经拆除了包装产品的逆向服务；再如，信息化和标准化程度不高，严重影响了制造业企业与快递物流企业合作的效率，急需尽快推动行业信息化和条码的标准化。

三　广东省快递物流业与制造业深度融合发展的主要路径

随着广东制造业对快递物流服务需求量越来越大，近年来，越来越多的广东快递物流企业已经开始了深度服务制造业企业的路径探索，并已经开始同制造业企业在多个领域开展业务合作。一方面，这些快递物流企业开始在网络建设、能力提升、人才储备、资源整合以及标准化建设方面为服务制造业企业创造条件；另一方面，开始围绕产业链、供应链等领域，发挥各自的优势，寻找和探索相应的服务方式和路径，以达到双方共赢的效果，并提升自身服务制造业的核心能力。从调研情况看，目前广东快递物流业与制造业融合发展主要有以下路径。

（一）广东快递物流业深度服务于制造业的规模化生产

在现代市场环境下，制造业企业的规模化生产，需要强大的物流配送服务能力来满足其规模化需要。在传统生产环境下，无论是企业自建物流，还是采取第三方物流，由于消费者对产品变革的反应速度较慢，因此，对快递物流的需求量就不大。然后，随着互联网时代的来临和移动终端的普及，规模化生产与新产品开发及上市的速度越来越快，竞争越来越激烈，对快递的需求会越来越大。尤其是一些时尚型日常消费，如手机、家电、家具等。

制造业企业为了满足规模化生产的需要，越来越多地采用“服务外包”方式来解决一些专业性服务问题。服务外包是指企业将其非核心的业务外包出去，利用外部最优秀的专业化团队来承接其业务，从而使其专注核心业务，达到降低成本、提高效率、增强企业核心竞争力和对环境应变能力的一种管理模式。比如，“限时快递”就是一种十分特殊的专业服务。所谓“限时快递”是指包括制造业企业在内的各种客户对寄递快件的一种限时送达要求。随着电子商务的发展，这种需求越来越旺。

广东是全国最大的数码产品、家电、家具等制造大省，这也为广东快递业对制造业企业在规模服务上提供了广阔的市场空间。例如，快递物流企业可以与大型制造业企业建立长期稳定的战略合作关系，支持大型制造业企业依托快递网络开展综合集成制造和分销配送，提高生产组织化水平，促进快递网络建设与大型制造业企业空间布局的有效衔接。鼓励快递物流企业完善大客户管理机制，开发“一站式”整合服务和电子运单、简易组装等定制服务，探索承接维修中心、呼叫中心等售后环节，为制造业企业提供专业化的销售服务等。

在这一方面，广东快递物流企业已经走得较远，并有较为成熟的经验。魅族是一家总部位于广东珠海市的国内外知名智能手机厂商。2015年，魅族在手机市场增速放缓的大环境下，实现逆市增长，全年手机销量达到2000万台，同比增长350%。飞速发展的背后离不开配送服务的支持和售后累积的口碑。而在这两方面，魅族和顺丰的合作是基础保障。在配送服务方面，魅族和顺丰推出了全新的快递模式——mArrive百城速达。以北京、上海、广州、武汉和成都全国五大仓储中心为主，除不可抗力和特殊节假日外，在魅族商城下单购买符合“百城速达”服务的产品，周边11个城市预计当天送达，105个城市预计次日送达。

在售后服务方面，魅族和顺丰达成“顺维修”合作业务。在全国范围内承载魅族手机“退、换、修”的售后服务。截至目前，顺丰已经在全国53个一、二线城市布仓，通过“顺维修”、“仓储+配送+售后”的一站式服务模式，为魅族用户提供方便、安全、专业的售后服务体验。通过与顺丰的合作以及自身渠道的拓建，目前魅族已建立起较为完善的仓配系统，订单日处理能力、处理效率以及配送效率都在业界领先。魅族订单日处理能力峰值可达30万单；平均出仓时间3小时，最快可到30分钟；平均每单配送时间只需33小时，最快签收纪录是3小时。随着与顺丰的进一步合作，魅族将再次大幅度提升用户的购机体验。

总之，从顺丰深度服务于魅族手机的经验看，在相当长一段时期内，快递业服务于制造业企业的规模化生产，是可供选择并可以广泛复制的基本路径。

（二）广东快递物流业深度服务于制造业的定制化生产

我国人均GDP已经超过7500美元，达到中上等收入国家水平。这意味着中等收入阶层将成为未来十年消费动力的主引擎，同时也意味着需求个性化和多样化的时代正在到来。消费需求的个性化和多样化必然带来产品的个性化和多样化，对生产组织的柔性提出了更高要求，并产生了越来越多的定制化服务。

可以说，定制化与快递业是天生的伙伴关系，离开了快递业，定制化生产很难真正发展起来。反之，离开了定制化生产，快递与制造业融合发展的空间也将大大受限。从一定意义上讲，定制化生产可能是未来快递业服务制造业的最大增长点。例如，服装、鞋帽、工艺品等制造业企业顺应个性化、多样化需求趋势，为了专注于其生产环节和研发环节，必须产生大量的快递物流需求，也只有依托快递网络，才能为消费者提供及时的定制、试穿等体验式服务，以及退换货、产品功能展示等特色服务。

定制化生产，要求制造业企业能够根据客户需求的变化，进行动态匹配，实现快速个性化重组，快速为客户准备定制化产品，提供定制化服务，快速响应客户的定制化需求，实现客户满意度最大化。一般而言，制造业企业可依据订单是否到达，将服务过程划分为通用化和定制化两个阶段，定制化服务占整个过程的比例即为客户参与度。通用化阶段对成本控制、质量稳定性、交货提前控制具有积极作用；而定制化阶段的作用则体现在客户价值增值、提供个性化服务等方面。

快递物流企业几乎可以全程介入企业的定制化生产过程，从最早的消费者市场信息搜集、渠道设计、产品试销、商品展示到材料采购、分拣包装、物流配送、售后服务、产品维修等。甚至可以与制造业企业联合建立客户体验中心和在线设计中心，广泛收集客户的反馈信息和个性化需求，不断对新产品和服务进行改进，为客户提供定制化服务。目前广东省内越来越多的电子通信、服装纺织、箱包饰品、汽车零件等制造业企业采用“电商+快递”的模式，发展定制化的生产，利用快递构建分销网络，实现低成本快速扩张。同时，一些快递物流企业还正在努力创新服务模式，尝试将设施、系统、服务嵌入制造业企业之中。

（三）广东快递物流业深度服务于制造业的专业化生产

专业化生产是技术进步与分工进化的产物。制造业，因为专业而精深，因为专业而有特色。在这方面，广东快递业通过提供定制化、差异化、个性化快递服务，为制造业的专业化生产以及提升专业化水平，正在积累越来越多的经验，路径也越来越清晰。这主要涉及两方面，一是专业化物流配送，二是精准备货。

不同的制造业，由于其产业链、供应链等以及产品形态、生产流程、技术标准等的差异，对快递物流的需求也不同。比如，手机与服装、家具、建材等对快递物流的要求，差别就非常大。为此，就要求快递物流企业与不同的制造业企业“量身定制”不同的专业性服务，与其匹配。例如，对那些高价值、小批量、多批次的递送需求，依托航空快递、限时快递等提供精准配货模式，甚至购置专业化的相关物流设备，设计出专业化的流程与体系，提供专业化物流配送服务，从而满足和实现其精益制造和准时制造的需求。

此外，专业化生产还要求快递物流企业提供精准备货的服务。即要求快递物流企业依据大数据帮客户提前预测商品销售情况，提前在区域仓备货，并根据商家提供的商品预售信息，将其预存在快递物流企业仓库或是将线下门店的商品提前调拨到消费者所在区域的配送仓库。同时，还要根据大数据和商品的热销情况，事先安排和调整商品的备货量，以尽量减少库存，降低物流仓储成本，并提高客户体验。

广东制造业专业化生产的一个主要特点就是全省形成近百个专业镇及若干个大的产业集聚区。实际上，广东快递物流业对这些产业集群和专业镇的服务，正在向纵深推进，这主要体现为两个方面，一是大量快递物流企业积极进驻工业园区、经济开发区、高新技术产业园等制造业集聚区，依托生产要素集聚优势，创新服务产品和配送体系，提高产业协作配套水平，服务于集群化生产。例如，东莞快递业与以通信设备及电子元器件为主的电子信息制造业、纺织服装鞋帽制造业等优势产业领域开展了紧密合作，与虎门服装、厚街鞋业等产业群进行了有效对接，合作的知名企业有华为、酷派、OPPO、康佳、以纯、达芙妮等，为客户提供仓储、物流、供应链金融、信息系统、客服等个性化服务。二是一些快递物流企业在制造业企业集聚区建设物流服务平台，完善经济类快递产品，提供公共仓储配送、拼箱运输、信息接入等多样服务，降低制造业企业运营成本，提高价值水平和整体市场竞争力。

（四）广东快递物流业服务于制造业的智能化生产

智能化生产离不开智慧物流，尤其是快递物流。而随着2015年广东出台的《广东省智能制造发展规划（2015—2025年）》的实施，广东制造业企业的智能化生产、智能工厂等会越来越多，它们提供的快递需求量会越来越大，因此，快递物流可以从中寻找更多的业务发展空间。

智能化生产主要依赖智能化生产系统。这种系统依靠数字化、网络化作支撑，通过计算机技术把分散在产品设计制造过程中各种孤立的自动化子系统有机地集成起来，是一种适用于多品种、小批量生产，以及实现整体效益的集成化和智能化制造系统。

目前，广东提出由传统的“制造”转向现代的“智造”转型升级，并提出，未来10年将完成智能制造六大主要任务，到2020年智能装备产业增加值达4000亿元，到2025年涌现一批掌握核心关键技术、拥有自主品牌、开展高层次分工的国际化企业。到2025年，广东要建成全国智能制造发展示范引领区和具有国际竞争力的智能制造产业集聚区。其中重点提到，要针对全省高端装备和制造过程在产品设计、柔性制造、高速制造、自动化和网络制造等方面的薄弱环节，加快发展智能化基础制造与成套装备。推动制造业企业开展O2O（线上线下）、柔性制造、大规模个性定制等制造模式创新试点。促进工业大数据集成应用，推动大数据在工业行业管理和经济运行中的跨领域、跨平台应用。

智能化生产有着大量的快递服务需求。例如，制造业企业需要通过服务外包优化生产流程，整合高价值、小批量、多批次的递送需求，依托航空快递、限时快递等开展精益制造和准时制造。

从实践上看，广东邮政、顺丰等快递物流企业，已经开始服务于制造业企业的个性定制、柔性生产。因此，可以进一步在这方面进行大力推进、深度切入。比如，可以通过深度服务于广东汽车、石化、家电、电子信息等传统行业，以及机器人等新兴产业，切入智能化生产过程中的流程再造，满足智能化生产过程中的精准化定制、全生命周期运维、个性化设计、多元化融资、便捷化电子商务等服务需求，甚至为其提供在线支持服务，提供整体解决方案，形成合作联盟等。

（五）广东快递物流业深度服务于制造业的国际化生产

制造业的全球化、国际化是当前广东制造业的基本方向。然而，如果国际化生产，没有跨境物流体系、跨境商贸渠道体系的保障，就难以取得真正的成功。因此，在当前“一带一路”、自由贸易区建设以及跨境电子商务大发展的背景下，快递与制造业融合发展的国际化生产，就是一个绕不开的“结”，也是关系着服务水平和能力的核心内容。

实际上，与广东制造业的国际化生产相匹配，广东快递业正在推进快递服务与制造业企业国际化同行战略，并通过自建、合作、并购等方式设立、壮大境外分支机构，延伸服务网络，为制造业“走出去”提供配套服务。例如，大力开展“海外仓”建设，开发国际航空快递专线，提高国际快件通关效率，支持制造业企业打造区域化和全球化生产链，在更大范围内进行资源配置和价值链整合。

例如，顺丰旗下的顺丰国际正整合各类网络资源、商业资源、金融资源，帮助“广东制造”走出去，并把海外优质商品引进来。顺丰正在基于国际物流体系，探索一条服务国际化生产的新路径。他们主要是依托自身在全球的网络布局，帮助客户把商品安全高效地运往海外目的国，同时也会为出海的客户提供一系列增值服务，包括海外仓储、市场准入、海外开店、市场开拓等。目前，顺丰的国际业务已经遍布全球五大片区，包括美洲片区、西欧片区、欧亚片区、南亚片区、北亚片区，并且产品线更为全面，面向 B2C 电商就提供了从国际小包，到国际特惠、国际标快、海外仓的不同形式的服务。

此外，由阿里巴巴等发起成立并注册于广东深圳的菜鸟网络，更是这种服务于国际化生产的代表性企业。根据菜鸟方面提供的信息，菜鸟目前已经与全球范围内 50 家左右的知名国际物流企业成为合作伙伴，运送能力覆盖全球 224 个国家和地区，全球跨境物流日处理能力容量超过 400 万单，拥有遍布全球范围的 74 个跨境仓库并开辟跨境专线 16 条。菜鸟和快递公司，作为各司其职的互补角色，形成一个高效完整的物流体系。在这个链条中，菜鸟负责搭建基础设施，构建“线上线下共享库存”网络。比如，菜鸟在全国重点城市建立仓储体系，然后接入众多合作伙伴的仓库，优化仓储资源布局，用统一的标准和数据来解决 24 小时必达和物流碎片化的问题。而菜鸟推进的“县域智慧物流 +”工程，通过减少中间环节和网络的搭建，最终能为商家降低成本 50% 以上。

四　广东快递物流业与制造业融合发展的主要模式

（一）“产业链整合”模式：从研发设计到商品包装

随着广东进入工业化后期，制造业内部的产业转型升级以及产业链内部的调整和整合，正深入地展开。这既包括产业内部各环节，也包括产业之间的各种联系。制造业随着服务化的推进，对快递服务产生越来越大的需求。尤其是快递物流企业凭借自身的配送网络优势、消费者数据优势等更能有效地参与产业链整合，包括研发设计、商品包装、品牌定制、流程再造、企业并购等。

随着产业间相互渗透、交叉程度的加深，企业将对其价值链活动进行系列的重组、整合，则一种新的超越产业边界的整合和配置价值链资源的商业模式出现了。产业融合是把一种从来没有过的关于生产要素和生产条件的“新组合”移入生产体系，越来越多的快递物流企业正向这方面拓展。

从实际情况看，广东快递物流业与制造业的融合发展，已经涉及各个产业的全过程，正渗透到从原材料的供应商开始，经过工厂的开发、加工、生产至批发、零售等过程，最后到达用户之间有关最终产品或服务的形成和交付的每一项业务活动，重点包括采购、生产以及销售三大环节。广东顺丰速运等快递龙头企业，正在广泛探索优化针对重点制造业行业的“全产业链管理”，针对制造业企业在原材料和零部件采购与供应、产品制造、运输与仓储、销售等环节的需求，提供从供应链计划、采购物流、入厂物流、交付物流、回收物流、集成配送、仓单质押到存货周期支付等一体化服务，包括全球采购、全球配送的供应链服务，以满足制造业企业的高端物流需求。

（二）“区域供应链”模式：参与生产企业供应链体系再造

“区域性供应链”模式主要产生于产业关联度密集区域，主要服务对象为中小型制造业企业，是典型的 B2B 服务，其产品附加值高于物流，成本低于传统快递。该模式需要快递物流提供商具备区域性专网能力，能够提供点对点的服务，并且需要能够附加诸如 COD 业务在内的增值服务，由于这类中小型企业生产、交付、结算非常频繁，对于专业性的外包快递物流服务具有非常强烈的市场需求。

“区域性供应链”服务模式对制造业企业而言，物流和供应链形式的定期优化整合不仅可以有效降低企业的物流成本，从而降低企业输出产品的总成本，进一步增强产品的市场竞争力和企业的业内影响力，而且可以积极的方式改善企业与消费者之间的关系，来提高快递公司的服务效率和服务质量。

广东速尔公司自 2012 年起就向华南、华东中小型制造业企业提供 B2B 服务，其以 3～50 千克为核心产品，并向 300 千克扩展，平均重量 15 千克，业务主要集中在塑胶、五金、电器、家具、化工、汽车等领域，以一票多件模式为主，目前日均票量达到 25 万票，约 38 万件，每天寄送 4000 吨货物，为制造业的上下游企业提供门到门隔日达的服务，并明确提出“物流快递化”的市场定位。2015 年，速尔正在建设工业 B2B 的专门网络，为深圳比亚迪汽车提供更好的全国配件 B2B 服务。

基于 B2B 业务，顺丰集团、广东联昊通等快递物流企业还向其用户提供 COD（货到付款，即卖方将货物运出，货物到达目的地时，买方须将全部货款交付卖方或其代理人，才可取得货物）服务，市场增长非常迅速。其中，能够提供 COD（代收货款）是顺丰的最大优势之一，其服务范围较广，特别是在向下渠道拓展业务时，能够极大地提升资金效率。广东联昊通公司也是专注于 B2B 市场的区域性快递物流企业，其服务对象主要集中于珠三角的中小型制造业企业，2015 年 COD 营收超百亿，并且自 2014 年起开始开展供应链金融服务，其与浦发银行共同开展的货款快速结算服务（T+1）已经在细分市场取得了较好收益。

但这一模式，对快递物流企业的专业能力和供应链管理水平要求较高，同时对快递物流企业服务区域产业结构有相应的要求，因此推广和实施的难度相对较大，门槛也较高。但一旦实施，则具有较大的整合效应和规模效应。

（三）“入厂物流”模式：参与生产流程体系再造

这是一种相对比较成熟的快递物流服务，但在近几年来，被不断深化创新。“入厂物流”是指接收、存储并为生产提供资源的相关活动，包括物料的搬运与存储、库存控制、车辆调度及物料容器返回供应商等活动。“入厂物流”是连接供应商与生产企业之间物料供应的重要模式，是企业生产连续稳定运行的重要保证。随着产业分工的深化，“零库存”等模式的深度应用，“入厂物流”模式具有广泛的发展前景。

很多制造业企业的原材料或零部件的品种和数量远远大于产成品，不同零部件的外观尺寸、运输要求、价格、供应商位置等都不相同，相应的零部件运输和仓库成本都要比产成品更高，因此，高效的入厂物流可以从成本和差异性两方面成为制造业企业新的竞争力源泉。

入厂物流模式对于快递物流提供方的专业能力要求很高，需要能够满足工业制造业企业的关键绩效指标（KPI）标准，并且有解决方案提供能力，在专业团队、专业人员和资源统筹方面均需较强能力。入厂物流在汽车制造、家电制造等产业领域被广泛使用，以丰田为代表的循环取货（Milk-run）是其中的典型代表，广东包括广州汽车集团、万宝电器等。

目前，在广东，这种模式的典型代表是德邦物流，它为万宝电器提供的入场物流服务，在模式上经过多年的实践，已经相对比较完善。为此，可以考虑，在不断总结和深化模式的基础上，鼓励其他快递物流企业借鉴其经验，加以推广。

（四）“仓配一体化”模式：参与生产设施体系再造

基于制造业企业“仓储+配送”的仓配一体化服务，是广东快递业在全国相对领先的一项业务。它旨在为客户提供一站式仓储配送服务。仓储与配送作为“互联网+制造”的后端服务，主要是解决制造业企业的货物配备（集货、加工、分货、拣选、配货、包装）和组织对客户的送货。

仓储需要大面积场地与专业化操作，配送又需要全面的网络覆盖与大量运输工具，这造成仓储与配送的成本居高不下。为适应电子商务市场的发展，减少仓储合格配送造成的成本，传统仓储物流企业开始向电子商务物流转变，快递物流企业推出高效率、低成本的仓配一体化运营服务产品，而拥有自建仓储和配送团队的电商平台更是借助仓配一体化来保证客户体验。

在当前制造业发展的条件下，各种成本的上升以及专业化要求的提升，为快递业的“仓配一体化”服务提升了广泛的市场空间。在制造业中，电子产品以其高附加值、体积小、需要快速打开占领市场的特点，对仓配一体化服务外包具有较高的需求。同时，由于其规模化生产和客户中心导向，其物流成本空间也较为合理。这一模式对于仓配一体化提供方的信息化专业对接能力、专业团队协同能力和专网运营能力均有较高要求。

实际上，从调研的情况看，仓配一体化模式也是目前广东快递服务业应用范围最普遍的模式。尤其是顺丰、圆通、德邦等企业，在这一模式的探索中积累了大量宝贵的经验。

顺丰以 B2C 转型为契机，在集团层面重新构建了物流板块，分为传统速运、电商仓储以及供应链服务三个模块，并按照上述架构对顺丰进行了 BG（事业群）改革。目前，顺丰的物流 BG 下设的供应链事业部是按照 SCOR（供应链管理运作模型）① 涉足制造业供应链，承担

① SCOR 模型，即供应链管理运作参考模型。SCOR（Supply-Chain Operations Reference-model）是由国际供应链协会（Supply-Chain Council）开发支持并于 1996 年发布，适合于不同工业领域的供应链管理运作参考模型。它包括五个基本流程：计划（Plan）、采购（Source）、生产（Make）、发运（Deliver）和退货（Return）。

着顺丰由单一的快递服务商向综合的供应链服务商转型的任务。在具体做法上，顺丰以较为擅长的B2C业务为起点，由快递配送向上逐步切入仓储管理。目前，顺丰分别向华为、小米科技等企业提供仓配一体化服务。其中，2012年下半年开始与华为进行合作，逐步从中国区电商备件快递补货升级为仓储配送。顺丰表示，下阶段目标是利用其东南亚网络与其他国际供应链企业进行错位竞争，通过顺丰的区域优势帮助华为拓展新兴市场。此外，目前，深圳康佳的备件业务中60%～70%由顺丰来负责，并已全面使用顺丰包括北京、东莞等4个仓库，来实现仓配一体化。

顺丰与小米的合作始于2011年，伴随小米业务的高速增长，已经成为小米最重要的合作伙伴之一。目前除中国大陆外，双方在港台地区也开展了广泛合作。顺丰单独成立了400人的项目组（包括集团总部和各地区），为小米提供从手机到电视、其他智能化电子产品等专门的供应链服务；顺丰全面负责小米电视的一站式服务，提供仓储、配送和售后一体化解决方案。为了全面提升仓配一体化服务的信息对接，满足生产制造业企业的需要，顺丰集团在原有速递系统外，还研发了专门的物流系统。

总之，由于“仓配一体化”服务在广东快递行业已经被广泛地推广和应用，相对比较成熟。因此，可以进行专题的研讨和交流，找出当前存在的主要问题及障碍，以使其不断深化和完善。

（五）“订单末端”配送模式：参与商品销售渠道体系再造

“末端配送”是指直接送达给消费者及客户的物流活动，是以满足配送物流环节的终端客户为直接目的的物流活动。随着消费者需要逐渐成为经济活动的中心，“用户第一”的基本观念也越来越深入人心，这种观念反映在物流活动中就是对末端物流配送的日益重视。

“订单末端”配送，主要是基于电子商务物流配送的发展。近几年，国内外电子商务业高速发展，然而电子商务末端配送的效率低下成为制约电子商务和制造业发展的一大瓶颈。美国亚马逊针对“订单末端”配送问题，推出了一项储物柜服务，由于没有实体店，所以亚马逊通过寻找合作伙伴便利店、杂货店或连锁药品店等为储物柜提供空间。与国外情况不同，国内电商之间的竞争已经进入另一个阶段，更具创新性的营销、更高品质的服务已经成为决定未来电商生死的关键。因此，快递业与电子商务的协同发展，就是最大限度地提升末端服务个性化和快递响应能力，通过配送服务完善“最后一公里”，深入商品销售体系的再造过程中，以获取更多的渠道价值。在这方面，国内的京东、顺丰等企业都取得了宝贵的经验。

基于快递市场需求和服务对象的市场变革，广东快递物流企业越来越深入制造业企业的末端配送领域，从而形成创新版的“末端配送模式”。该模式主要是围绕产品展开，多数是在销售环节提供部分管理服务，要求快递物流方具备信息对接、专门的团队、单独的方案（专网运行）和资源方面的统筹保障。这种模式的典型代表之一，还是顺丰。它在服装行业线上线下一体化服务的业务模式，特别值得关注。

目前，我国传统服装企业门店功能已经被重新定义，分为体验店和微仓店两种形式，体验店以展示为主，仅有少量备货，客户选择完毕，通过电联下单，由微仓店直接发货，再由快递公司配送到客户手中，微仓店肩负着体验、销售、仓储三种功能。除去微仓店，单店备货会大幅减少，滞销压力降低，通过线上线下联动，原本的实体店发挥体验以及助力品牌展示的双重作用，将电商对实体店的冲击减弱，并进一步将电商转为线下实体店销售的渠道之一，反而更带来业务的增长。

正是基于上述考虑，顺丰通过提供“订单末端配送”服务，让服装企业的产品实现了线上线下联动，相较单一电商企业增加了用户体验的优势，同时，门店之间的周转越来越快，区域仓的功能逐渐削弱甚至取消，转由大仓直接向微仓发货，物流成本随之降低，门店持续发挥助力品牌展示的作用，用户的体验也随之提升。

显然，这种模式，在当前“去库存”以及市场竞争压力相对较大的背景下，对于广东制造业企业来说，具有巨大的发展潜力，值得深入研究和推广。

（六）“嵌入式电子商务”模式：参与价值链体系再造

“嵌入式电子商务”模式的本质，就是将“电子商务＋快递物流”整体嵌入生产制造业企业中去。它重点指快递物流企业介入生产制造业企业，针对电子商务批发或零售的发货、商品追踪、客户服务等环节，深入网络商品的生产链条中，成为电商服务体系中不可或缺的组成部分。该模式是对现有电子商务快递业务进行改造和升级，利用了快递物流企业在信息化方面的优势，重点在于增强与上游企业的黏合度，提高服务的附加值，是较为容易取得成效的一个选择方向。

广东邮政快递明确提出“嵌入式”服务方向，并已建设清远仓储平台，专门服务化妆品企业和网商。其嵌入式主要表现为：EMS 从预计销售环节开始参与，包括备货准备、订单产生同步预包装、产品分单、出库发运、点对点完成服务等。广东韵达开通玩具类产品专线，在细分市场以点对点服务类型化的客户，不仅建设了专门的信息系统，在寄递流程也开通专车运转，正在逐步成为深圳玩具制造、电商企业服务的主要提供商。

广东百世汇通建立以电商大客户为主要导向的供应链服务，建立专门的快运、供应链 BG，主要是服务于服装制造业企业，包括李宁、茵曼、初语等广东服装品牌，致力于打造一站式的物流和供应链服务平台，为客户提供高效的服务和体验，涵盖线上网商、线下实体店的服务。其主要的切入点是仓储管理，目前全国管理的仓库已达到 150 万平方米，专业仓储管理团队 3000 人左右，建立了专门的信息系统，可以实现多功能的供应链信息化服务。服务内容包括双方系统的对接，到仓储、运输、配送和退货，基本实现了一站式。早在2012年，茵曼和初语就已经将全部的电商仓交给汇通来统一管理。

严格地说，就广东快递物流业与先进制造业融合发展的模式而言，这一模式的业务规模和产生的效应，是所有模式中最大的，在全国的推广和应用也是最有效的，可以在现有的基础上，继续巩固和提升。

（七）“服务延伸”模式：深耕生产企业的售前与售后服务

快递业有着其他服务业不可替代的优势，那就是近身服务消费者，并与消费者发生最直接的关系。随着制造业企业业务外包以及专注于产品设计及生产过程，相关的售前售后服务及销售过程中的一系列业务，可以交由快递物流企业完成。有些业务是“顺带”，如“代收货款”；有些业务则是有心培育和开发，如售后维修。这些服务的直接效应，就是通过“服务延伸”，不仅延伸了快递产业链，而且延伸了快递生态链，使得快递业的生存空间更宽广。国外对电子售后服务提供的方案，已经开始提供仓储配送加售后一体化服务模式。

目前，广东快递物流企业代收货款的业务比较普遍。东莞联昊通打造的“速递银行”，就是专门为制造业企业提供代收货款服务。这种服务改变了制造业企业传统的销售模式，为制造业企业与客户间搭建了较为可靠的商业信用关系，缩减了制造业企业成本，提高了企业生产效率，深受珠三角中小制造业企业的欢迎。顺丰、速尔、信丰等广东快递物流企业也提供类似服务。

“快递服务延伸”模式的另一方面，就是利用“互联网+客户关系管理”，推动线上企业更好地做好客户的售后服务。在这方面，顺丰已经在电子产品领域的售后服务方面做出了很好的示范。当然，快递物流企业能否提供“延伸服务”，这取决于自身的服务能力和资源条件，因此，需要客观评估自身的有利和不利条件后才能展开。

五 广东样本：广东快递物流业与制造业融合发展的主要对策

（一）大力培育与挖掘生产制造业企业的快递物流需求

在传统生产和流通模式下，快递物流很少受到生产制造业的关注，它一直是网货和电商物流的代名词。然而，随着生产制造业的互联网化、智能化、定制化、服务化以及产业链、价值链再造，在生产成本、市场竞争等压力下，伴随着商业模式创新和跨境电子商务海外仓的建设，越来越多的生产制造业企业，引入快递物流服务，并获得发展。

调查中发现，广东生产制造业对快递物流的需求，正在从纺织服装、食品饮料、建筑材料、皮革皮具、办公用品等日常消费品制造业，向电子信息、电子机械、医药生物等领域扩张。其需求内容，也正从单纯的商品运输、仓储配送等服务，开始向全程供应链以及全产业链服务提升，以家具、建材、服装等中小生产制造业企业的需求增长最快。实际上，这也是各个领域互联网时代定制化生产、智能制造等制造业变革的大方向。

（二）大力鼓励和促进快递物流企业与生产制造业企业的深度物流服务合作

经过二十多年的培育与成长，广东快递业已经进入“中年期”，其产业链正趋于成熟。在快递物流业发展的中后期，快递服务从侧重传统的生活性服务向生活性和生产性并重转变，是产业深化的必然过程。从现实看，越来越多的快递物流企业，开始关注到这一点，并开始深度介入生产制造过程，谋求深度合作。其中，顺丰、德邦、速尔等快递物流企业，正形成各自不同的模式和特色，在积极地探索和创新。

在这方面，顺丰物流与广东步步高集团的战略合作模式特别值得关注，应该作为一个典范大力推广。2016 年第二季度，中国国内手机市场发生巨变，最大的变化在于同属广东步步高集团的 OPPO（全球第四）和 VIVO（全球第五）增长强劲，二者国内市场份额相加甚至超过华为。数据显示，第二季度，华为在中国市场份额为20.8%，OPPO 和 VIVO 紧随其后，分别占据 12.7%和 10.6%。正因为如此，华为消费者业务总裁余承东表示，现阶段中国手机市场头号对手是 OPPO 和 VIVO。为何一向低调的 OPPO 和 VIVO 的增长如此快速？最关键的原因，是顺丰物流为其提供的高效物流服务。OPPO、VIVO 在全国县级城市的渠道数量 10 倍于华为，而顺丰快递不仅配合步步高集团把手机终端铺向三、四线城市和乡村，而且以全程供应链服务的方式为 OPPO 和 VIVO 提供物流保障。

（三）大力改善和优化快递与制造业融合发展的软硬环境

从这次调研的情况看，几乎 100% 的快递物流企业，都反映当前政府部门尤其是城市管理部门，某些决策已经严重阻碍了快递物流企业的发展，使其现在寸步难行。广州、深圳、佛山最近都相继发生了城市管理部门与快递员的冲突事件，实际上，这也反映出当前城市治理与产业发展的冲突和矛盾的恶化。据反映，当前我国近千万快递员的生存环境相当恶劣，因为交通工具的原因被交警、城管、公安拘留和处罚的事件，十分普遍，如果再不在国家层面解决，有可能还会发生更大规模的治安事件。此外，目前快递物流企业建立公共物流仓库对用地的需求，与现有的城市规划和决策者的土地财政思维也不匹配，现有的商贸物流园区建设大多为商业地产商主导，与物流流向、规模需求存在严重的不协调。

关于现代物流对生产、流通、消费和城市的贡献与作用，各级政府部门都越来越重视，都在布局和建设。但传统的体制机制和法律法规，仍然在各个环节和层面，影响着现代物流尤其是快递物流业的发展，这方面，需要从执行层面加大完善和优化的力度，不然，快递物流企业的生存压力会越来越大。

（四）大力推动和激励快递物流企业深度服务制造业的模式创新

从调查情况看，快递物流业与生产制造业的融合发展才刚刚开始，有大量的新问题需要研究、需要引导。比如，快递物流与制造业的融合发展有哪些“接口”？有哪些“路径”？目前，尽管以顺丰、德邦、速尔等为代表的广东本土快递物流企业，初步形成了各自服务制造业的商业模式，特别是在代收货款服务、仓储配送一体化服务、区域供应链整合、全程供应链服务等方面已取得一定发展，但显然，受快递业自身的成长历史和经验约束，这种路径和模式大多处于初级阶段和“幼年期”，并不十分清晰，也并没有形成明显的优势和特色。因此，一方面，需要通过产、学、研等方面的深度合作，对快递业深度服务制造业的发展方向和可供选择的主要路径等方面深入研究，另一方面，需要推动政府决策部门就服务创新、监管创新、政策制定、风险管控等进行进一步改革完善。

为此，特别建议，鼓励广东本土的顺丰、德邦、联昊通、速尔、优速、信丰等企业以制造业企业服务需求为导向，明确产品定位，推进专业化发展，拓展供应链服务领域，在提供仓储、配送一体化服务，深度嵌入制造业生产链条、代收货款、签回单等快递增值业务，供应链金融服务、“物流快递化”市场定位等方面进行了积极探索。

（五）借机推动广东快递服务业的转型：培育和打造一批领先的供应链服务商

就广东快递业与制造业融合发展的现状和水平而言，除个别企业外，目前大多还处于较低水平。在调查中了解到，制造业企业单纯依靠快递作为产品流通方式的企业基本没有。企业主要利用快递方式发送文件、发票、样件和小件等，主要的零部件进厂和制成品出厂基本是利用物流方式。而即便如此，一般一家制造业企业选择的快递承运商都在两家或两家以上，快递费用的月支出在几百至几千元间，并不算大。因此，两者间的联动并不算紧密。

但制造业企业，对于快递业的发展，却是非常重要的目标客户群。一方面，制造业是广东的特色和优势所在，也是广东快递业发展的根基所在；另一方面，当前广东快递业在高歌猛进的同时，也面临着“高增长、低利润”的发展困境，快递件均收入连年下降，多数快递物流企业的利润率不到5%。主要原因，在于快递物流企业受自身素质所限，过度集中在了电商市场，拼打价格战。制造业企业相比于电商卖家，一旦合作成功，其稳定性和长久性更好；而对价格的敏感度，也没有电商卖家那样苛求。更为重要的一点，随着网络经济的发展，更多的广东制造业企业，特别是中小型制造业企业跳过传统的层层营销、流通渠道，通过互联网向国内外终端客户销售的行为越来越普遍，其对速度快、适合小批量发运的快递业的需求也将呈现快速增长的趋势。

那么，广东快递物流企业如何找到做大制造业快递服务市场的突破口呢？一个重要转变就是要由“物流服务商”向“供应链服务商”转变。提供“高效、便捷”的物流服务是快递物流的核心优势，也是近年来快递物流迅猛发展的基础性原因。

（六）以专业镇为平台，全面促进快递与制造业深度融合的推广工作

过去三十多年，随着工业化进程的推进，广东涌现了近400个不同类型的专业镇。专业镇是广东产业集群的独特形式，是广东制造业的最大特色，也是广东快递业深度服务制造业的主要窗口和平台。专业镇利用空间上的集中大大地降低了企业的生产成本和交易成本，在国内外竞争中形成了自己独特的优势，是促进中小企业发展的重要平台。

据调查，至2015年末，广东全省专业镇数量达到399个，经济总量占全省比重接近四成（38%），科技产出占全省比重同样接近四成（专利申请和授权分别占全省的39.4%和39.1%）。目前，广东专业镇已成为我国乃至世界电视机、空调、陶瓷、铝材、服装、玩具、灯饰、家具、

皮具、珠宝等产品的重要制造业基地。专业镇的许多产品产量达到全国总产量的30%～50%，玩具、鞋类产量占世界的20%～30%。从空间分布看，广东专业镇由最初的集中分布于珠三角地区，逐渐向周边地区扩散。专业镇相对集中的是佛山、中山、汕头、江门、潮州、揭阳、云浮等地市，这些地区的专业镇经济比重都超过了50%。其中，佛山是广东专业镇经济发展最充分的地区，其所辖镇（区）几乎全部专业镇化，市专业镇经济贡献率占当地经济总量的82%以上。

目前，全省各专业镇，尤其是以传统制造业为主导产业的专业镇，都在进行产业转移或转型升级，其产业链、供应链、信息链处于再造的高峰期，在这一时期，各专业镇为了应对电子商务的冲击，实现电子商务背景下线上线下的融合发展，必然要引入快递服务。目前，中山古镇的灯饰、佛山陈村的花卉、南海大沥的铝材、阳江东城的五金、花都狮岭的皮具、东莞大朗的毛织、澄海凤翔的玩具、增城新塘的牛仔服，约20%甚至更多的市场份额，就是由快递物流来实现的。

显然，这还远远不够，还有巨大的快递市场需求需要满足，因此，应该鼓励全省的快递物流企业有针对性地选择不同的专业镇，提供更专业的快递服务，从而助推全省制造业的转型升级。

（七）以跨境电子商务为切入点，推进快递与制造业的国际化合作

2014年年底，在全国邮政管理工作会议上，国家局领导首次提出未来快递物流企业发展方向要向西、向下、向外。这里的“向外”，就是要推动快递物流企业“走出去”，并服务于制造业的国际化。广东本身就是中国改革开放最早的省份，也是我国经济国际化程度最高的省份。因此，广东打造具备国际竞争力的快递航母，既是一种责任，也是一种使命。

一方面，跨境电子商务的发展为快递物流企业的国际化提供了动力和切入点。当前，我国外贸电子商务平台企业已超过5000家，开展跨境

电子商务业务的外贸企业超过 20 万家。据商务部预测，2016 年中国跨境电商进出口贸易额将达 6.5 万亿元，未来几年跨境电商占中国进出口贸易比例将提高到 20%，年增长率将超过 30%。跨境电商更需要门到门、端到端的可靠、快速、安全的全链路快递服务。跨境电商消费者往往对价格更为敏感，要求更有性价比的服务。在跨境电商兴起的时代，传统的国际快递网络及普通的快递网络难以适应市场需求，显然，这为广东快递物流企业的国际化提供了历史性的机遇。

另一方面，国家“一带一路”战略实施的要求，也为广东快递物流业与先进制造业融合发展的国际化生产提供了可能性和必要性。在“一带一路”倡议构想下，广东制造业企业正在大规模地走向海外。在“一带一路”倡议布局中，物流和快递业应该扮演更重要的角色，因此，广东快递业应顺应时代发展的要求，走出中国，走向世界，更好地服务于“一带一路”倡议。

总之，广东快递物流企业应该依托广东制造国际化的有利条件，沿着“一带一路”倡议走出去、跟着跨境电商走出去、跟着广大海外粤商走出去。致力于打通物流、信息流、资金流等，不断将服务网络和服务能力向海外延伸，服务于全球的消费者，从而使广东快递业在新一轮发展中，继续领先全国。

图书在版编目（CIP）数据

中国流通理论前沿. 8 / 依绍华主编. -- 北京 : 社会科学文献出版社，2018.4

（中国经济科学前沿丛书）

ISBN 978－7－5201－1364－9

Ⅰ. ①中… Ⅱ. ①依… Ⅲ. ①流通经济－中国－文集 Ⅳ. ①F724－53

中国版本图书馆 CIP 数据核字（2017）第 220528 号

·中国经济科学前沿丛书·

中国流通理论前沿（8）

主　　编 / 依绍华

出 版 人 / 谢寿光

项目统筹 / 邓泳红　陈　颖

责任编辑 / 陈　颖　王丽丽

出　　版 / 社会科学文献出版社 · 皮书出版分社（010）59367127

地址：北京市北三环中路甲 29 号院华龙大厦　邮编：100029

网址：www. ssap. com. cn

发　　行 / 市场营销中心（010）59367081　59367018

印　　装 / 三河市龙林印务有限公司

规　　格 / 开　本：787mm × 1092mm　1/16

印　张：18. 25　字　数：250 千字

版　　次 / 2018 年 4 月第 1 版　2018 年 4 月第 1 次印刷

书　　号 / ISBN 978－7－5201－1364－9

定　　价 / 79. 00 元